साझा विविधा संग्रह

उड़ान

संपादक

राजीव कुमार झा
लक्ष्मण सिंह त्यागी 'रीतेश'

प्राची डिजिटल पब्लिकेशन
उधम सिंह नगर, उत्तराखंड

Book   : Udaan

Editor   : Rajeev Kumar Jha

Edition   : 1st (July, 2021)

ISBN   : 978-9391358013

© Composition Author

Published by

PRACHI
DIGITAL PUBLICATION

Regd. Add.: 254, Khuriyakhatta No. 10, Bindukhatta,
Lalkuan, Nainital - 262402, Uttarakhand, India
Website : www.prachidigital.in
E-mail : info@prachidigital.in
Contact : +91-976041-7980, 976041-8103

Printed by :
Manipal Technologies Limited, Manipal - 576104, Karnataka

अनुक्रमणिका

संपादकीय...

साहित्य समाज का आईना होता है। वास्तव में सच्चा साहित्य वहीं है जो समाज को सही रास्ता दिखाए। समाज की गलत परम्पराओं पर निर्भीकता से प्रहार करे। समाज को गुमराह करने वालों को कटघेरे में खड़ा कर दे। साहित्य वह है जो निर्माण करे।

दरअसल साहित्य उन मूल और आदिम मनोवृतियों का व्यवसाय है जो सजीव सृष्टि के बीच सुख दुख की अनुभूति से विरूप परिणाम द्वारा अत्यंत प्राचीन कल्प में प्रकट हुई और जिनके सूत्र से शेष सृष्टि के साथ तादात्म्य का अनुभव मनुष्य जाति आदिकाल से करती चली आयी है।

हम जैसा सोंचते हैं वैसा लिखते हैं। एक साहित्यकार की रचनाओं पर उसके वातावरण, उसकी मानसिकता, उसकी सोंच, उसके परिवेश का बहुत असर होता है। जो साहित्यकार यह कहते हैं कि साहित्य का मुख्य उद्देश्य मनोरंजन होता है ;मेरी समझ से वे साहित्य के मूल उद्देश्य के साथ एकतरफ़ा व्यवहार करते हैं। साहित्य का उद्देश्य मनोरंजन के बाद भी है। ठीक ऐसे हीं कविताएँ समाज को संदेश दिया करती हैं। लोगों को रास्ता दिखलाती हैं। अत्याचार के विरुद्ध आंदोलन के लिए जनमानस को तैयार करती हैं।

बिहार के प्रख्यात कवि स्व. रमेश चन्द्र झा की कालजयी पंक्तियाँ कवि का सटीक परिचय देती हैं-

कवि वह, जिंसके चरण चिह्न पर
निर्भय समय चला करता है।

कवि वह, जिसके बाहुपाश में हीं,
इतिहास पला करता है।

यह जरूरी नहीं है कि किसी कवि की कविताओं को तत्काल हीं पाठक अपार स्नेह दे दें। मुक्तिबोध की कविताओं को उनके जीवन काल में शायद हीं किसी ने उतना महत्व दिया जितने के वह हक़दार थे। लेकिन आज यदि आपने उन्हें नहीं पढ़ा तो कुछ नहीं पढ़ा।

देश के अलग अलग हिस्से से ताल्लुकात रखने वाले साहित्यकारों की रचनाओं को एक प्लेटफॉर्म प्रदान करना तथा रचनाकारों की लेखन प्रवृति को बढ़ावा देना हीं 'उड़ान' (साझा विविधा संग्रह) का वास्तविक उद्देश्य है। इस काव्य संग्रह में शामिल सभी रचनाकारों ने उड़ान को एक नया आयाम देने की भरपूर कोशिश की है। ग़ज़ल, कविता, लघु कहानी, यात्रा वृतांत, ईको कविता, संस्मरण आदि विधाओं का समावेश 'उड़ान' साझा विविधा संग्रह को वास्तव में एक साहित्यिक उड़ान देते हैं।

लेकिन सम्पादन टीम लिए उनकी रचनाओं में से कुछ को चुनना या कुछ को उन्हें वापस लौटाना बड़ा मुश्किल था। बावजूद इसके हम सब ने मिलकर यह प्रयास किया कि पाठकों तक चयनित रचनाओं का एक सकारात्मक संदेश पहुंचे। 'उड़ान' साझा विविधा संग्रह को एक निश्चित समय में पाठकों तक पहुंचाने के लिए प्राची डिजिटल पब्लिकेशन और इसमें शामिल सभी रचनाकार बधाई के पात्र हैं।

'उड़ान' साझा संग्रह की रचनाएँ पाठकों के मानस पटल पर अपना छाप छोड़ेगी हम ऐसी कामना करते हैं।

'उड़ान' (साझा विविधा संग्रह) अब आपके हवाले।

संपादक

राजीव कुमार झा

जन्म	: 31 जुलाई 1983 को बिहार के पूर्वी चंपारण के सोरपनिया में जन्म।
सम्प्रति	: बिहार सरकार के अधीन मुजीब बालिका उच्चतर माध्यमिक विद्यालय में भाषा के शिक्षक के रूप में सेवारत।
गतिविधियाँ	: आर्थिक तंगी का दंश झेलते बच्चों की निःशुल्क शिक्षा के लिए एक कार्यक्रम "मिशन मुजीब" का संचालन। जिसके अन्तर्गत सरकारी विद्यालयों में अध्ययनरत आर्थिक तौर पर पिछड़े हुए बच्चे निःशुल्क पढ़ सकते हैं।
अन्य	: शिक्षक की सेवा से पहले एक पत्रकार के तौर पर हिंदुस्तान, प्रभात खबर, सर्वोदय, जागृति टाइम्स (सभी हिन्दी दैनिक), गाँव कनेकशन, सेवेन डेज (मासिक) सहित दर्जनों पत्र पत्रिकाओं में अपनी लेखनी चलायी।
साहित्य प्रेम	: हमेशा से साहित्य से गहरा जुड़ाव रहा है। अपनी भावनाओं, अपने अनुभव, अपने विचारों, अपनी सोंच को शब्दों में, छंदों में, कहानियों में पिरोते रहे हैं, जो अब भी जारी है।
प्रकाशन	: आर्यावर्त, हिंदुस्तान, प्रभात ख़बर, बिहारी ख़बर जैसी कई पत्र-पत्रिकाओं में कविताएं और कहानियाँ प्रकाशित।
प्रकाशित कृतियाँ	: बंद पन्ने (काव्य संग्रह), जीरो नंबर (कहानी संग्रह), क्या लिखूँ मैं (काव्य संग्रह)
शीघ्र प्रकाशित	: #दी राइटर्स, #डिबिया, #ख़ाकी, #मेरी पत्रकारिता।

आज कल

आज कल वह
बड़ा गुमान में था...

नहीं पता !
वह कब था
जमीं पर
और कब
आसमान में था...

आज कल वह
बड़ा गुमान में था...

जमीं पर
गिरा देख मुझको
उसने
बजाई थी तालियाँ

वह इस कदर
परवान में था
आज कल वह
बड़ा गुमान में था...

हाँ ! मैं
खो बैठा
सबकुछ
जिसके वास्ते

उसके दिल में था
कोई और
और कोई दिमाग में था
आजकल वह
बड़ा गुमान में था...

कल तक
जिसकी साँसे थीं
मेरे सहारे
आज कोई गैर
उसके दिल के
मकान में था
आज कल वह
बड़ा गुमान में था...

मिल गई थी
उसको मनमाफ़िक
दौलत शोहरत
मगर इंसानियत का तीर
कहाँ उसकी कमान में था
आज कल वह
बड़ा गुमान में था...

ढह गए मेरे सारे
सपने तो
मसलहत थी कोई
वरना, अंत तक वह
मेरे मयान में था

आज कल वह
बड़ा गुमान में था...

© राजीव कुमार झा

कब तक

कब तक यूं
भावनाएं भड़का कर
धर्माँध लोगों की
तुम पाते रहोगे वोट...

कब तक यूं
झूठे सब्ज़ बाग दिखा कर
लोगों से तुम
करते रहोगे खोट...

कब तक चलती रहेगी
तुम्हारी हठधर्मिता
कब तक बेरोजगारी से
मारी जाती रहेगी जनता...

कब तक बरसातीं रहेंगी
निहत्थे मजलूमों पर
तुम्हारी पुलिस
बिन देखे गोलियां...

सुन लो कान खोल कर
तुम अपने धन दौलत और
रसूख के बल पर
भले हीं मसल डालोगे
कमज़ोरों को कुछ पल के लिए
मगर,

बंदूक की गोलियों से भी
नहीं दबा सकोगे
अबला असहायों की आवाज...

© राजीव कुमार झा

लौटोगे कभी तुम गाँव

दस साल पहले
तुमने झुँझलाते हुए
अंतिम बार
उठाई थी कुदाल

'बप्पा' पर टेढ़ी
नज़र किए हुए
पैरों को पटकते तुम
पहुंचे थे अपने खेत

वहीं खेत जिसे
पुरखों से हमारे अपनों ने
अपने पसीने गिरा कर
और जला कर रक्त
बचा रखा था

वहीं खेत जिसे
हमारे सपनों ने
अपनी बारीक उम्मीदों से
'जिला' रखा था

तुम अंतिम बार
पहुंचे थे उसी खेत

और फिर दिल में
नफ़रत लिए

तुमने कर लिया था
शहर का रुख

वहाँ अनजान शहर में भी
भाने लगे थे तुम्हें अनजान लोग
तुम्हारे शहरी दिल से
निकलने लगे थे अपने लोग

हाँ ! वहाँ महल खड़े
कर दिये तुमने कई सारे
अपने सपनों के, अरमानों के
छोड़ कर अपनी माटी अपने खेत

जाते हीं वहाँ
मुंह मोड़ लिया तुमने
झड़े हुए प्लास्टर वाले
अपने गाँव के घर से
और गाँव के करूण
दृश्यों से भी...

वहाँ जाते हीं तुमने
लोकहित पिता को
निकाल दिया
पथरीले से हो गए
अपने दिल से

दूर शहर की चकाचौंध से
कहाँ दिखते होंगे तुम्हें-

जब माँ पोखर के
'आँट' पर ठोकती होगी
गोबर के उपले
जब बप्पा धोते होंगे
लोटा लिए दातुन से मुंह

दादा काटते होंगे अपने
पीतल के सरौते से
पान के लिए सुपारी

दालान में बैठे सींगेश्वर काका
'धुकते' होंगे नशीली बीड़ी

वहाँ से अब तुम्हें
कहाँ दिखते होंगे
मटमैले चिथड़ों में
कांधे पर कुदाल लेकर
खेत की पथरा गयी
जमीन में भी फ़सल उगाने
जाते लोग

वहाँ से अब तुम्हें
कहाँ दिखते होंगे
हवा के झोंकों से भीड़ते
विशालकाय पीपल के पेड़

मगर,
एक दिन ऐसा भी आएगा

जब शहर में मचलने लगेंगे
अनगिनत यमराज
चारों तरफ़ उठने लगेंगे
निराशाओं के अंबार

तब –
लौटोगे तुम कभी तो
अपने गाँव !

© राजीव कुमार झा

लक्ष्मण सिंह त्यागी 'रीतेश'

जन्म तिथि	:	25 अगस्त 1986
जन्म स्थान	:	बदरिका धौलपुर राजस्थान
पिता	:	श्री रमेश चंद त्यागी (श्री दीनानाथ जी)
माता	:	श्रीमती इन्द्रा त्यागी
शिक्षा	:	एम ए (हिंदी), एम एड
प्रकाशित कृतियाँ	:	सिसकती रातें (लघुकथा संग्रह), जिंदगी के मायने (काव्य संग्रह, आल्हाद (साझा काव्य संग्रह), दो अक्टूबर (साझा गद्य संग्रह), जन्मदात्री माँ (साझा विविधा संग्रह), स्वदेश प्रेम (साझा काव्य संग्रह), अनुभूति (साझा काव्य संग्रह), अनामिका (साझा काव्य संग्रह)
संपादन	:	पंचरतन, कहानियाँ, इंद्रधनुष, जिद जीत की, दो टूक जिंदगी, उत्तर आधुनिक काव्य, उड़ान (सभी साझा संग्रह)
संपादक	:	उडान (छमाही साहित्यिक पत्रिका)
लेखन विधा	:	कविता, लघुकथा, कहानी, आलेख, निबंध, पत्र साहित्य
रचना क्रम	:	विभिन्न राष्ट्रीय पत्रिकाओं में लगभग पचास रचनाएँ प्रकाशित एवं द साहित्य पर नियमित रचनाएँ प्रकाशित
संप्रति	:	अध्यापन (शास आर पी उत्कृष्ट उ मा वि पन्ना म प्र) एवं स्वतंत्र लेखन
संपर्क	:	बेनीसागर कालोनी पन्ना म प्र
ईमेल	:	lstyagi53@gmail.com
दूरभाष	:	7746842196, 9340757062

अब हिम्मत जुटाना सीख लो

अब हिम्मत जुटाना सीख लो
गूढ़ भरी है यह दुनियाँ
तुम भेद जानना सीख लो
अब हिम्मत जुटाना सीख लो

बिछा देते हैं लोग नजरों का आंचल
बना देते हैं लोग मुश्किलों का हिमाचल
इस हिमाचल पर तुम भी कदम जमाना सीख लो
अब हिम्मत जुटाना सीख लो

बातों से लगता है ऐसे जैसे हों सर्वस्व यही
क्षणिक समय बाद भूल जाएं कथनी
जैसे इनका कोई अस्तित्व नहीं है
बिन पेंदी के लोटे से पानी पीना छोड़ दो
अब हिम्मत जुटाना सीख लो

प्रेम की सरिता बहाया करते
जिगरी के जिगर को चुराया करते
स्वार्थ के सागर को पाकर
जिगर के शीशे चटकाया करते
ऐसे कंटक चेहरों से अपने
भावुक जिगर के दर्पण को दूर करना सीख लो
अब हिम्मत जुटाना सीख लो

वफा के बदले बेवफाई करने वाले
प्रेम के बदले लड़ाई लड़ने वाले

जख्म देकर भी हंसने वाले
तुम्हारे सुख पर जलने वाले
प्रेम की नगरी बचा के रखना
आग लगाकर तापने वाले
इनके लिए अग्निशामक पास रख लो
अब हिम्मत जुटाना सीख लो

वह आत्मा नहीं वह परमात्मा कहां है
यह तो इंडिया है वह हिंदुस्तान कहां है
शाहजहां बहुत परंतु मुमताज वह कहां है
बेवजह ताजमहल बनवाना अब छोड़ दो
अब हिम्मत जुटाना सीख लो

बेईमानी की सुंदरी ने ईमान को मोह लिया है
वतन भी बिक रहा है ईमान भी बिक रहा है
आजादी के इस हाल पर आजाद भी रो रहा है
गांधी भी कह रहा है भगत सिंह भी कह रहा है
मेरे देश के वीरों अब फांसी पर लटकना छोड़ दो
अब हिम्मत जुटाना सीख लो

© लक्ष्मण सिंह त्यागी 'रीतेश'

सफर

यह सफर अब हमारा कठिन हो गया
जिंदगी का गुजारा जटिल हो गया
देखा करते हैं गैरों को भी मिलते जो हम
अपनों का प्यार ही अब जख्म हो गया
यह सफर अब हमारा कठिन हो गया

कदमों को बढ़ाया हमने ऐसे
जैसे मंजिल का द्वार हो यहीं कहीं
लेकिन दुनियाँ का रंग कुछ अजब ही है
कदमों को जमाना कठिन हो गया
यह सफर अब हमारा कठिन हो गया

तूफां भी आएंगे तो है क्या गम
नदियां भी आएंगीं तो है क्या गम
गमों से कभी घबराहट ना हो
यही जिंदगी जीने का मर्म
इससे पहले ना सोचा था मैंने कभी
एक सपना संजोया था मैंने अभी
वह सपना हमारा आज चूर हो गया
यह सफर अब हमारा कठिन हो गया

हमने सोचा था होगा नदी पार किनारा
जहां हो जाएगा हमारा गुजारा
मगर बड़ा गहरा समंदर मिल गया है वह
लेकिन मुझे इसी में होकर है जाना
यही निश्चय अब हमारा अटल हो गया

यह सफर अब हमारा कठिन हो गया

यूं ही चलता रहूंगा मैं तो उम्र भर
चाहे मंजिल मुझको भले ना मिले
गुनगुनाता रहूंगा मैं तो हर पल
चाहे सुरताल भले ना मिले
चलना ही जिंदगी बन गई है मेरी
गाना भी दिल्लगी बन गई है मेरी
चलता ही रहूं या गाऊँ बैठकर
अब लगन बन गई है जिंदगी मेरी
कोशिश मैं करूंगा तमन्ना है अब
चाहे मुझको यह मंजिल भले ना मिले

© **लक्ष्मण सिंह त्यागी 'रीतेश'**

सरसों की कली

सुमन की गंध की फुहार अंतरात्मा की पुकार
फूल तोड़ने को हुआ तो भ्रमर पर सुमन का खुमार
देख भंवरे का खुमार मेरा दिल गया हार
बस सोचा मैंने यार इतना मर रहा संसार

महक रही है यह कली इसका सुमन है गुलाब
ऐसा होगा ना नशा भले ही पी लो शराब
हो गया मैं भी मदमस्त इस कलि को देखकर
कैसी सुंदर थी कली नहीं था जिसका कोई जवाब

मेरा कर रहा था मन समा जाऊं इसमें भरपूर
याद आया बाद में तन था इसका सूरों से चूर
डाली डाली खिल रही अंग अंग खिल रहा
देखा गुलाबी कली को मानो हो कांटो में नूर

हां कीचड़ में उगी थी मगर क्या फिक्र है
गुलाब के आगोश में है वह उसे अब क्या फिक्र है
स्वार्थ सिद्ध हो गया अब उसका गुलाब से
भ्रमरे उस पर मरें उसे उनकी क्या फिक्र है

इस विशाल जगत में तो कलियां हैं बहुत
दूर से देखेंगे यदि तो सुंदर लगती हैं बहुत
विरले ही तो हैं भंवरे जो इनसे बच निकले
मरने वाले भंवरे इस धरा पे पाए जाते हैं बहुत

यद्यपि सुंदर है यह गुलाब की कलि

मगर जानलेवा होती है ये गुलाब की कली
निरंतर वितरित करे मधु वह है सरसों की कली
जो ना लेती है बलि बस वही है मेरी कली
उसको क्या नाम दूं वह तो है सरसों की कली

चौखट चूमता है

हर दिन हर रोज जाकर
अपने होश-ओ- हवास को भुलाकर
वह दर-दर की चौखट चूमता है

जहां सो रहा होता है गहरी नींद में
भोर होने से पहले
वह पका रहा होता है खाना
दिनकर के आगमन से पहले
कभी कभी वह बासी सब्जी सूंघता है
वह दर-दर की चौखट चूमता है
दिनचर्या को करके समाप्त
निकल पड़ता है ज्ञान बांटने
पालतू जानवर के पास
जैसे जाता हो कोई ग्रास बांटने
कभी विद्यालय तो कभी घर घर में
जैसे जाता हो भारती का प्रसाद बांटने
गली गली में वह घूमता है
वह दर-दर की चौखट चूमता है

देर रात तक घर-घर में जाता
बौखलाए इंसान की तरह
ऐसी क्या है उसकी परिस्थिति
आखिर कोई तो होगी उसकी वजह
मैंने पूछी उसकी वजह
ऐसे ही बेवजह कहते-कहते वह रो पड़ा
और सहारा दिया मैंने किसी तरह

तब कहीं जाकर वह अचानक बोल पड़ा

साहब !

पेशे से मैं हूं प्राइवेट स्कूल का अध्यापक

तमन्ना थी मेरी पहुंचने की इस पद पर

मगर होता है मुझे शक इस पद पर

चाहे हो ट्यूशन वाले या हो स्कूल वाला

समान विचारों की पहन रखी है जिन्होंने माला

नीच समझते हैं हमें वह व्यक्ति

क्या अध्यापकों में यही थी शक्ति

या एकलव्य की भी यही है गुरु भक्ति

मेरा मन बस यही सोचता है

वह दर-दर की चौखट चूमता है

क्या प्राइवेट टीचर ही गरीब इंसान है

या प्राइवेट स्कूल ही केंद्र रक्तदान है

© लक्ष्मण सिंह त्यागी 'रीतेश'

चिड़िया

दिल का परिंदा उड़ उड़ के कह रहा
चलो यार बैठेंगे हम उस वाली डाली पर
लाल लाल लबों वाली गोरे से बदन वाली
प्यारी सी चिरैया बैठती उस वाली डाली पर
जिस आवाज को सुनकर खिल उठा मन
बस वही आवाज आई उस वाली डाली पर
जिस के आ जाने से आ गया है बदलाव
पतझड़ में भी फूल खिल रहे हैं उस डाली पर

कितना विशाल दुनियाँ का है यह वृक्ष
जिस पर डालियों की ही भरमार है
मेरा दिल भी उस डाली पर ही मर रहा
जिस डाली पर वह चिड़िया सवार है
यहां चिड़िया बहुत और डाली हैं बहुत
पर वही चिड़िया और डाली खास है
निहारती हैं ये नजरें उस वाली डाली को
क्योंकि वही डाली मेरे जीवन की प्यास है

इतना सा सोचकर भरोसा मेरा हट गया
क्योंकि यह अचरज हो गया है नया
जिस डाली को जीवनसाथी चुन लिया गया
फिर भी चिड़िया ने हमसफर बना लिया नया
कैसे बताऊं वेदना उस डाली की
उस डाली का तो सारा जीवन हो गया नया
आस्था के फूल झड़ गए उस डाली से
निराशा की कोंपलों ने रूप ले लिया नया

अभिसारिका चंचल मनचली सी
वही चिड़िया घूमती द्वार द्वार है
पुरानी डाली छोड़ नयी डाली के साथ
उसकी खुशी का नहीं कोई पारावार है
लेकिन नहीं सोचा तूने उस वाली डाली का
जिस पर बस तेरा ही खुमार है
तेरे इरादे तो नेक थे ही नहीं कभी
अब भी उस डाली को तेरा इंतजार है

पतझड़ में भी खिल उठती थी तेरे लिए
तेरे लिए ही फल लग जाया करते थे
तू ही एक चिड़िया थी जिस पर मरती थी
उस डाली पर क्या हम नहीं मरते थे
वह तो कहती थी बस एक बात हमसे
लोग तो वो हैं जो दूसरों पर मरते थे
दगा कर जाए तुझ जैसी चिड़िया तो क्या
फिर भी वह तो प्रेम बांटते ही रहते थे

© लक्ष्मण सिंह त्यागी 'रीतेश'

अमित कुमार गुप्ता

पिता का नाम	:	प्रदीप कुमार गुप्ता
माता का नाम	:	सावित्री गुप्ता
जन्मतिथि	:	28 जुलाई 1987
शिक्षा	:	B. Sc., M. Sc., B. Ed., M. Ed., M. A. (EDUCATION, SOCIOLOGY, PHILOSOPHY), N. T. T.
संप्रति	:	अध्यापक, स्वरोजगार
प्रकाशित कृतियाँ	:	पावन माटी, दिल कहता है, जीवन उत्सव है इत्यादि
ई-मेल	:	dr.amitisthebest@gmail.com
पता	:	बाजार टोला, पुरानी बाजार, रामकोला, पोस्ट - रामकोला, जनपद- कुशीनगर उत्तर प्रदेश 274305
मोबाइल नंबर	:	9415243441, 9936812268

हौसला

कभी उदास होता है जब मन,

कहीं से आती है एक आवाज,

कुछ अनकही सी बातें,

संदेश देती है कि,

उदास क्यू है रे मन.......

तू वो सब कुछ कर सकता है,

जिसके लिए तूने जन्म लिया है,

बस तू रख............

हौसला........ हौसला....... और हौसला

© अमित कुमार गुप्ता

स्वामी दयानन्द तथा हमारी भाषा- हिन्दी

हिंदी, देश की शान

स्वामी दयानंद ने सन 1857 ई. के स्वाधीनता संग्राम को असफल होते देखा था और उसके असफल होने का मुख्य कारण भारतीय समाज में एकता की कमी होना था। स्वामी दयानंद ने इस कमी को समाप्त करना आवश्यक समझा। उन्होंने चिन्तन-मंथन किया कि अगर भारत देश को एक सूत्र में जोड़ना है तो उसकी एक भाषा होना अत्यंत आवश्यक है। यह रिक्त स्थान अगर कोई भर सकता था तो वह हिंदी भाषा थी। स्वामी दयानंद द्वारा सर्वप्रथम 19 वीं सदी के चौथे चरण में एक राष्ट्र भाषा का प्रश्न उठाया गया और स्वयं गुजराती भाषी होते हुए भी उन्होंने इस हेतु आर्यभाषा (हिंदी) को ही इस पद के योग्य बताया। अपने जीवन काल में स्वामीजी ने भाषण, लेखन, शास्त्रार्थ एवं उपदेश आदि हिंदी में देने आरंभ किये जिससे हिंदी भाषा का प्रचार आरंभ हुआ और सबसे बढ़कर जनसाधारण के समझने के लिए हिंदी भाषा में वेदों का भाष्य किया। इससे हिन्दू साहित्य और भाषा को नये उपादान प्रदान किये और प्रत्येक आर्यसमाजी के लिए हिंदी भाषा को जानना प्रायः अनिवार्य कर दिया गया।

स्वामीजी इससे पहले संस्कृत में भाषण करते थे इसलिए केवल पठित पंडित वर्ग ही उनके विचारों को समझ पाता था। कालांतर में जब उन्होंने हिंदी भाषा में व्याख्यान प्रारंभ किये तो उससे जन साधारण की उपस्थिति न केवल अधिक हो गई अपितु जनता के लिए उनके प्रवचनों को ग्रहण करना आसान हो गया। स्वामीजी ने अपने संपर्क में आने वाले सभी देशी राजाओं को अपने राजकुमारों को हिंदी के माध्यम से धार्मिक शिक्षा दिलवाने की सलाह दी थी जिससे उनमें देश-भक्ति का सूत्रपात हो सके।

स्वामीजी द्वारा अपने सभी ग्रन्थ हिंदी भाषा में रचे गये जैसे सत्यार्थप्रकाश, ऋग्वेदादिभाष्यभूमिका, वेद-भाष्य आदि। इनके सैकड़ों संस्करण छपे और देश में उनके प्रचार से हिंदी भाषा के प्रचार को जो गति मिली उसका पाठक सहजता से अनुमान लगा सकते हैं।

सन 1882 ई. में भारतीय शिक्षण संस्थाओं में भाषा के निर्धारण को लेकर 'हन्टर कमीशन' के नाम से कोलकता में आयोग का गठन सर विलियम हंटर की अध्यक्षता में किया गया था। स्वामी दयानंद ने इस कमीशन के समक्ष हिंदी को शिक्षा की भाषा निर्धारित

करने के लिए आर्यसमाजों को निर्देश दिया कि वे हिन्दी भाषा के समर्थन में हंटर आयोग में अपनी सम्मति भेजें। फर्रुखाबाद, देहरादून, मेरठ, कानपुर, लखनऊ आदि आर्यसमाजों को भी इस विषय पर कोलकता पत्र भेजने को कहा था।

हिंदी भाषा भारतीय जनमानस की मानसिक भाषा है इसलिए उसे ही पाठ्यक्रम की भाषा के रूप में स्वीकृत किया जाये ऐसा समस्त आर्यसमाज द्वारा हिंदी भाषा के प्रचार के लिए प्रयत्न किया गया था। निश्चित रूप से हिंदी भाषा के प्रचार के लिए यह कार्य ऐतिहासिक महत्व का था।

स्वामी जी के देहांत के पश्चात् आर्यसमाज के सदस्यों ने हिंदी भाषा के प्रचार प्रसार में दिन रात एक कर दिया। आर्यसमाज के सदस्यों द्वारा लाखों पुस्तकें हिंदी भाषा में अलग अलग विषयों पर लिखी गई। गद्य, पद्य, काव्य, निबन्ध आदि सभी प्रकार के साहित्य की रचना हिंदी भाषा में हुई। हजारों पत्र-पत्रिकाओं का हिंदी भाषा में प्रकाशन हुआ। सैंकड़ों पाठशालाओं, विद्यालयों, गुरुकुलों के माध्यम से हिंदी भाषा का सम्पूर्ण भारत में ही नहीं अपितु विदेशों में जैसे मारीशस, फिजी, दक्षिण अफ्रीका आदि देशों में भी हिंदी भाषा का प्रचार प्रसार हुआ।

आर्य दर्पण (आर्य समाज का सर्वप्रथम हिंदी पत्र), आर्य भूषण, आर्य समाचार, भारतसुदशा प्रवर्तक, वेद प्रकाश, आर्य पत्र, आर्य समाचार, आर्य विनय, आर्य सिद्धांत, आर्य भगिनी आदि अनेक पत्र तो विभिन्न आर्य संस्थाओं द्वारा 20 वीं शताब्दी आरम्भ होने से पहले ही निकलने आरम्भ कर दिए थे। 20 वीं शताब्दी में इनकी संख्या इतनी थी कि इस लेख में उन्हें समाहित करना संभव नहीं है। पाठक इस उल्लेख से समझ सकते हैं कि आर्यसमाज के प्रचार का माध्यम हिन्दी होने के कारण हिंदी भाषा के उत्थान में आर्यसमाज का क्या योगदान था।

स्वामी जी के प्रशंसक भारतेन्दु हरिश्चन्द्र की हिंदी भाषा को देन से साहित्य जगत भली प्रकार से परिचित है। कालांतर में मुंशी प्रेमचंद, कहानीकार सुदर्शन, आचार्य रामदेव, बनारसी दास चतुर्वेदी, इंद्र विद्यावाचस्पति, सुमित्रानंदन पन्त, मैथिलिशरण गुप्त, पदम् सिंह शर्मा आदि से आरंभ होकर हरिवंश राय बच्चन, विष्णु प्रभाकर, क्षितीश वेदालंकार आदि तक हजारों की संख्या में आर्यसमाज से दीक्षित और अनुप्राणित साहित्यकारों ने हिंदी साहित्य की रचना की जिससे हिंदी समस्त भारत की साहित्यिक भाषा के रूप में स्थापित हो गई।

स्वामी श्रद्धानंद ने अपने पत्र सद्धर्म प्रचारक को एक रात में उर्दू से हिंदी में परिवर्तित कर

दिया, उन्हें आर्थिक हानि अवश्य उठानी पड़ी पर उनके पत्र की प्रसिद्धि को देखते हुए उसे पढ़ पाने की इच्छा ने अनेकों पाठकों को देवनागरी लिपि सीखने के लिए प्रेरित किया।

पत्रकारिता में नये आयाम आर्यसमाज के सदस्यों ने स्थापित किये। पंजाब के सभी प्रसिद्ध अख़बार जैसे प्रताप, केसरी, अर्जुन, युगांतर आदि अनेक पत्र हिंदी में ही निकलते थे, जो आर्यसमाजियों ने ही चलाए थे। पंजाब के जन आंचल में उस काल में उर्दू मिश्रित फारसी भाषा बोली जाती थी जिसके प्रचार में उर्दू पत्र जमींदार आदि का पूरा सहयोग था।

सैकड़ों गुरुकुलों, डीएवी स्कूल और कॉलेजों में हिंदी भाषा को प्राथमिकता दी गई और इस कार्य के लिए नवीन पाठ्य क्रम की पुस्तकों की रचना हिंदी भाषा के माध्यम से गुरुकुल कांगड़ी एवं लाहौर आदि स्थानों पर हुई जिनके विषय विज्ञान, गणित, समाज शास्त्र, इतिहास आदि थे। यह एक अलग ही किस्म का हिंदी भाषा में परीक्षण था जिसके वांछनीय परिणाम निकले।

विदेशों में भवानी दयाल सन्यासी, भाई परमानन्द, गंगा प्रसाद उपाध्याय, डॉ0 चिरंजीव भारद्वाज, मेहता जैमिनी, आचार्य रामदेव, पंडित चमूपति आदि ने हिंदी भाषा का प्रवासी भारतीयों में प्रचार किया जिससे वे मातृभूमि से दूर होते हुए भी उसकी संस्कृति, उसकी विचारधारा से न केवल जुड़े रहे अपितु अपनी विदेश में जन्मी सन्तति को भी उससे अवगत करवाते रहे।

आर्यसमाज द्वारा न केवल पंजाब में हिंदी भाषा का प्रचार किया गया अपितु सुदूर दक्षिण भारत में, आसाम, बर्मा आदि तक हिंदी को पहुँचाया गया। न्यायालय में दुष्कर भाषा के स्थान पर सरल हिंदी भाषा के प्रयोग के लिए भी स्वामी श्रद्धानंद द्वारा प्रयास किये गये थे।

वीर सावरकर हिंदी भाषा को स्वामी दयानंद के देन पर लिखते हैं- ''महर्षि दयानंद द्वारा लिखित सत्यार्थ प्रकाश में जिस हिंदी के दर्शन हमें मिलते हैं, वही हिंदी हमें स्वीकार है। यह सरल, अनावश्यक विदेशी शब्दों से अलिप्त होकर भी अत्यंत अर्थ वाहक तथा प्रवाही है। महर्षि दयानंद ही सर्वप्रथम नेता थे, जिन्होंने 'हिंदुस्तान के अखिल हिन्दुओं की राष्ट्र भाषा हिंदी है। ऐसा उद्घोष व प्रयास किया था।

(सन्दर्भ-वीर वाणी पृष्ठ 64)

शहीद भगत सिंह ने पंजाब की भाषा तथा लिपि विषयक समस्या के विषय में अपने विचार भाषण के रूप में प्रस्तुत करते हुए हिंदी भाषा के समर्थन में कहा था कि-

'बहुत से आदर्शवादी सज्जन समस्त जगत को एक राष्ट्र, विश्व राष्ट्र बना हुआ देखना

चाहते हैं। यह आदर्श बहुत सुंदर हैं। हमको भी इसी आदर्श को सामने रखना चाहिए। उस पर पूर्णतया आज व्यवहार नहीं किया जा सकता, परन्तु हमारा हर एक कदम, हमारा हर एक कार्य इस संसार की समस्त जातियों, देशों तथा राष्ट्रों को एक सुदृढ़ सूत्र में बांधकर सुख वृद्धि करने के विचार से उठना चाहिए। उससे पहले हमको अपने देश में यही आदर्श कायम करना होगा। समस्त देश में एक भाषा, एक लिपि, एक साहित्य, एक आदर्श और एक राष्ट्र बनाना पड़ेगा, परन्तु समस्त एकताओं से पहले एक भाषा का होना जरुरी है, ताकि हम एक दूसरे को भली भाँति समझ सकें। एक पंजाबी और एक मद्रासी इकट्ठे बैठकर केवल एक-दूसरे का मुँह ही न ताका करें, बल्कि एक-दूसरे के विचार तथा भाव जानने का प्रयत्न करें। परन्तु यह पराई भाषा अंग्रेजी में नहीं, बल्कि हिंदुस्तान की अपनी भाषा हिंदी में होना चाहिए।

महात्मा गाँधी हिंदी भाषा के कितने बड़े समर्थक थे इसका पता उनके इस कथन से मिलता है जब उन्होंने कहा था की जगदीश चन्द्र बसु आदि विद्वानों के आविष्कार जनता की भाषा में प्रकट किये जाते तो जिस प्रकार तुलसी रामायण जनता की भाषा में लिखी होने के कारण अपनी चीज बनी हुई हैं, उसी प्रकार से विज्ञान की चर्चायें, विज्ञान के आविष्कार जनता के जीवन को प्रभावित करते।

स्वामी दयानन्द और आर्यसमाज की हिंदी भाषा को देन निश्चित रूप से अविस्मरणीय एवं अनुकरणीय है।

हिंदी के विकास में योगदान की श्रेणी में दयानन्द जीं का स्थान सर्वोपरि है ! जन - जन की भाषा के रूप में हिन्दी सम्पूर्ण भारत वर्ष में एकीकृत रूप से स्वीकार की गई है, भारतीयता का परिचायक है, मातृभाषा....... हिन्दी.....

© **अमित कुमार गुप्ता**

शिक्षक

शिक्षक समाज में उच्च आदर्श स्थापित करने वाला व्यक्तित्व होता है। किसी भी देश या समाज के निर्माण में शिक्षा की अहम् भूमिका होती है, कहा जाए तो शिक्षक समाज का आइना होता है। हिन्दू धर्म में शिक्षक के लिए कहा गया है कि आचार्य देवो भवः यानी कि शिक्षक या आचार्य ईश्वर के समान होता है। यह दर्जा एक शिक्षक को उसके द्वारा समाज में दिए गए योगदानों के बदले स्वरुप दिया जाता है। शिक्षक का दर्जा समाज में हमेशा से ही पूज्यनीय रहा है। कोई उसे गुरु कहता है, कोई शिक्षक कहता है, कोई आचार्य कहता है, तो कोई अध्यापक या टीचर कहता है ये सभी शब्द एक ऐसे व्यक्ति को चित्रित करते हैं, जो सभी को ज्ञान देता है, सिखाता है और जिसका योगदान किसी भी देश या राष्ट्र के भविष्य का निर्माण करना है। सही मायनों में कहा जाए तो एक शिक्षक ही अपने विद्यार्थी का जीवन गढ़ता है। और शिक्षक ही समाज की आधारशिला है। एक शिक्षक अपने जीवन के अंत तक मार्गदर्शक की भूमिका अदा करता है और समाज को राह दिखाता रहता है, तभी शिक्षक को समाज में उच्च दर्जा दिया जाता है।

माता-पिता बच्चे को जन्म देते हैं। उनका स्थान कोई नहीं ले सकता, उनका कर्ज हम किसी भी रूप में नहीं उतार सकते। लेकिन एक शिक्षक ही है जिसे हमारी भारतीय संस्कृति में माता-पिता के बराबर दर्जा दिया जाता है। क्योंकि शिक्षक ही हमें समाज में रहने योग्य बनाता है। इसलिए ही शिक्षक को समाज का शिल्पकार कहा जाता है। गुरु या शिक्षक का संबंध केवल विद्यार्थी को शिक्षा देने से ही नहीं होता बल्कि वह अपने विद्यार्थी को हर मोड़ पर उसको राह दिखाता है और उसका हाथ थामने के लिए हमेशा तैयार रहता है। विद्यार्थी के मन में उमड़े हर सवाल का जबाब देता है और विद्यार्थी को सही सुझाव देता है और जीवन में आगे बढ़ने के लिए सदा प्रेरित करता है

एक शिक्षक या गुरु द्वारा अपने विद्यार्थी को स्कूल में जो सिखाया जाता है या जैसा वह सीखता है, वे वैसा ही व्यवहार करते हैं। उनकी मानसिकता भी कुछ वैसी ही बन जाती है जैसा वह अपने आसपास होता देखते हैं। इसलिए एक शिक्षक या गुरु ही अपने विद्यार्थी को आगे बढ़ने के लिए प्रेरित करता है। सफल जीवन के लिए शिक्षा बहुत उपयोगी है जो हमें गुरु द्वारा प्रदान की जाती है। विश्व में केवल भारत ही ऐसा देश है जहां पर शिक्षक अपने शिक्षार्थी को ज्ञान देने के साथ-साथ गुणवत्तायुक्त शिक्षा भी देते हैं, जो कि एक विद्यार्थी में

उच्च मूल्य स्थापित करने में बहुत उपयोगी है। जब अमेरिका जैसे शक्तिशाली देश का राष्ट्रपति आता है तो वो भारत की गुणवत्तायुक्त शिक्षा की तारीफ करता है।

किसी भी राष्ट्र का आर्थिक, सामाजिक, सांस्कृतिक विकास उस देश की शिक्षा पर निर्भर करता है। अगर राष्ट्र की शिक्षा नीति अच्छी है तो उस देश को आगे बढ़ने से कोई रोक नहीं सकता अगर राष्ट्र की शिक्षा नीति अच्छी नहीं होगी तो वहां की प्रतिभा दब कर रह जायेगी बेशक किसी भी राष्ट्र की शिक्षा नीति बेकार हो, लेकिन एक शिक्षक बेकार शिक्षा नीति को भी अच्छी शिक्षा नीति में तब्दील कर देता है। शिक्षा के अनेक आयाम हैं, जो किसी भी देश के विकास में शिक्षा के महत्व को अधोरेखांकित करते हैं। वास्तविक रूप में ज्ञान ही शिक्षा का आशय है, ज्ञान का आकांक्षी है विद्यार्थी, और इसे उपलब्ध कराता है शिक्षक।

एक शिक्षक द्वारा दी गई शिक्षा ही शिक्षार्थी के सर्वांगीण विकास का मूल आधार है। प्राचीन काल से आज पर्यन्त शिक्षा की प्रासंगिकता एवं महत्ता का मानव जीवन में विशेष महत्व है। शिक्षकों द्वारा प्रारंभ से ही पाठ्यक्रम के साथ ही साथ जीवन मूल्यों की शिक्षा भी दी जाती है। शिक्षा हमें ज्ञान, विनम्रता, व्यवहारकुशलता और योग्यता प्रदान करती है। शिक्षक को ईश्वर तुल्य माना जाता है। आज भी बहुत से शिक्षक शिक्षकीय आदर्शों पर चलकर एक आदर्श मानव समाज की स्थापना में अपनी महती भूमिका का निर्वहन कर रहे हैं। लेकिन इसके साथ-साथ ऐसे भी शिक्षक हैं जो शिक्षक और शिक्षा के नाम को कलंकित कर रहे हैं। और ऐसे शिक्षकों ने शिक्षा को व्यवसाय बना दिया है, जिससे एक निर्धन शिक्षार्थी को शिक्षा से वंचित रहना पड़ता है। धन के अभाव से अपनी पढ़ाई छोड़नी पडती है। आधुनिक युग में शिक्षक की भूमिका अत्यंत महत्वपूर्ण है। शिक्षक वह पथ प्रदर्शक होता है जो हमें किताबी ज्ञान ही नहीं बल्कि जीवन जीने की कला सिखाता है।

आज के समय में शिक्षा का व्यवसायीकरण और बाजारीकरण हो गया है। शिक्षा का व्यवसायीकरण और बाजारीकरण देश के समक्ष बड़ी चुनौती हैं। पुराने समय में भारत में शिक्षा कभी व्यवसाय या धंधा नहीं थी। इससे छात्रों को बडी कठिनाई का सामना करना पड रहा है। शिक्षक ही भारत देश को शिक्षा के व्यवसायीकरण और बाजारीकरण से स्वतंत्र कर सकते हैं। देश के शिक्षक ही पथ प्रदर्शक बनकर भारत में शिक्षा जगत को नई बुलंदियों पर ले जा सकते हैं।

गुरु एवं शिक्षक ही वो हैं जो एक शिक्षार्थी में उचित आदर्शों की स्थापना करते हैं और सही मार्ग दिखाते हैं। एक शिक्षार्थी को अपने शिक्षक या गुरु के प्रति सदा आदर और कृतज्ञता

का भाव रखना चाहिए। किसी भी राष्ट्र का भविष्य निर्माता कहे जाने वाले शिक्षक का महत्व यहीं समाप्त नहीं होता क्योंकि वह ना सिर्फ हमको सही आदर्श मार्ग पर चलने के लिए प्रेरित करते हैं बल्कि प्रत्येक शिक्षार्थी के सफल जीवन की नींव भी उन्हीं के हाथों द्वारा रखी जाती है।

गुरुओं और शिक्षकों को अपने जीवन में उच्च आदर्श जीवन मूल्यों को स्थापित कर आदर्श शिक्षक और एक आदर्श गुरु बनने की प्रेरणा देता है।

गुरु की महिमा को बताते हुए *कबीरदास* जीं ने सत्य ही कहा है कि,

गुरु गोविन्द दोऊ खड़े, काके लागूं पाय.. !
बलिहारी गुरु आपने, गोविन्द दियो बताय ।।

© **अमित कुमार गुप्ता**

अनुरोध कुमार श्रीवास्तव

साहित्यिक पहचान	:	प्रकृति के सुन्दरम् का कवि
पिता	:	श्री अष्टभुजा प्रसाद श्रीवास्तव
माता	:	स्व.श्रीमती सावित्री श्रीवास्तव
पत्नी	:	श्रीमती कुमुद श्रीवास्तव
पुत्र	:	(1) प्राँजल श्रीवास्तव, (2) कौस्तुभ श्रीवास्तव
जन्मस्थान	:	महर्षि वशिष्ठ और हिन्दी साहित्य के महान समालोचक तथा साहित्यकार आचार्य रामचंद्र शुक्ल की पावन भूमि जनपद बस्ती, उत्तर प्रदेश।
लेखनशैली	:	प्रकृति के सुन्दर दृश्यों को आत्मसात कर अपनें कविता द्वारा पाठक के समक्ष प्रकृति का चित्रण करना मूल काव्य शैली। इसके अतिरिक्त श्रृंगार, सौन्दर्य, स्त्री सशक्तीकरण, पर्यावरण, बाल साहित्य और समसामयिक तथा सामाजिक सन्दर्भ के विषय।
प्रकाशित पुस्तकें	:	जिन्दगी के साज पर (ग़ज़ल,कविता एवं गीत संग्रह), सितारा (लघुकथा संग्रह), काव्यप्रभा (साझा संग्रह), अनुभूति (साझा संग्रह) सहित कई पुस्तकें प्रकाशित एवं कुछ प्रकाशनाधीन हैं।
सम्मान/पुरस्कार	:	प्रतिलिपि से "आजाद भारत सम्मान", स्टोरीमिरर प्रतिष्ठित साहित्यिक मंच पर "लिटरेरी कैप्टन" उपाधि, द साहित्य मंच से "आथर आफ द मंथ" सम्मान प्राप्त।
ई-मेल	:	anurodh9839668367@gmail.com

नेपाल (संवेदनहीनता और असहिष्णुता)

(यात्रा वृतांत)

पिछले दिनों नेपाल जाना हुआ। वैसे भी नेपाल की सीमा हमारे मण्डल की सीमा से जुड़ी हुई है और नेपाल बार्डर के करीब तैनाती के दौरान अक्सर नेपाल जाना आना लगा रहता था; लेकिन बस बार्डर से सटे कस्बे तक ही। उस कस्बे (कृष्णानगर) की अधिकतर दुकानें भारतीय लोगों की ही हैं जहाँ की बोली और संस्कृति भारतीय ही है। वैसे भी नेपाल हमारा सबसे घनिष्ठ पड़ोसी है जहाँ जानें के लिए हमें पासपोर्ट, वीजा की आवश्यकता नहीं होती है।

नेपाल का दक्षिणी मैदानी भाग और हमारे उत्तरप्रदेश का उत्तरी मैदानी भाग भौगोलिक एवं सांस्कृतिक रूप से लगभग एक जैसा है। भारत और नेपाल के बीच बेटी –रोटी का सम्बन्ध है। तो इसी बेटी-रोटी के सम्बन्ध के तहत मेरा भी ससुराल नेपाल में है जो कि मेरे घर से लगभग दो सौ पचास किलोमीटर दूर है। पिछले दिनों मेरी सास का स्वास्थ्य बेहद खराब था। जब वह अस्पताल में भर्ती थीं तो मैं उनसे मिलने नेपाल गया था। शाम को अस्पताल में जाकर मिला। स्वास्थ्य बेहद खराब था मगर पता चला कि कुछ सुधार है, तो रात में वहीं रूक गया। दूसरे दिन बच्चों ने नेपाल में घूमने का कार्यक्रम बना लिया तो मुझे और श्रीमती जी को भी साथ जाना पड़ा।

बच्चों द्वारा निर्धारित कार्यक्रम के तहत वहाँ से लगभग साठ किलोमीटर दूर एक जगह जिसका नाम चिसा पानी (जिसका हिन्दी में शाब्दिक अर्थ ठंढ़ा पानी है) जाना हुआ। रास्ता गाँवों और संरक्षित वन क्षेत्र से होकर महेन्द्र राजमार्ग होकर जाता था। रास्ते में नेपाल के गाँवों और वनों का दर्शन हुआ। नेपाल तराई के गाँव अब भी आधुनिक संस्कृति से अछूते हैं। नेपाल की आबादी तीन तरह के लोगों से निर्मित है। मंगोलायड प्रजाति के लोग जिन्हे स्थानीय लोग पहाड़ी कहते हैं, थारू जनजाति के लोग, भारतीय मूल के लोग जिन्हें मधेशी या देशी कहा जाता है। थारू और पहाड़ी लोग पर्यावरण के प्रति सजग नागरिक हैं। नेपाल के गाँव छोटे-छोटे झोपड़ी के घरों एवं छोटे-छोटे पक्के मकानों से युक्त हैं। लेकिन एक चीज जो मुझे बहुत जँची वह थी उनकी स्वच्छता। घास फूस की दीवारों और घास तथा लोहे की चद्दरों से निर्मित घरों के घास की दीवारों पर मिट्टी का इतना सुन्दर लेप कि लगता था क्रीम कलर से दीवारें पेंट की गयी हैं। कोई-कोई झोपड़ी तो बीच में लकड़ी की छत डालकर

दोमंजिली बनायी गयी थी। अद्भुत देशी अभियांत्रिकी एवं कलाकारी। एक चीज और उल्लेखनीय है- घर के आसपास की स्वच्छता। लोग पशुपालन भी किये थे लेकिन कहीं गन्दगी नहीं दिखी। सडक़ों के किनारे कहीं गन्दगी, कूडे या प्लास्टिक का ढेर नजर नहीं आया। जबकि हमारे उत्तर प्रदेश सरकार और भारत सरकार के तमाम प्रयासों, धन खर्च करनें और सरकारी तथा गैर सरकारी तंत्र के जागरूकता अभियान चलाने के बाद भी सडकों के किनारे बस गंदगी और कूड़े, प्लास्टिक के ढेर दिखते हैं।

गाँवों जंगलों से निकलकर रास्ता राजमार्ग पर आ गया। कुछ दूर चलने पर चेकपोस्ट आ गया जहाँ एक पर्चीं मिली जिसपर चेकपोस्ट पर पहुँचने का समय लिखा था। अगली चौकी सत्रह किलोमीटर दूर थी जहाँ पर चालीस किलोमीटर प्रति घंटा की गति से चलकर बाइस से सत्ताइस मिनट में पहुँचना था। समय कम या ज्यादा लगने पर जुर्माना। बीच में बर्दिया राष्ट्रीय निकुँज का संरक्षित वन क्षेत्र था जो कि भारतीय सीमा के दुधवा नेशनल पार्क के वनों से लगभग जुड़ा है। वन का क्षेत्र बहुत ही सुरम्य है। प्रकृति का सुन्दर दृश्य। रास्ते में कहीं कहीं लंगूर दिख जाते थे। दो जगह दो प्रजाति के हिरनों का झुण्ड भी सडक किनारे झाड़ियों में घास चरते हुआ दिखाई दिया, सुन्दर और सुखद अनुभूति वाला। आगे चलने पर हाइवे से सटा पहाड़ भी दिखने लगा। बहुत ही सुन्दर दृश्य। फिर हम लोग अपने गंतव्य चिसापानी पहुँच गये। बहुत छोटी मगर प्रकृति की खूबसूरती से भरी जगह। एकाएक मैदान से सटे खड़े पहाड़, पहाड़ पर जंगल और दो पहाड़ों के बीच से निकलती कर्नाली नदी। मन करता था बस प्रकृति को यूँ ही निहारता रहूँ।

शाम को हमलोग वापस लौट आये। दूसरे दिन सासू माँ की तबीयत ज्यादा खराब हो गयी और डॉक्टर ने रेफर कर दिया। हम लोग उन्हें लेकर दूसरे हास्पिटल चले गये जो कि नेपालगंज कस्बे में पड़ता है। नेपालगंज का क्षेत्र अपेक्षाकृत विकसित क्षेत्र और व्यसायिक क्षेत्र है। लगभग दो बजते सासू माँ की आई.सी.यू में मृत्यु हो गयी। आवश्यक औपचारिकतायें पूर्ण कर हमलोग उन्हें लेकर निकले। आगे-आगे एम्बुलेंस उसके पीछे हमारे साले साहब की कार। फिर मेरी कार। अभी मेरी कार गेट के अन्दर रेंग ही रही थी कि उसी अस्पताल की एक महिला डॉक्टर स्कूटी लेकर हमारी कार से आकर टकरा गयीं। उनकी स्कूटी क्षतिग्रस्त हो गयी। कार की भी कुछ क्षति हुई। हमने बाहर निकलकर उन्हें उठाया। फिर देखते-देखते अस्पताल के कर्मचारियों का जमावड़ा लग गया। मेरे ड्राइवर का तनिक भी दोष नहीं था लेकिन लोग उसपर दोषारोपण करने लगे। स्थानीय अस्पताल में तैनात पुलिसकर्मी ने गाड़ी

की चाबी और ड्राइविंग लाइसेंस अपने कब्जे में ले लिया। लोग स्कूटी और कार के नम्बर प्लेट की फोटो खींचने लगे और पुलिस बुलाने की धमकी भी देने लगे। मैंने उन्हें सारी स्थिति से अवगत कराया। सब लोग नेपाली बोल रहे थे जो कि हिन्दी से ही मिलती जुलती भाषा है। भाषा समझने में भी मुझे परेशानी हो रही थी। वे लोग हिन्दी बखूबी समझ रहे थे। भारतीय नम्बर प्लेट की गाड़ी होने के कारण वो लोग ज़्यादा ही ब्लैकमेल कर रहे थे। मैं क्षतिपूर्ति को भी तैयार था, लेकिन वे कानूनी कार्यवाही करने की धमकी दे रहे थे। मेरी स्थिति पर दुःख भी जाहिर कर रहे थे। फिर लगभग घंटे भर की बातचीत पर तय हुआ कि मैं रिक्शे से उनके साथ स्कूटी लेकर एजेंसी जाऊँ वहाँ गाड़ी की मरम्मत के संभावित व्यय के स्टीमेट के अनुसार रूपया जमा करूँ फिर छुट्टी। एक तो मैं भारतीय दूसरे वह स्थानीय अस्पताल की डाक्टर तीसरे पहाँड़ी मूल की और लगभग पूरा स्टाफ उसी मूल का। मैंने वही किया एजेंसी पर उन्होंने वह सभी पुर्जे बदलवाये जिनमें मामूली खरोंच तक आयी थी। स्टीमेट नेपाली मुद्रा में पन्द्रह हजार बना जो भारतीय मुद्रा में नौं हजार के लगभग था। मैंने पैसा जमा किया फिर अस्पताल आया। इसके बाद उन्होंनें मेरा नम्बर भी लिया कि अगर इससे ज़्यादा पैसा लगेगा तो मुझे वहन करना पड़ेगा। फिर पुलिस ने दोनों पक्षों से समझौता भी लिखवाया। इस चक्कर में मेरे लगभग तीन घंटे से ऊपर समय बर्बाद हो गये। मुझे रूपये देनें का दुःख नहीं (जबकि गलती उनके पक्ष की थी) ऐसे समय में जब मैं लाश को लेकर जा रहा था समय की बर्बादी का दुःख हुआ। हालांकि हमने एम्बुलेंस और दूसरी कार भेज दी थी।

मैं नेपाल नेपाली लोगों और उनकी संस्कृति की बहुत ही इज्ज़त और सराहना करता था लेकिन इस घटना ने मेरे मन में उनके प्रति धारणा को बदल दिया। हमारे भारतीय लोग ऐसे समय पर इस तरह का व्यवहार नहीं करते हैं।

© **अनुरोध कुमार श्रीवास्तव**

मन

मन चंचल है
कहाँ कहाँ टहलता रहता है
कभी सितारों के साथ
कभी चाँद के पार
मन
घाटियों में
पहाड़ो पर
कानन में
भटकता रहता रहता है।
कभी गुलाब
कभी नीम
कभी बबूल
तो कभी बेला सा
होता रहता है।
मन
कहीं अन्तर्तम के भीतर
छुपा बैठा रहता है
मन करता है कि
कभी अपने मन से
मन की बातें करूँ।
मन
कभी तितली
कभी पतंग बनकर
आसमान की सैर किया करता है
मन तो मन है
मन हार भी है

और जीत भी
मन
कभी बसंत
कभी पतझड़
तो कभी सावन
हुआ करता है
मन तो आखिर मन है !

© अनुरोध कुमार श्रीवास्तव

मन की बातें

मन ही जाने मन की बातें

कभी प्रेम, कभी धरम की बातें

कभी अमावस सा अँधियारा

कभी रात पूनम की बातें

मन ही जाने.....मन की बातें।

मन का मैल धुले जब कोई

मन झरने का जल हो जावे

मन में गाँठ पड़ी जो कोई

मन से तब न मन जुड़ पावे

चेहरा मन का दर्पण है

दर्पण सी हैं मन की बातें

मन ही जाने.....मन की बातें।

मन से मन जब मिल जाता है

मन फूलों सा खिल जाता है

गीत नये तब ही बनते हैं

मन से मन जब जुड़ जाता है

मन खुश है तो मधुवन है

मधुवन सी हैं मन की बातें

मन ही जाने.....मन की बातें !!

© अनुरोध कुमार श्रीवास्तव

मन की आवारगी

मन की आवारगी
पछुआ पवन सी
पल्लू का छोर पकड़े
सकुचायी दुल्हन सी।
मन तो चंचल है
मन का ओर नहीं
पलभर में सितारों तक
फ़लक के इक ओर कहीं।
मन सावन की फुहार
मन फ़लक की बून्दें
मन माघ की धूप मे
डूबता-उतरता है।
मन नायिका का श्रृँगार
मन रूप का निखार
मन बच्चे की जिद सा
मचल-मचल जाता है।
मन भूखे की रोटी
मन बेरोजगारी की तड़प
मन मजदूर की व्यथा
मन माँ का इन्तजार है।
मन समय से भी तेज
मन नदी का मझधार
मन हरसिंगार का रंग
मन पलाश का फूल !!

© अनुरोध कुमार श्रीवास्तव

मन

मन बादल-बादल सा
हुआ जाता है
संग हवाओं के
आसमान पर
चढ़ा जाता है।।

मन
कल्पनाओं का सतरंगी पंख है
मल्हार है मेघ का
मन है टेसू का फूल
और कभी कभी
बेला की सुगंध।।
मन पर जोर
किसका चलता
कभी-कभी मँडराता है
तुम्हारे आस-पास
मन की रवानी है
दरिया जैसी
और कभी-कभी
मन
हो जाता है पहाड़ !!

© अनुरोध कुमार श्रीवास्तव

मन अलसाया हुआ

मन अलसाया हुआ
महुआ सा
मन केसर की सुगंध
मन भावों की कस्तूरी
मन मेघ का गर्जन
मन बादल का राग
मन बारिश की रिमझिम
मन इन्द्रधनुष का रंग
मन झील की खामोशी
मन ऊषा की लाली
मन पुरवा बयार
मन यौवन का निखार
मन तो आखिर मन है
मन ही जाने
मन की बातें !!

© अनुरोध कुमार श्रीवास्तव

अनुराधा चौहान

जन्मस्थली	:	ग्वालियर(म.प्र)
वर्तमान निवास	:	(मुंबई, महाराष्ट्र) बचपन से साहित्य में रुचि रही है। साहित्य सेवा ही जीवन का उद्देश्य है।
शिक्षा	:	स्नातक
संप्रति	:	गृहणी और लेखिका।
लेखन	:	गद्य और पद्य दोनों ही विधाओं में लेखन जारी है। छंद, छंदमुक्त कविता, कहानी, लघु कथाएं, धारावाहिक, हाइकु और हाइबन विधाओं में लेखन।
प्रकाशित पुस्तकें	:	ये कुण्डलियाँ बोलती हैं, काव्य-मंजरी, फिदा ए वतन गीत शहादत के, विज्ञात नवगीत संग्रह, कहानियाँ साझा संग्रह और अनुभूति साझा संग्रह, गुंजन हाइकु साझा संग्रह, गीत गूँजते हैं, विज्ञात के साक्षात्कार साझा संग्रह, नारी तू अपराजिता।
सम्मान	:	कुण्डलियाँ शतक वीर, सोरठा शतक वीर, प्रतिलिपि प्रतियोगिता में कई सम्मान पत्र, इसके अलावा कई साहित्यिक समूह से सम्मान पत्र मिल चुके हैं।
अन्य	:	विभिन्न पत्र-पत्रिकाओं की रचनाएं प्रकाशित होती रहती हैं।
ब्लॉग	:	https://poetrybyanuradha.blogspot.com https://narendraraghuvir.blogspot.com

जहरी हवा

काल भीषण रूप धरकर
आज धरती पे रुका।
मौत का तांडव मचा फिर
दंड से मानव ठुका।
हो गई जहरी हवा अब
बाँध चले मुखपट्टी।
पीर ये कैसे भुलाएं
दे रही याद खट्टी।
ले रहा प्रभु जब परीक्षा
देख लाठी क्यों लुका। काल भीषण.....
छोड़ दो झगड़े पुराने
आज मानवता कहे।
कष्ट के इन बादलों को
एक जुट होकर सहें।
सामने सच को खड़ा कर
जो कहीं पीछे दुका। काल भीषण.....
काम सारे ही गलत कर
मौत की चौखट खड़े।
नोंच आभूषण धरा के
शूल ही पथ में जड़े।
रो रही हैं बेड़ियाँ अब
धैर्य मानव का चुका। काल भीषण.....

© अनुराधा चौहान

कहमुकरी

सुन बातें नैना मटकाए

मेरी बातों को दोहराए

संग मेरे वो हँसता रोता

का सखि साजन...? ना सखि तोता।

मन को मेरे अति हर्षाता

प्यासे तन की प्यास बुझाता

जिसका रूप लगे मनभावन

का सखि साजन...? ना सखि सावन।

बगिया में वो फूल खिलाता

चुन-चुन कलियाँ हार बनाता

देख जिसे झूमे हर डाली

का सखि साजन...? ना सखि माली।

मन की गहराई में जाता

जो सच है बाहर ले आता

झूठे मनका करता तर्पण

का सखि साजन...? ना सखि दर्पण।

सुबह-सुबह से मुझको छेड़े

घर की छत पर मुझको घेरे

छूने से जुल्फें लहराई

का सखि साजन...? ना सखि पुरवाई।

मेरे आगे-पीछे डोले

लगता है मुझसे कुछ बोले

मेरे मन को है अति भाया

का सखि साजन...? ना सखि साया।

© अनुराधा चौहान

प्रेम मंत्र

प्रेम बिना जीवन है सूना।
प्रेम बढ़ाता है सुख दूना।
प्रेम मिटाता मन की दूरी।
होती सबकी आशा पूरी॥

प्रेम देख दुश्मन झुक जाते।
हाथ बढ़ाकर साथ निभाते।
प्रेम से प्रभु की भक्ति करलो।
अंतस ऊर्जा सच्ची भरलो॥

अपनों से जो प्रेम बढ़ाए।
जीवन का वो हर सुख पाए।
प्रेम बिना हर बात अधूरी
रिश्तों में बढ़ जाती दूरी॥

द्वेष हटाकर मन से सारे।
बनकर रहना सबके प्यारे।
आओ सबसे हाथ मिलाएँ।
सबको अपना मित्र बनाएँ॥

प्रेम सिखाएं प्रेम बढ़ाए।
जग में सुंदर रीत बनाएं।
जैसे-जैसे प्रीत बढ़ेगी।
धरती सुंदर रूप गढ़ेगी॥

प्रेम भरी जो बोले वाणी।
उसको चाहें हर इक प्राणी।
सबके मन में रच-बस जाता।
प्रेम मंत्र से आदर पाता॥

© अनुराधा चौहान

विद्या

विद्या बिन जीवन है कोरा।
भरलो अपना ज्ञान कटोरा।
विद्या जीवन की सुखदाता।
धन वैभव सब घर में आता॥

मूढ़ मनुज की एक कहानी।
जग को समझे वो अज्ञानी।
बात बात पे कलह मचाता।
सच समझ न उसको आता॥

विद्या खोले मन दरवाजे।
मात शारदे हृदय विराजे।
ज्ञान पिपासा अंतस जगती।
जीवन यात्रा सुंदर लगती॥

विद्या जीवन की हितकारी।
महिमा इसकी मंगलकारी।
शुद्ध आचरण मन में आते।
बैर भाव मन से मिट जाते॥

अँधियारा जीवन से जाता।
ज्ञान उजाला मन में छाता।
राह सत्य की सुंदर दिखती।
विद्या जीवन में सुख लिखती॥

© अनुराधा चौहान

भूल गए क्या सच

कोमल निर्मल मन, लगे खरा है।

तप्त धरा जैसे, वृक्ष हरा है।

मिथ्या है जीवन, लड़ मत प्राणी।

कहना न किसी से, कड़वी वाणी।

काया की माया, मिली धरा है।

कोमल निर्मल मन, लगे खरा है।

खुशियाँ जीवन की, करके हल्की।

कर्मों की गठरी, भरके छलकी।

भूल गए क्या सच, हृदय मरा है।

कोमल निर्मल मन, लगे खरा है।

मिट जाता जीवन, करते अनबन।

मिलते आपस में, क्यों सब बेमन।

पड़ी काल छाया, जीव डरा है।

कोमल निर्मल मन, लगे खरा है।

रिश्तों की डोरी, कसकर पकड़ो।

गाँठ नहीं अच्छी, जमकर जकड़ो।

मधुर वचन से ही, प्रेम झरा है।

कोमल निर्मल मन, लगे खरा है।

आशा जीवन में, कभी न खोना।

झूठ अगर पाला, फिर मत रोना।

ताश किला जैसे, फिर बिखरा है।

कोमल निर्मल मन, लगे खरा है।

© अनुराधा चौहान

परित्यक्त सीता की व्यथा

सहती पीर भारी,
वाटिका खोती अब रूप।
चुपके से अटारी,
झाँकती पूछे फिर धूप।
पूछें फिर हवाएँ,
जानकी क्यों सहती पीर।
विधना की लिखाई,
देख नयना भरते नीर।
विधि के लेख जीते,
मौन सिसकी भरती रात।
लेकर फिर परीक्षा,
क्यों नियति करती है घात।
क्यों देना परीक्षा,
नाथ को सच का आभास।
फिर क्यों मानते हो,
विष बुझी झूठी अरदास।
फट जाए धरा अब,
मैं समाऊँ क्षण में राम।
फिर कारण मिटेगा,
इस धरा से मेरे नाम।
धरती काँपती फिर,
देख सीता का संताप।
रोती हैं दिशाएं,
रोक लो प्रभु अब तो पाप।

© अनुराधा चौहान

वसुधा की पुकार

कहती वसुंधरा सुन
क्यों मौन हो विधाता
मानव मेरा दुखी है
तुझको नजर न आता
दे दे रिहाई दुख से
लेने दे खुलकर साँसें
बंधन समेट अपने
चुभती बहुत यह फाँसें
हँसता नहीं अब बचपन
रोता दिखे अब बुढ़ापा
छुपता फिरे अब पचपन
पड़ा काल का तमाचा
रोको विनाश अपना
भीषण मचा कोलाहल
शंभू मनुज तड़पते
पी जाओ फिर हलाहल
अज्ञानी बालक यह सब
जतनों से मैंने पाला
दिखता है घोर अँधेरा
आकर करो उजाला
तांडव बहुत हुआ अब
आशा संचार कर दो
खिल जाए सुमन सुख के
सुवास सुगंध भर दो ॥

© अनुराधा चौहान

विधाता का मौन

चलाके पेड़ पर आरी, बुलाई हैं बला सारी।
कहीं सूखा कहीं पानी, पड़ी गलती हमें भारी।
मिटाके आज ये जंगल, घटाते धार पानी की।
बढ़ा है क्रोध धरती का, खड़ी बन मौत बीमारी।

कभी तूफान कहीं गर्मी, बताती रोष ये किसका।
कहीं डोले बड़े हौले, न कोई दोष है उसका।
सताया है बहुत तूने, धरा की बात अब सुन ले।
नहीं चेते प्रलय होगी, यही संदेश है इसका।

कभी 'अम्फान' ने घेरा, किया 'निसर्ग' अभी फेरा।
मिटे कब रोग कोरोना, डटा जग डाल के डेरा।
यही सोचे सदा मानव, विधाता मौन क्यों बैठा।
सताती है महामारी, डराता काल का घेरा।

धरा का रूप जब छीना, तभी ये चैन खोती है।
बढ़ाती रोष ये अपना, गरीबी मौन रोती है।
बिगाड़े वन सभी हमने, सजा अब रोज भोगेंगे।
धरा कसती कड़ा फंदा, न ढीली गाँठ होती है।

तपे अब खेत की मिट्टी, बनी बंजर बिना पानी।
नहीं छाया न हरियाली, अभी क़ीमत नहीं जानी।
मिटेगा एक दिन जीवन, समय कब लौट कर आता।
अभी भी देख कर सबने, नहीं गलती कभी मानी।

© अनुराधा चौहान

कलम का वार

कलम का प्रहार हो,
दो धारी तलवार हो,
मन मजबूत कर,
आवाज उठाइए।
बड़े-बड़े यहाँ चोर,
मंहगाई करे शोर,
जनता का लिखें दर्द,
लेखनी चलाइए।
कहती है कटु बात,
लिखती है दिन-रात,
कलम की ताकत को,
कम मत मानिए।
बैठे आँख बंद कर,
पढ़े-लिखे अफ़सर,
अब आप-बीती भला,
किसको सुनाइए।
थक कर रुके नहीं,
लेखनी का धर्म यही,
बुराई से लड़ने में,
हार मत मानिए।
कोशिश हर जंग की,
अनेक रूप रंग की,
सच्चाई की राह चल,
सब अपनाइए।

© अनुराधा चौहान

अर्चना पाठक

जन्मतिथि	:	08/04/1966
जन्म स्थान	:	सुल्तानपुर (उत्तर प्रदेश)
पिता	:	(स्वर्गीय) श्री शिव प्रसाद पाठक
माता	:	श्रीमती सरोज पाठक
शिक्षा	:	एम.ए., बी. एड
सम्प्रति /कार्य	:	अध्यापन
लेखन विधा	:	कविता, कहानी, लघुकथा, आलेख
प्रकाशित कृतियां	:	विभिन्न अखबारों व राष्ट्रीय पत्रिकाओ में लगभग 20 रचनाएं प्रकाशित।
पता	:	जवाहर नवोदय विद्यालय, खैराबाद, सीतापुर (उ.प्र.)
ईमेल	:	archie.pathak7@gmail.com
मोबाइल नं.	:	9415196578

यादों के कंवल

आज बरसों बाद अपने शहर लौटी हूं। सच कहूं तो शादी- ब्याह के बाद बच्चों में बंटी जिंदगी मायके को कहीं पीछे छोड़ देती है, पर, आज स्टेशन पर आते ही जैसे मैं फिर से वही नन्हीं बच्ची बन गई हूं जो रेल की छुक - छुक के साथ लयबद्ध तरीके से गाती थी कू छःछःपईसा एक रुपैया छः छः पईसा।

रिक्शा जैसे ही अमीनाबाद से कैसरबाग की ओर मुड़ा निगाहें अनायास ही हाजी बाबा की दुकान ढूंढने लगी। ढ़ीक चौराहे वाली दुकान आज भी वही थी पर उसका शटर बंद था। मुझे याद नहीं कि हाजी बाबा से मेरी दोस्ती कब हुई पर उनकी सफेद दाढ़ी और बालों ने उन्हें हम बच्चों का बाबा बना दिया था। अपने बुर्राक सफेद कपड़े में सजे बाबा हमसे पढ़ाई का हाल -चाल लेते थे उनकी दुकान पर मिलने वाला केक और खारे बिस्कुट मेरी कमजोरी थी, 20 मई को यह दुकान हमें और भी प्यारी लगती थी जब हम सभी अपना परीक्षा फल लेकर बाबा के पास जाते थे और लगभग चीखते हुए कहते थे बाबा हम पास हो गए। बाबा हमारे हाथ में दो - दो टॉफी देकर कहते थे, "खूब पढ़ो गाड़ी चढ़ो" नंबर कम आने पर इन हाजी बाबा के पास (जिनसे हमारा कोई रिश्ता नहीं था) जाने में हमें घरवालों से ज्यादा डर लगता था। उनका आशीर्वाद खूब पढ़ो हमे हमेशा पढ़ने के लिए प्रेरित करता था वे दो टॉफियाँ किसी भी इनाम से ज्यादा कीमती थीं। आज मेरे पास गाड़ी भी है और ओहदा भी पर, उसे देखने के लिए आप नहीं मिले। बाबा आप हमेशा मेरी यादों में रहेंगे और हमे अपना आशीष देते रहेंगे।

नींद टूटने पर ध्यान दिया कितना बदल गया है मेरा शहर। बड़े बाबा की कोठी पब्लिकेशन हाउस में बदल गई है और वह मोटे मामा जिनकी घड़े की दुकान थी और जो अपने मोटापे के कारण तख्त पर अधलेटे से पड़े रहते थे कहीं नजर नहीं आए। मामा हम बच्चों के सबसे बड़े दुश्मन थे, कुछ भी करो सबसे ज्यादा परेशानी उन्हें ही होती थी। बाबा के मकान की वह टूटी छत जिस पर सबका जाना वर्जित था, आइस पाइस खेलते समय हमारी प्रिय जगह थी, उस पर किसी की भी खोपड़ी नजर आने पर उन्हें बाबा के पास जाकर शिकायत करने मे देर नहीं लगती थी और हम डांट खाकर कहते थे वैसे तो मामे से चला नहीं जाता पर शिकायत करने के लिए दौड़ पड़ते हैं, आज ढूंढने पर भी न उनका तख्त दिखा और न ही दुकान, हाँ ! वहां टेंट हाउस खुला हुआ था जिसमें सिगरेट का धुआँ उड़ाता भावहीन चेहरे का एक युवक

बैठा था, आज मन में आ रहा था कि कहीं किसी तख्त पर मोटे मामा फिर से बैठ जाएं और मेरी खेलती बच्ची का जिम्मा वैसे ही ले लें जैसे हम सबका लेते थे।

यादें शैतान बच्चों सी दौड़ती भागती कभी भी आ जाती हैं। हम दस बच्चों का एक समूह था जे बाल सुलभ चंचलता से भरपूर था, यह तय करना मुश्किल था कि कौन सा बच्चा किस घर का था। जिस घर में धावा बोल दिया जाता था वहीं कुछ न कुछ खाने को मिल जाता था। मुझे आज भी ऐसा कुछ याद नहीं आता कि कभी किसी ने कहा हो कि इन बच्चों को कोई सलीका नहीं है। कुछ नियम थे जो सर्व मान्य थे। पहला था कि सड़क की बत्ती जलने पर घर के अंदर होना है, शायद यही कारण कि आज भी अंधेरा होने पर घर जाने की जल्दी मच जाती है और पतिदेव डरपोक और अजीब होने की उपाधि दे डालते हैं।

उस समय स्कूल से आधा घंटा देर से आने पर भी माँ चिंतित नहीं होती थी बल्कि सोचती थी कि कहीं बंदर भालू का तमाशा देख रहे होंगे। तब सड़कें इतनी महफूज थीं कि आईस -पाईस में छिपने के लिए हम उसे दौड़ते हुए पार कर जाते थे। यह उस समय की बात है जब बच्चे किसी एक घर के न होकर सबके होते थे और गलती करने पर राह चलता व्यक्ति भी हमें डांट सकता था और घर वाले उसका ही पक्ष लेकर कहते थे, "भला आदमी था जो हमें तुम्हारी करतूत बता गया नहीं तो हमे पता ही नहीं चलता।"

सन सत्तर के आस-पास की बात है, पुराने शहर में तनाव उठा और वह इतना बढ़ गया कि हमारे मोहल्ले से भैरो जी के मंदिर के पीछे गुइन रोड तक कर्फ्यू लग गया। हमारे खेलने पर प्रतिबंध तो लगा ही साथ ही सख्त ताकीद भी कर दी गई कि भैरो जी के मंदिर के आगे नहीं जाना है। पर लड़कपन का पह दौर जब"नहीं" शब्द का अर्थ बिल्कुल नहीं होता था हम सब कर्फ्यू देखने चल दिए। कुछ सौभाग्य ऐसा रहा कि रस्सी के घेरे के पास कोई पुलिस वाला नहीं था और विजयी सेनानी ऐसा हमने उस मोहल्ले में प्रवेश किया जहां बीती रात बम फूटा था। हंसी ठिठोली कर आगे बढ़ते हमारे दल को कुछ पुलिसकर्मियों ने दौड़कर रोका और पूछा-

"क्या करने आए हो"

"कर्फ्यू देखने"

"कर्फ्यू देखा"

"हां देख लिया"

"कहां रहते हो"

"कचहरी रोड"

"डर नहीं लगा"

"नहीं, पर आज तो बहुत सन्नाटा है, आपको तो आराम हो गया, कोई बाहर ही नहीं निकल रहा, "बेटा यह सन्नाटा मौत का है तुम्हारे घर वाले भाग्यशाली हैं कि तुम सब जिंदा बच गए नहीं तो बच्चों को मारने में कितनी देर लगती है" वे हमे अपने घेरे में लेकर रस्सी के पास लाए एक ने बंदूक दिखाते हुए कहा"अभी तो छोड़ दिया फिर आए तो भून दूंगा और हम सभी गिरते – पड़ते कभी उधर न आने की कसम खाते भागे।

आज न तो वैसी पुलिस है नही वैसा दौर। जब पुलिस कर्मियों को लाठी भांजते और गाली देते देखते हैं तो लगता ही नहीं कि यह जनता के सेवक हैं, न जाने कैसा नशा सवार रहता है सब पर।

वर्मा अंकल की कोठी के बगल में केता और श्यामा की घड़े की दुकान थी जो त्योहारों पर लगने वाले मेले में मिट्टी के खिलौने बेचती थी, मोल भाव करना मैंने उनसे ही सीखा। पच्चीस पैसे का खिलौना बीस पैसे में खरीद कर हमारी खुशी का ठिकाना नहीं रहता था। ऐसा लगता था कि जैसे हमने जग जीत लिया हो। श्यामा और केता की दूसरी विशेषता उनका वाक्य युद्ध था जिसको सुनने के लिए पूरा मोहल्ला एकत्रित हो जाता था। ऐसे मौलिक विशेषणो की बौछार होती थी जो शायद ही किसी पुस्तक में मिले। युद्ध का कोई विशेष कारण नहीं होता था, सब्जी कौन बनाएगा जैसा सामान्य प्रकरण भी महाभारत का रूप ले लेता था। वैसे हम बच्चों का मानना था कि जब इन दोनों में किसी के पास नई धोती आती थी तो वे उसे पहन कर लड़ाई करती थीं और एक साथ सबको दिखा देती थीं। ऐसी ही न जाने कितनी खट्टी मीठी यादें को संजोए हुए हैं मेरे शहर की हर गली जिससे गुजरते हुए आज लग रहा है कि हमने कितना महफूज बचपन जिया है।

इतनी घटनाएं अनायास याद हो आयी। मुझे एहसास हुआ कि मेरे पास अपना बचपन याद करने के लिए खुशनुमा पल तो है पर टी। वी। कम्प्यूटर और मोबाइल से घिरा आज का बच्चा क्या याद करेगा।

आज सुरक्षित सड़कें तो दूर की बात है बच्चों के खेलने के लिए बना पार्क भी सुरक्षित नहीं है, कॉलोनी के लोगो की छोड़िए आज परिजनों में भी आत्मीयता नहीं रह गई है, अब स्वार्थ के रिश्ते बनते थे तब भावनाओं के बनते थे। हम सड़कों पर निश्चिंत होकर दौड़ते थे

हर किसी से डांट खाते थे पर अपना बचपन जीते थे।

आज माता - पिता साधन संपन्न हैं, वह शहर की मशहूर दुकानों से अपने बच्चों को झोला भर सामान दिलाते हैं पर बच्चे उस सुख से वंचित से हो गए हैं जो हमें मिला है। आज के माहौल में बच्चे सुरक्षित रहें ईश्वर से मेरी यही प्रार्थना है। मेरा शहर, मेरी मोहल्ला, मेरी गली सब बदल गया है पर सीप में मोती की तरह अमिट याद आज भी सुरक्षित हैं।

© **अर्चना पाठक**

ब्रजेश कुमार श्रीवास्तव

जन्म तिथि	: 16 - 07- 1968
पिता	: स्व. श्री बजरंग बहादुर लाल श्रीवास्तव
माता	: श्रीमती शोभावती श्रीवास्तव
शिक्षा	: एम.एस.सी (गणित), बी.एड., पी.जी.डिप्लोमा (कम्प्यूटर एप्लीकेशन)
संप्रति	: प्रवक्ता (गणित) फातिमा सीनियर सेकेंडरी स्कूल गोंडा (उ . प्र) - 271002
लेखन विधा	: कविता, गीत, गजल, लघुकथा, व्यंग्य, स्तम्भ आदि।
लेखन विशेषता	: बिना क्लिष्ट शब्दों का प्रयोग किये बहुत ही सामान्य शब्दों मे अपनी बात कहना।
प्रकाशित कृतियां	: विभिन्न ई-मैगज़ीन, ई-ब्लॉग मे रचनायें प्रकाशित।
सम्पर्क	: म . न . 1659, आवास विकास कालोनी गोंडा (उ. प्र.), पिन - 271002
मेल	: brajeshmaths@gmail.com
फ़ोन	: 9450524043, 7355726373
ब्लॉग	: literary-brajesh.blogspot.com

नीला आसमां सो गया

नीला आसमां सो गया।

देख इस कदर सब रोते बिलखते लोग

अपनो को खोते हुए और सिसकते लोग

हर किसी के साथ वह भी रो गया।

नीला आसमां सो गया।

देख सब बेबस यूं ही विचरते लोग

दवा से हवा से बेहद तरसते लोग

कुछ ना बोला बस उन्ही में खो गया।

नीला आसमां सो गया।

अपनों की सांसों मे सांसे मिलाते लोग

एक बुझते दीप को कुछ यूं जलाते लोग

सोच इस जहां में ये क्या हो गया।

नीला आसमां सो गया।

देख बहती आंखों के आंसू सुखाते लोग

सांस टूटी हाथों से हाथें छुड़ाते लोग

यूं जहर इस हवा में कौन कैसे बो गया।

नीला आसमां सो गया।

ऊपर बैठा है जो अपनी कृपा बरसायेगा

वह दिन भी आयेगा सब कुछ सही हो जायेगा

बस इसी उम्मीद में सारा जहाँ है खो गया।

नीला आसमां सो गया।

© ब्रजेश कुमार श्रीवास्तव

हर तरफ क्यूं धुंआ धुंआ (ग़ज़ल)

हर तरफ क्यूं धुंआ धुंआ सा है
कुछ न कुछ तो कहीं हुआ सा है।

जिसको रखते हैं हम दुआओं में
दे रहा क्यूं वो बद्दुवा सा है।

वो जो रहता मेरे ख्यालों में
जैसे उसने मुझे छुआ सा है।

रोजनामों की हर ख़बर पढकर
दिल मेरा आज कुछ बुझा सा है।

कौन समझा है जिन्दगी अपनी
जीना मरना भी एक जुआ सा है।

© ब्रजेश कुमार श्रीवास्तव

नया सवेरा (कविता)

सुप्रभात ऐ दुनिया वालों
उठो हो गया नया सवेरा,
स्याह रात ने दामन छोड़ा
उजियारे ने है आ घेरा।
आओ इस उजियारे में हम
गीत नया कोई गाते हैं,
अपने साथ औरों के भी
नव जीवन को महकाते हैं।
रात के सपने ख़त्म हुए सब
भूल गए कुछ याद नहीं,
कर्म करें फिर सपने देखें
वो तो सच हो जाते हैं।
आओ अब इस नये दिवस में
कुछ हम भी अच्छे काम करें,
सब भूल चूक अच्छा या बुरा
इन सबको आज भुलाते हैं।
फिर आएगी शाम सुहानी
पकड़े स्याह रात का दामन,
पूरे दिन की भाग दौड़ से
हम भी कुछ थम जाते हैं।
रात अँधेरी आ ही गयी अब
लोभ लिए मीठे सपनों का,
उन मीठे सपनों के लोभ में
हम भी चलो सो जाते हैं।
हम भी चलो सो जाते हैं।

क्या गाऊं मैं (गीत)

तुम तक मन की बात ना पहुंचे
दिल की भी आवाज ना पहुंचे
पर ऐसे हालात हों तो फिर
तुम ही कहो अब क्या गाऊं मैं। (2)

क्या होगा अंजाम प्यार का
ये तो कभी सोचा भी नही है
पर तुम तक आगाज़ न पहुंचे
तुम ही कहो अब क्या गाऊं मैं। (2)

दिल में रहते हो तुम मेरे
कैसे तुमको भूलूँ मैं फिर
पर तुम तक जज़्बात न पहुंचे
तुम ही कहो अब क्या गाऊं मैं। (2)

प्यार की उन नन्ही बूदों में
मै भी रहूंगा तुम भी रहोगे
पर तुम तक बरसात न पहुंचे
तुम ही कहो अब क्या गाऊं मैं। (2)

© ब्रजेश कुमार श्रीवास्तव

दीप यादों के जलाना होगा (ग़ज़ल)

प्यार हमसे जो किया है तो निभाना होगा
दिल में जो भी है तेरे हमको बताना होगा।

मिल ही जाएगी हमें प्यार की मंजिल अपनी
बस हमें दिल के रास्ते से ही जाना होगा।

प्यार दुनिया को कभी भी ना रास आया है
इसे दुनिया की निगाहों से बचाना होगा।

प्यार तो प्यार है कोई आग का दरिया तो नही
लोग कहते हैं जिसमें डूब के जाना होगा।

रोशनी प्यार की मध्यम न कभी हो पाये
दीप यादों के हमे दिल मे जलाना होगा।

© ब्रजेश कुमार श्रीवास्तव

रिश्तों की व्याख्या (कविता)

दिल मेरा लिखने बैठा जब

व्याख्या हमारे रिश्तों की

संदर्भ और प्रसंग में तो

कुछ तुम्हें लिखा कुछ मुझे लिखा

फिर क्रम आया जब व्याख्या का

वो ठिठक गया कि लिखूं क्या

क्या रिश्ता मेरा तुमसे है

क्या रिश्ता मुझसे है तेरा

दिल को जब कुछ पता नही

तो सच ही है वह लिखता क्या

फिर दिल से मैंने यही कहा

व्याख्या में तुम बस प्यार लिखो

प्यार तो बस प्यार ही है

इसका ना कोई आधार लिखो

केवल इतना लिख कर आगे

तुम सीधा उपसंहार लिखो

उसमे भी गर कुछ लिख न सको

उपसंहार में भी बस प्यार लिखो।

उपसंहार मे भी बस प्यार लिखो।

© ब्रजेश कुमार श्रीवास्तव

एक प्यारा सा एहसास हो तुम (कविता)

शब्दों अर्थों के सहारे ही
दिल का मेरे आभास हो तुम।

बस इतना लिखता हूं मैं तुम्हें
कि मेरे लिये कुछ खास हो तुम।

आंखों से थोड़ी दूर सही
दिल में स्थान तुम्हारा है

दिल ने जब भी तुम्हें याद किया
यूं लगा कि मेरे पास हो तुम।

हाथों मे हाथ तुम्हारा हो
कुछ पल को मेरे साथ रहो

बस इतनी सी एक चाहत है
इस चाहत की एक आस हो तुम।

दिल ने मेरे जब प्रश्न किया
संबंध मेरा क्या है तुमसे

संबंध मेरा तुम से कुछ हो
एक प्यारा सा एहसास हो तुम।

© ब्रजेश कुमार श्रीवास्तव

दिल तोड़ना अच्छा (ग़ज़ल)

बेसबब चुप रहने से तो कुछ बोलना अच्छा
यूँ दिल से खेलने से तो दिल तोड़ना अच्छा।

है तुम्हारा साथ तो किस बात का ग़म है
दिल में दूरियां हों तो साथ छोड़ना अच्छा।

अपनों ने तो अब तलक बस जख्म ही दिए
इस दौर में तो गैरों से रिश्ता जोड़ना अच्छा।

मिलने की अगर कोई भी सूरत न दिखें हों
उस राह-ए-मंजिल से तो मुंह मोड़ना अच्छा।

चुप-चाप सह रहा हूँ मैं जमाने के जुल्म को
हद से गुजर गया है जुल्म अब मुंह खोलना अच्छा।

© ब्रजेश कुमार श्रीवास्तव

नोटा : एक व्यंग्य

एक आदमी मिला। आम आदमी था वह, लेकिन था वह जान पहचान का ही। बोला – "भैया एक बात करनी है"। मैंने कहा- "बोलो"। वह बोला – "हम पहले आम खरीदते थे 30 रुपये किलो वाला। वो ऊपर से तो हमेशा अच्छा दिखता था लेकिन अन्दर से खराब निकलता था कभी कभी।

मैंने कहा - तो !

वह बोला – "तो सबने कहा कि 40 वाला लिया करो वो सही निकलेगा"।

मैंने कहा – "तो वो सही निकलता है हमेशा अब"?

वह बोला – "नहीं वो भी काटने पर कभी कभी खराब निकलता है। कभी कभी तो उससे भी ज़्यादा खराब निकलता है"।

मैंने कहा – "तो अब क्या करोगे"?

वह बोला – "वही तो नही समझ मे आ रहा है। जब सब वैसे ही निकलना है तो फिर चाहे जो लें। आप ही कुछ सलाह दें, वैसे आप कौन सा लेते हैं "?

मैंने कहा – "तुम अपनी बताने आये हो या मुझसे मेरी पूछने"।

मैं अब तक पक चुका था तो झुंझलाहट में मैंने कहा – "कोई भी खाओ, जब सब वैसे ही है तो। ज़्यादा दिक्कत हो, तो आम ही न खाओ यार"।

वह बोला – "मतलब NOTA दबा दें"।

मैंने कहा - "अबे मैंने राजनीति की बात कब की है, भाग यहां से"।

वह तो भाग गया पर मैं सोचता रह गया।

डॉ. भाविका जैन

जन्म तिथि	:	24 नवम्बर 1977
पति	:	ललित जैन
शिक्षा	:	एम .ए (इतिहास, राजनीति विज्ञान), एम .एड, पी.एच.डी (शिक्षा)
व्यवसाय	:	असिस्टेंट प्रोफ़ेसर (राजनीति विज्ञान)
सम्प्रति	:	व्याख्याता, गृहणी, लेखिका, कवयित्री
लेखन विधा	:	कविता, ग़ज़ल, डायरी लेखन आदि
प्रकाशित कृतियाँ	:	काव्य मंजरी (साझा काव्य संकलन), उड़ान (साझा काव्य संकलन)
रचनाक्रम	:	The Sahitya साहित्यिक पोर्टल पर सक्रिय रचनाकार, The Sahitya पर अधिकतम पाठकों द्वारा पसंद किए जाने के कारण कई बार Weekend Top Posts में रचनाओं में स्थान प्राप्त होता रहता है।
पता	:	503 अरावली हाइट्स उदयपुर (राजस्थान)
ई मेल	:	bhavikajain503@gmail.com

ये चाँद भी ना

याद किसी की दिलाता है
ये चाँद भी ना अजीब है।
बात किसी की बताता है
ये चाँद भी ना अजीब है। ।

पल पल समझाएं दिल को हम
ना सोचें उनके बारे में।
घटते घटते बढ़ जाता है
ये चाँद भी ना अजीब है। ।

यूँ तो दिल को कुछ कमियां
दिन में भी खलती होंगी।
पर रात को ही आता है
ये चाँद भी ना अजीब है। ।

जब भी हम पूछे कहाँ हो तुम
वो कहे हमें कि दिल थामो।
तौबा घड़कन बन जाता है
ये चाँद भी ना अजीब है। ।

बस एक वो और कान्धा उनका
तो छत सुहानी सी लगती है।
बस यूँ रातों हमें जगाता है
ये चाँद भी ना अजीब है। ।

© डॉ. भाविका जैन

ज़िन्दगी है ये इसको जिया कीजिए

सोचकर खुश रहें कि आज हाथ में है क्या
जो रहा नहीं न उसका गिला कीजिए।
बीती रातों और बातों को नया मोड़ दें।
फिर एक नयी ज़िन्दगी से मिला कीजिए। ।
ख़ाक और ख़ास में फ़र्क़ है बस यही।
या तो भूल जाइए या तो पा लीजिए।
कल तलक़ जो उम्मीदें रहीं बेहद
उनके आगे बस बेशक़ लगा दीजिए। ।
ये नहीं वो नहीं हम क्यों सोचें यही।
दोष किस्मत को फ़िर क्यों दिया कीजिए
गर ये चाहें तमन्नाएं तक़दीर हों
फ़ैसले ख़ुद के ख़ुद ही बस लिया कीजिए। ।
कुछ नहीं तो भी कुछ न कुछ किया कीजिए।
ज़िन्दगी है ये इसको जिया कीजिए।
ये खालिश तो रहेंगी अब उम्र भर यूँ ही।
संग जो है पल बस उसका मज़ा लीजिए। ।

© डॉ. भाविका जैन

बस मैं तुम्हारे संग

मेरे संग तुम शाम-ओ-सहर
शाम ढली कुछ मद्धम मद्धम
जैसे बेखौफ़ रात -ओ- किरण
वैसे बस मैं तुम्हारे संग।।

एक नाम तुम्हारा आते ही
बस सर झुके हैं सजदे में।
जैसे कि वो दुआ-ओ-दामन
वैसे बस मैं तुम्हारे संग।।

एक तुमसे हम क्या मिले
कि तुम जरूरत बनते गए।
जैसे कि एक जिस्म-ओ-घड़कन
वैसे बस मैं तुम्हारे संग।।

हर पल है ये बैचैनी क्यों
तुम पर मुनस्सिर होने लगी।
जैसे कि बारिश-ओ-चमन
वैसे बस मैं तुम्हारे संग।।

एक तुम्हारे आते ही फिर
सुरूर सा मुझ पर छाने लगा।
जैसे कि मेहंदी-ओ-दुल्हन
वैसे बस मैं तुम्हारे संग।।

© डॉ. भाविका जैन

अब तो यकीं है तुम आओगे

दिल को थाम लिया है हमने
अब तो यकीं है तुम आओगे।
अब तक तुम बिन जिया है हमने
अब तो यकीं है तुम आओगे। ।
वो पल अब तक याद हमे है
रोती आंखें थी शाना तुम्हारा।
उस पल को भी जिया है हमने
अब तो यकीं है तुम आओगे।
उन रातों में मिलना हमारा
हर पल अहसास दिलाता है।
छुअन को महसूस किया हमने
अब तो यकीं है तुम आओगे।
कुछ यादों के बूते ही हम
शामें गुजारें तुम्हारे बिना।
तुम्हें उनमें शामिल किया है हमने
अब तो यकीं है तुम आओगे।
रोज की बात है तुमसे रूबरू होना।
वस्ल तुमसे तय है यही।
दिल को हौसला दिया है हमने
अब तो यकीं है तुम आओगे।

© डॉ. भाविका जैन

प्यास

कही सुनी सब मन में रख कर

बन्द आंखों से सब कह गयी प्यास

कुछ बरसे तो बह गयी और

कुछ तरसे तो रह गयी प्यास।

कुछ वासन्ती सपनों के संग

फिर एक बयार सी आयी और

सूखे पत्तों सी पतझड़ में

उमस और गर्मी सह गयी प्यास।

कुछ ढुलमुल सी यादें कहीं

छन छन छनते आंसू कहीं।

कंपकपाए गाल जैसे ही

फीकी हसीं सी ढह गयी प्यास।

कुछ सरकन सी लम्हों की

और धीमापन फिर सालों का

थके रेंगते कदमों के संग अपने

गम और छाले सह गयी प्यास।

सालों ख़ुद को समेटा किए

एक लम्हे में बिखर गयी जो

लम्हे सालों की सब बातें

पल में बिन बोले कह गयी प्यास।

© डॉ. भाविका जैन

हमें हासिल समझ बैठे

क्यों दुश्मन बन गया मेरा
नज़र को यूँ उठा लेना।
वो मेरे आँख के काजल
को ही कातिल समझ बैठे।
अभी तो हम मिले थे और
अभी आदाब था भेजा।
रिश्तों की थी बड़ी जल्दी
हमें हासिल समझ बैठे।।
कुछ भी पूछ लो उनसे
वो हाँ में सर हिलाते हैं।
बवण्डर से घिरे वो तूफ़ान
को साहिल समझ बैठे।।
समझ जाएं उन्हें ढंग से
यही बस वक़्त मांगा था।
छोटी सी गुज़ारिश पर
हमें संगदिल समझ बैठे।।
अब तो हर सफ़र उनका
मेरी दहलीज पर ठहरा।
मुश्किलों से बनें अंजान
हमें मंजिल समझ बैठे।।

© डॉ. भाविका जैन

ज़िन्दगी को परवाज़ कर लें

जीने के अपनी ज़िन्दगी में
कुछ नए अन्दाज़ भर लें
ज़र्रा ज़र्रा लफ़्ज़ पड़े हैं
आओ इन्हें हम साज़ कर लें।
साथ देना और साथ होना
दस्तूर हर रिश्ते का है
जज़्बों की हो नयी उड़ाने
और ज़िन्दगी को परवाज़ कर लें।
रूको ज़रा तुम सांस ले लो
सफ़र अभी यह लम्बा है।
कुछ थाम लो तुम वक़्त को
हम मुट्ठी में कल आज कर लें।
फ़क़त तुम्हारे साथ से बस
हम मुकम्मल से होते गए
ठहरी थमी सी ख़ामोशी में
नयी सांसों की आवाज़ भर लें।
भले ठहरा समन्दर है जहाँ
पर ज़िन्दगियाँ वहां भी पलती हैं
संग तुम्हारे मोती चुनने का
हम भी कुछ अहसास कर लें।

© डॉ. भाविका जैन

उनको मनाना भूल गए

अंजुमन में उनकी जाकर
सारा ज़माना भूल गए।
बेहोश हुए ऐसे हम कि
होश में आना भूल गए।।
यादों में उनकी कदमों ने
हमारा साथ ना दिया।
उनकी गली याद आते ही
अपना ठिकाना भूल गए।
डर से जमाने के छिपा दी
हर एक निशानी प्यार की।
नूर-ए-इश्क जो चेहरे पे था
उसको छिपाना भूल गए।
रूठे वो तो लगे थे
अन्दाज़ उनके प्यारे हमें।
दिल हुआ दिवाना उन पर
उनको मनाना भूल गए।

© डॉ. भाविका जैन

मैं अल्हड़

कुछ तितली से रंग बटोरूँ
जुगनु अपने हाथों में ले लूँ।
मैं अल्हड़ भी ना क्या क्या सोचूं
कण कण को संजो दूं तेरे संग।।

हर एक बादल पर फिसलूं
और फिर इन्द्रधनुष बिखेरूं।
मैं अल्हड़ भी ना क्या क्या सोचूं
कुछ ख़्वाब मैं देखूँ तेरे संग।।

फूलों से सारा घर महका दूं
तारों से गलियां चमका दूं।
मैं अल्हड़ भी ना क्या क्या सोचूं
आंगन में चांद उकेरूं तेरे संग।

बाहों में पर्वत को ढक लूँ
आखों से बारिश को चख लूँ।
मैं अल्हड़ भी ना क्या क्या सोचूं
क्या क्या मैं समेटूं तेरे संग।।

बंद मुट्ठी में रेत को जकड़ूं
उड़ जाऊं गगन में हवा को पकड़ूं
मैं अल्हड़ भी ना क्या क्या सोचूं
दुनिया दामन में भर लूँ तेरे संग।

© डॉ. भाविका जैन

डॉ0 प्रियम्बदा कुमारी मिश्र

पिता	:	स्व0 पं0 भगीरथ नाथ मिश्र
		(संस्कृत और हिंदी के प्रख्यात विद्वान)
माता	:	स्व0 सती देवी मिश्र
शिक्षा	:	आचार्य (साहित्य) एम.ए . (संस्कृत), पीएच. डी.
सम्प्रति	:	असिस्टेंट प्रोफेसर (साहित्य), श्री गणेश गिरिवरधारी संस्कृत महाविद्यालय बख्तियारपुर, पटना (बिहार)
प्रकाशित कृतियाँ	:	काव्य मंजरी एवं उड़ान (साझा काव्य संकलन)
एकल कृतियाँ	:	महाकवि भास के नाटकों में नारी, स्पंदन (काव्य संकलन) शीघ्र प्रकाश्य।
पुरस्कृत	:	1) संस्कृत संजीवन समाज, पटना द्वारा, 2) बिहार संस्कृत शिक्षा बोर्ड, पटना द्वारा।
सम्मानित	:	माननीय कुलपति, कामेश्वर सिंह दरभंगा संस्कृत विश्वविद्यालय द्वारा।
रचना प्रकाशन	:	कई आलेख और कवितायें विभिन्न पत्रिकाओं और समाचार पत्रों में प्रकाशित।
अभिरुचि	:	सांस्कृतिक, साहित्यिक और सामाजिक कार्यक्रमों में सतत सहभागिता के साथ-साथ काव्य-लेखन।
पत्राचार पता	:	सती-भगीरथ-स्मृति-भवन, बख्तियारपुर, पटना (बिहार)
ईमेल	:	email.priyam1@gmail.com

कल्पनाओं के कैनवास

अपनी खूबसूरत कल्पनाओं के साथ
भावनाओं के विविध रंग और तूलिका
लेकर चल पड़ी हूं सांध्य - सौंदर्य को
अपने काल्पनिक कैनवास पर उकेरने।
पर तूलिका कैसे चलाऊं ....
मैं कोई कुशल चित्रकार तो हूं नहीं
अबतक तो श्वेत और खाली पन्नों पर
जीवन के खट्टे मीठे अनुभवों को
शब्दों से अभिव्यक्त करती आयी हूं।
अब चित्र कैसे उकेरूं.....
सूरज की अपनी प्रियतमा संध्या के
आगोश में समाने की आतुरता देख
कैनवास पर सुहानी धुंधली शाम की
आकृति बड़े यत्न से उकेर पाती हूं।
और तुम सूरज बन ......
चुपके से आकर अपने ही अंदाज में
मेरी कल्पनाकृति में सिंदूरी रंग ऐसे
बिखेर देते हो कि सांध्य का सौंदर्य
अप्रतिम और अद्वितीय हो जाता है।
और ये सुहानी शाम ......
नैनों में सिंदूरी ख़्वाब संजोए अपने
प्रियतम सूरज के प्रेमपाश में बंधकर
पुनर्मिलन की मन में विश्वास लेकर
बढ़ चली ढलने अब सागर की ओर।

© डॉ० प्रियम्बदा कुमारी मिश्र

तुम्हारी मर्जी

तुम जो ले चलोगे
तो संग - 2 चलूंगी
जैसे तुम रखोगे
वैसे ही मैं रहूँगी
तुम मेरे हमदम
तुम हो मेरे साथी
तुम मेरे दीपक
मैं हूं तेरी बाती
तन- मन- धन सब
तुमको है अर्पित
तुम ही मेरे सर्वस्व
तुमको सब समर्पित
ना कोई शिकवा है
ना होगी शिकायत
तुम हो मेरी पूजा
तुम ही हो इबादत
तेरी बेवफाई को
किससे अब कहूँगी
तुम्हें छोड़ कर तो
मैं जी ना सकूंगी
अपने लिए अब
मैं कहां दूंगी अर्जी
चाहे जो भी कर लो
तुम्हारी अपनी मर्जी

© डॉ0 प्रियम्बदा कुमारी मिश्र

मेरी नन्ही कली

उषा की स्वर्ण किरण बनकर
जब से इस आंगन में आयी
महक उठी ये जीवन - बगिया
हौले हौले जब तू मुस्कायी

तेरे खिलखिलाने से आंगन में
कितने रंग बिरंगे फूल खिले
इस घर आंगन में तेरे होने से
कोटि कोटि मानों दीप जले

सुन्दर -- मुखड़ा, रूप - सलोना
तितली की तरह उड़ती फिरती
बड़े प्यार से मेरी गोद में आकर
मेरी दुनिया में विचरण करती

© डॉ० प्रियम्बदा कुमारी मिश्र

अनवरत संघर्ष

हर दिन
एक नया संघर्ष
स्वयं से स्वयं को
तोड़ती, जोड़ती
और कुछ न कुछ
विनिश्चय कर
बड़े इत्मीनान से पुनः
आशान्वित होकर
मंद मंद मुस्काती
अपने घायल
वजूद को जैसे- तैसे
संभालती हुई
आगे बढ़ती जाती हूं।
विघ्न -बाधाओं से
आक्रांत हृदय - पटल पर
विश्वास के दीप में
कर्तव्यों के घृत डाल
आशा की वर्तिका जलाए।
कभी न कभी तो
उषा की सुनहरी किरण
उतरेगी वरदान बनकर
उस क्षितिज से
इस धरा पर।
तब यक़ीनन
होगा अनवरत
संघर्षों का अंत।

मन्नतें

कितनी मन्नतें मांगी हमने

तब जाकर पाया है तुम्हें

पाकर तुम्हें जिंदगी मानों

पंख लगाकर उड़ने लगे

पल बीते -- घड़ियां बीती

बीतते रहे ये स्वर्णिम काल

भाइयों के संग हो खड़ी हो

तूने पूरी कर दी मेरे ख़्वाब

मंगल कुमकुम कलश संग

तू अब बंधी पिया के संग

कृष्णा जैसा प्रियतम पाकर

निखर उठा है तेरा ये रंग

मन में हो मौज बहारों की

स्वजनों के भी शुभ घेरे हों

जीवन में सुनहरे फूल खिले

पल पल खुशिगों के गेले हों

खुशियों से भरा तेरा जीवन

फूलों सा महकता तेरा मन

शुभ घड़ियां यूं ही आती रहे

दोनों को यूं ही सजाती रहे

ईश्वर की कृपा बरसे तुम पर

खुशियां बरसे झोली भर-भर

युग - युग जियो मेरी लाडली

कृष्णा की हमसफ़र बनकर

© डॉ0 प्रियम्बदा कुमारी मिश्र

मुस्कुराना होगा

मातमी माहौल को, पल भर बिसरा दें
बीते हुए कल को, एक सबक बना लें
खौफनाक मंज़र को भुलाना होगा।
फिर से हम सबको मुस्कुराना होगा।
माता - पिता छूटे, छूटी हैं औलादें
भाई - बहन छूटे, लुटी हैं मर्यादाएं
जख्मी हृदय को तो सहलाना होगा।
फिर से हम सबको मुस्कुराना होगा।
गृहस्थी कई उजड़े, उजड़ गई बगिया
सूने पड़े गांव- शहर, सूनी पड़ी गलियां
इन क्रूर लम्हों को भुलाना होगा।
फिर से हस बको मुस्कुराना होगा।
सहधर्मिणी जो छूटी, घर - द्वार बिखरा
सोचो जरा कैसे, कई परिवार उजड़ा
उजड़े घरों को मिलके बसाना होगा।
फिर से हम सबको मुस्कुराना होगा।
चैन नहीं मन में, आखों में नहीं निंदिया
सारे श्रृंगार छूटे, माथे से छूटी बिंदिया
साथी का दायित्व निभाना होगा।
फिर हम सबको मुस्कुराना होगा।
राह कठिन और देखो, लम्बी ये डगर है
साथ नहीं हमसफर, किंतु जारी सफ़र है
उन यादों को सम्बल बनाना होगा।
फिर हम सबको मुस्कुराना होगा।
जो गए शिवलोक, लौटकर नहीं आयेंगे
मेरे नहीं थे वो शायद, मन को समझाएंगे

मृत्यु अटल है उन्हें समझाना होगा।
फिर से हम सबको मुस्कुराना होगा।
बचे तिनके से चलो, नीड़ फिर बनाएंगे
स्मृतियों के दीप, हृदय में हम जलाएंगे
आंतरिक -- व्यथा को छुपाना होगा।
फिर से हम सबको मुस्कुराना होगा।
आओ मिलकर हम, ऐसी दुनिया बनाएं
जिसमें कभी न आए, कोई क्रूर आपदाएं
मिलकर आपदाओं को भगाना होगा।
फिर से हम सबको मुस्कुराना होगा।

© डॉ0 प्रियम्बदा कुमारी मिश्र

पीहर

स्मृतियों के झरोखे से जब
"पीहर" घूम कर आती हूं।
मां -बाबा तो दिखते नहीं
खुद को भी ढूंढ़ नहीं पाती हूं।
बाबुल के संग सखियां छूटीं
अब छूट रहे हैं भाई – बहना।
दादी, चाची के संग बुआ छूटीं
मौसी, भाभी का क्या कहना।
जन्मभूमि की सोंधी ख़ुशबू
पर भूल कहां कभी मैं पाती हूं।
विचलित होते अपने मन को
सम्भाल ही नहीं मैं पाती हूं।
गलियां छूटीं, बचपन छूटा
छूट गया सारा भोलापन।
अपरिमित निश्छल स्नेह – सिन्धु
भूल कभी नहीं पाया ये मन।
अपनों से अपनेपन की ख़ुशबू
महसूस ही नहीं कर पाती हूं।
स्मृतियों के सुन्दर झरोखों से
जब ' पीहर ' घूम कर आती हूं।

हाइकु

1

मोह के धागे
उलझे उलझे से
सुलझा दो ना

2

मेरे मन के
कोरे कागज पर
कुछ लिखो न

3

हर जीवन में
रंग भर पाओगे
कोशिशें करो

4

मेरी लाडली
अपनी उड़ान को
देखो तो सही

5

तेरी दुनिया
रंगमंच है और
मैं किरदार

© डॉ0 प्रियम्बदा कुमारी मिश्र

डा. रवि भाटिया

विशेषज्ञ	:	शिशु रोग विशेषज्ञ
संप्रति	:	निजी मेडिकल कालेज में कार्यरत
रचना प्रकाशन	:	कई लेख विभिन्न पत्रिकाओं में प्रकाशित हो चुके है।
प्रकाशित पुस्तकें	:	Lets quiz kids Volume -1 (बच्चो के लिए)

हार की जीत

न दीदी जीती न मोदीजी हारे,
हार गया आम इंसान।
रोता हुआ बिलखता हुआ इंसान,
आस लगाये पहुँचा अस्पताल के द्वार।
आक्सीजन की कमी ने काटे जीवन के तार।
रूकती साँसें और न रूकने वाले आँसू,
हार गया आम इंसान।
सुर्खियों में किसी की जीत किसी की हार,
और शोक संदेश से भरे अख़बार।
हारे तो हम सब हैं,
हर घर ने कुछ खोया है,
किसी ने कम तो किसी ने ज़्यादा।
न दीदी जीती न मोदीजी हारे,
हार गया आम इंसान।।

© डा. रवि भाटिया

रुकी हुई जिंदगी

रास्ते हैं सुनसान,

भरे हैं आसमान,

धरती पर होता घमासान,

रुकी हुई है जिंदगी न्यारी,

खाली हैं देवालय,

खाली हैं विद्यालय,

भरे हुए रुग्णालय,

खाली हैं जेबें सारी,

महामारी हुई सब पर भारी,

रुकी हुई जिंदगी न्यारी,

वायरस ने मचाया कोहराम,

जीवन को दिया पूर्ण विराम,

रुकी हुई जिंदगी न्यारी,

खाली हैं ऑक्सीजन के सिलेंडर,

ढके हुए हैं चेहरे मास्क के अंदर,

रुकी हुई जिंदगी न्यारी।।

© डा. रवि भाटिया

युद्ध

बड़ा विचित्र युद्ध है यह,

शत्रु कहां किसी को पता नहीं,

कोई कहता वायु में छिपा,

कोई कहता मिट्टी में मिला,

किसी को कुछ पता नहीं,

बड़ा विचित्र युद्ध है यह,

कौन सी दवा कारगर किसी को पता नहीं,

कोई कहता ऑक्सीजन शत्रु पर भारी,

कोई कहता रेमसेडिविर दवा है न्यारी,

बाबा कहते कोरोनिल सब पर भारी,

किसी को कुछ पता ही.

डबल्यू.एच.ओ कहता दूरी बनाओ,

वृद्ध मां कहती और दूर नहीं जाओ,

डॉक्टर कहते यह टेस्ट कराओ,

खाली होती जेब कहती और बोझ नहीं बढ़ाओ,

किसी को कुछ पता नहीं,

बड़ा विचित्र युद्ध है यह,

सरकार कहती लॉकडॉन बढ़ाओ,

व्यापारी कहता और मत तरसाओ,

टीचर कहती ऑनलाइन क्लास में आओ,

बच्चे कहते मैडम स्कूल की शक्ल तो दिखाओ,

बड़ा विचित्र युद्ध है यह,

किसी को कुछ पता नहीं।।

© डा. रवि भाटिया

लौट आओ अर्जुन

हे अर्जुन !
तुम्हे आना होगा,
धरती मां को बचाना होगा,
कोरोना ने मचाया कोहराम,
जीवन को दिया पूर्ण विराम,
धरती पर है हाहाकार,
लाशों का लगा है अंबार,
धरती बनी है कुरुक्षेत्र,
अदृश्य हैं शत्रु,
कहां है किसी को पता नहीं,
हमारे अस्त्र हो गए निढाल,
अब आप ही हो धरती मां की ढाल,
उठाकर अपना गांडीव,
चलाएं ऐसा शस्त्र,
जिससे हो शत्रु पस्त,
अपने अचूक बाणों से,
करो शत्रु को ढेर,
बचाओ इस धरती को,
जहां लगा हैं लाशों का ढेर,
धरती मां की सुनो पुकार,
आकर करो हम पर उपकार,
हे अर्जुन
तुम्हें आना होगा।
धरती मां का ऋण चुकाना होगा।

© डा. रवि भाटिया

कफनखोस

बात सदियों पुरानी है,

सुनी सुनाई एक कहानी है,

कफनखोस नामक एक प्रजाति थी,

जब भी कोई आपदा होती,

इनकी पौ बारह होती,

विपदा में भुनाते अवसर,

कुरुक्षेत्र में मचाते तांडव,

रणबांकुरे के शवों का करते तिरस्कार,

फिर करते उनका अंतिम संस्कार,

कपाल कुंडाल सब लूट जाते,

आपदा में अवसर बनाते,

दूसरे को लूट अपना घर बसाते।

आज फिर से वो दिन आया है

जब पूरे देश पर कफनखोसों का साया है,

कभी करते ऑक्सीजन की चोरी,

कभी करते रेमसेडिविर की चोरी,

शवों को भी नहीं बक्शते ये दानव,

फिर भी कहलाते ये मानव,

देवों के इस देश में,

है कफनखोसों का साया,

मास्क के पीछे छिप दिखाते अपनी माया।

© डा. रवि भाटिया

मर्मर

प्रथम एमबीबीएस की परीक्षा पास,

भेजा हमने घर वालों को तार,

आशीर्वचन देती मां बोली,

स्टेथोस्कोप ही है मेडिसिन का सार,

सफेद धुला हुआ एप्रन पहन पहुंचे हम अस्पताल के द्वार,

बक्से मैं से निकाला चमकता हुआ नया स्टेथोस्कोप,

कर्नल साहब ने कहा लिट्टमैन का स्टेथोस्कोप,

लगता है तुम कुछ न्यारे हो.

कर्नल साहब ने ली क्लास,

तरह तरह के हार्ट साउंड सुनवाए,

आखिर में सवाल पूछवाए,

कोई भी सवाल का उत्तर हम न दे पाए,

कर्नल साहब गुस्से में आए

लगता है स्टेथोस्कोप की तरह तुम्हारा दिमाग भी नया है,

हताश मन से पहुंचे मेस के द्वार,

हमें देख लाला बोला,

क्यों प्यारे कैसी रही,

मन न रोक पाया अश्रु की झड़ी

हताश मन से हमने किया मां को टेलीफोन,

मां यह मर्मर नहीं सुनाई देती,

मां बड़े प्यार से कहती,

एक दिन ऐसा आयेगा,

जब मर्मर अपने आप सुनाई दे जायेगा

दिन प्रतिदिन यह चर्चा होती,

कौन सी मर्मर किसने खोजी,

नेहा कहती सिस्टोलिक मर्मर है,

नरेंद्र कहता डायस्टोलिक,

हमें न कुछ आता भैया,

बचा लो सरस्वती मैया,

बात दशकों पुरानी है,

आज भी वही कहानी है,

जब भी दिनेश कहता

सुन ! यह मर्मर,

दिख जाते तारे दिमाग के अंदर,

मन में सिर्फ एक ही सवाल,

हे ईश्वर जब हृदय है एक,

तो क्यों हैं ताल अनेक।।

(यह कविता उन चिकित्सकों को समर्पित हैं जिन्हे मर्मर सुनाई नहीं देती)

© डा. रवि भाटिया

डाक्टर

वह दिन ज़्यादा दूर नहीं,

जब मरीजों का इलाज करता डाक्टर,

खुद मरीज बन जायेगा,

एक दिन आईसीयू के बिस्तर पर लेटा पाया जायेगा

याद करो वो दिन

जब तुम फतेहसागर पर सैर सपाटा किया करते थे

और पीएमटी की तैयारी करते तुम्हारे मित्र,

फिजिक्स मैं उलझे अपनी रात काली किया करते थे.

एमबीबीएस की कभी न ख़त्म होती पढ़ाई

आगे खड़ी प्री पीजी की चढ़ाई

एक दशक बीत जाता

फिर भी डॉक्टर सेटल न हो पाता

भाग्य अच्छा तो सरकारी नौकरी पाता

नहीं तो प्राइवेट के धक्के खाता.

कभी होती ऑक्सीजन की कमी

कभी होती बेड की कमी

हर चीज के लिए उसे कोसा जाता

चुटपुटिया नेता उसे ट्रांसफर की धमकी दे जाता.

प्राइवेट नौकरी के भी हाल अजीब हैं यारों

महीनों तक सैलरी के दर्शन नहीं हो पाते

सेठ जी हंसकर गच्चा दे जाते....

प्रैक्टिस भी चीज अजीब

फीस मांगने पर मरीज कहता मैं गरीब

जब भी कोई सीरियस मरीज आता

डॉक्टर को भगवान का दर्जा दिया जाता

दुर्भाग्यवश अगर उसे कुछ हो जाता

तो तुरंत डॉक्टर को शैतान करार दिया जाता
फिर अस्पताल को अखाड़ा बना
डॉक्टर को पीटा जाता....

मत बनाओ अस्पताल को अखाड़ा
यह है मंदिर हमारा
जो भी प्रतिदिन डॉक्टर को कोसते
वह भी मन में अपनी औलाद को डॉक्टर बनाने का सपना संजोते
अब भी वक़्त है,
सुधार जाओ यारों,
वरना
एक दिन ऐसा आएगा,
जब डॉक्टर ही मरीज बन जायेगा।

(एक डॉक्टर की पब्लिक से अपील)

© डा. रवि भाटिया

परवेज़ शीतल

मूल नाम	:	मो. परवेज़ आलम
पिता का नाम	:	मो.लुक़मान ख़ान
माता का नाम	:	नूरजहां बेगम
जन्म	:	05 नवंबर 1971
शिक्षा	:	एम ए, एम फिल, बी.एड, पी. एच. डी. (जारी)
पेशा	:	हाई स्कूल शिक्षक
पता	:	छाताबाद, कतरास गढ़, धनबाद, झारखंड
वर्तमान पता	:	हाजी जमील अहमद रोड, भंडारीडीह, गिरिडीह, झारखंड
संपादन	:	बज़्म-ए-अदब (हिंदी मासिक)
		उत्तरा के प्रबंध सम्पादक मंडल का एक सदस्य
प्रधान संपादक	:	"परवाज़ उर्दू त्रैमासिक" (शीघ्र प्रकाश्य)
शीघ्र प्रकाश्य	:	अंग्रेज़ी कविताओं का संकलन Silent Roselings
उपलब्धियां	:	देश विदेश के प्रतिष्ठित पत्र-पत्रिकाओं में रचनाएं प्रकाशित,
		ऑल इंडिया रेडियो हजारीबाग से रचनाओं का प्रसारण।
मोबाइल नंबर	:	09835102453
ई मेल	:	parwezsheetal@gmail.com

ग़ज़लें

(1)

जीव में अवचेतना रह जाएगी
इस धरा पर वेदना रह जाएगी

घोषणा तो घोषणा रह जाएगी
दर्द की अवहेलना रह जाएगी

प्रेम और सद्भावना गर मिट गए
क्या कहीं संवेदना रह जाएगी?

सब महामानव चले जाएंगे मित्र
केवल उनकी प्रेरणा रह जाएगी

"शीतल" उस दिन टूट के रोऊंगा जब
दिल में केवल यंत्रणा रह जाएगी।

© परवेज़ शीतल

(2)

लहू भी हाथ भी हथियार भी हमारा है
न जाने कौन से दुश्मन को हमने मारा है?

कि जिस के साथ गुज़ारा था बालपन हमने
ग़जब है आज वो दुश्मन हुआ हमारा है

न हाथ रोक सितमगर तू वार करता जा
ज़बां से उफ़ न करेगा ये दिल हमारा है

हरेक शख़्स से मिलती है मुस्कुरा कर वो
तमाम टूटे दिलों की ग़ज़ल सहारा है

ख़ुशी की बज़्म में मत गाओ इसको तुम यारों
ये गीत उसके लिए है जो ग़म का मारा है

कभी कभी मुझे आभास ही नहीं होता
कि सुर है दर्द को या मीत ने पुकारा है

अगर्चे आज है "शीतल" जी वहशियों का ज़ोर
हमें यक़ीन मुकम्मल है कल हमारा है

© परवेज़ शीतल

(3)

तुम्हारा नाम क्या है?
मेरा "मैं" पूछता है

जो सूरज सर चढ़ा है
वो आख़िर डूबता है

मुहब्बत की नज़र हो
कि दिल पत्थर हुआ है

मेरे हिंदोस्तां में
पराया ग़म सगा है

मैं तुम को चाहता हूं
ये आँसू की सदा है

निगाहें पूछती हैं
तुम्हारे दिल में क्या है?

जबां फूलों की समझो
ये कांटा कह रहा है

कोई गुज़रा है "शीतल"
कि रस्ता फूल सा है।

© परवेज़ शीतल

ग़ज़ल नुमा

कभी आंसुओं में ढल के कभी आरजू में जल के
मुझे जिंदगी मिली है कई ज़ाविये बदल के

मेरा साया थक चुका है
मेरे साथ साथ चल के

मुझे तह-ब-तह मिली है जहां दर्द-ए-जिंदगी है
इसे क्या परख सकेगा कोई चार गाम चल के?

कई सांप मेरी जानिब फन उठाए बढ़ रहे थे
मेरा हौसला तो देखो उन्हें रख दिया कुचल के

मेरा हाल कह रहे हैं
मेरे शेर हैं ग़ज़ल के

ये हवा ए असबियत* क्या कभी छू सकेंगी मुझको?
जो ज़मां* मकां* से आगे मैं दिखाऊंगा निकल के

कोई मां सुना रही थी मेरे शेर गा के "शीतल"
कोई बच्चा सो रहा था मेरे शेर से बहल के

© परवेज़ शीतल

हवा ए असबियत - पक्षपात /पूर्वाग्रह की हवा, ज़मां – समय, मकां – काल

दोहे

घृणा करे घर मन अगर, सचमुच मन का नाश।
घृणा अगर घर घर बसे, घर का सत्यानाश। ।

पल पल पल पल पल घटे, पल में पल खो जाय।
अगर हृदय में प्रेम हो, पल कोंपल हो जाय। ।

तूफ़ानों में दीप बन, अंतर्मन मुस्काय।
जितना ज़्यादा तम बढ़े, मन ज्वाला हो जाय। ।

दो गज धरती के लिए, लथपथ ख़ूं से प्रीत।
भाई भाई लड़ मरे, कैसी किसकी जीत?

मंदिर मस्जिद तोड़ कर, पागल जन मुस्काय।
ज्ञानी जन हैं शोक में, मूरख जगत हँसाय। ।

जीवन इक मैदान है, चाहे जितना खेल।
काहू से ना बैर रख, रख मानव से मेल। ।

© परवेज़ शीतल

ईको ग़ज़ल

जो परिंदे थे बरसों हमसाये
अबकि वो क्यूं यहां नहीं आये?

आप क्या इतना भी नहीं समझे?
वन में क्यों घट रहे हैं चौपाये?

हो गई कैसे चहचहाहट गुम?
ज्ञान वाले न क्यूं समझ पाये?

जद में शोलों की आ गया वो भी
आग दुनिया पे जिस ने बरसाये

सारी दुनिया है अपने आप में गुम
सब के सिर पर हैं मौत के साये

हम परिंदों के बीच रहने लगे
जब ग़म-ए-जिंदगी न सह पाये

दिल से उनको लगा लिया मैंने
मेरे रस्ते में ख़ार जब आये

जब कभी रूठी है सेहर "शीतल"
तब अंधेरे की जद में हम आये।

© परवेज़ शीतल

काली हक़ीक़त

(ईको कविता)

पीले पत्ते टूटेंगे
सूखे पेड़ उखड़ेंगे
ये तो एक हक़ीक़त है

सब्ज़ पत्ते टूटे क्यों?
सब्ज़ खेत उजड़े क्यों?
घोंसले हैं बिखरे क्यों?
कैसी ये रिवायत है?
कैसी ये हक़ीक़त है?

कोई तो ज़बां खोले!
कितनी काली काली है
फिर भी ये हक़ीक़त है।

© परवेज़ शीतल

माँ कहां?

(कविता)

कचरे के ढेर में
नन्हीं सी जां
माँ???

बहादुर

(कविता)

अंधेरे
किसी को भी
कभी रास्ता नहीं देते
मगर जो हौसला रखें
कई ऐसे बहादुर हैं जो
जला कर ख़ून ए दिल अपना
अंधेरे को उजाला कर ही लेते हैं।

© परवेज़ शीतल

वे आपस में कभी नहीं लड़ते

(कविता)

कभी कभी हम
आदमी नहीं होते
इसीलिए तो लड़ते हैं।

कभी कभी
मन के एक कोने में
कहीं न कहीं
हम जानवर भी होते हैं
इसीलिए तो लड़ते हैं।

जंगलों के कांटों को
आपस में
तुम ने लड़ते देखा है?
जंगलों के कांटे भी
हम आदमी से बेहतर हैं
वे आपस में कभी नहीं लड़ते।

© परवेज़ शीतल

(ग़ज़ल नुमा ; ग़ज़ल की नई विधा जिस में शेर छोटे बड़े हो सकते हैं, ईको
कविता और ईको ग़ज़ल एक नयी विधा के तौर पर पहली बार हिन्दी
साहित्य में सामने आयीं हैं। पूर्ण विश्वास है कि साहित्य जगत इस पर
सकारात्मक नजरिया रखेगा –संपादक)

सीमा शर्मा

पिता का नाम	:	डा. जी.एल उपाध्याय
माता का नाम	:	शकुन्तला देवी
पति का नाम	:	विवेक शर्मा
वर्तमान निवास	:	अहमदाबाद
जन्म स्थान	:	जन्म स्थल आगरा के निकट एटा जनपद में हुआ था।
सम्प्रति	:	हिन्दी शिक्षिका (विभाग प्रमुख), १९९५ से वर्तमान में शिक्षण से जुड़ी हुई हूँ।
रूचियाँ	:	लेखन, पठन हमेशा मुझे प्रिय रहा है। शिक्षण में अनुभव के साथ लेखन में भी अपना योगदान देने का प्रयत्न किया है। लेखन, अभिनय निर्देशन में भी मेरी रूचि रखती हूँ।
शिक्षा	:	एम.ए. बी.एड, (हिन्दी) संस्कृत प्रथम दीक्षा नई दिल्ली
लेखन	:	नाटक लेखन, लेख, कविता, संजय उपाध्याय पुस्तक दबोचिया का मुख्य प्रस्तावना।
संकलित कृतियाँ	:	परिवर्तन, मेघ नहीं माली बन जाएँ, जनक की सीता
प्राप्त पुरस्कार	:	श्रेष्ठ शिक्षक पुरस्कार, श्रेष्ठ काव्य पुरस्कार दो बार
ईमेल	:	seemasharma6772@gmail.com

उन दिनों की बात

उन दिनों की बात कुछ निराली थी,
छोटे थे हम, हर बात मनचली और मतवाली थी ।
सुकून के दिन थे,
हम अनगिनत शैतानियों में मग्न थे
पास-पड़ोस में खेलकर मस्तियाँ करना,
बारिश की पानी में कागज़ का नाव तैराना ।
हमारे खेल भी थे कुछ निराले,
खो-खो, कबड्डी, छुपन-छुपाई थे खेल मतवाले ।
खूब दौड़ते-भागते चिल्लाते थे,
बाद में माँ से खूब डांट खाते थे ।
पापड़ से भरी चादरें, अचार से भरे मर्तबान,
आँगन की बढ़ाते थे खूब शान ।
आज भी वो पुराने दिन बहुत याद आते हैं,
पापा का दुलार, माँ की डांट,
अनोखा समन्वय बनाती थी ।
बचपन अनमोल था अपना,
देखते थे हर मुमकिन सपना ।
छोटे-छोटे सपने थे अपने,
उन दिनों की बात कुछ निराली थी
उन दिनों की बात कुछ निराली थी ।

© सीमा शर्मा

प्रकृति की व्यथा

प्रकृति की व्यथा को हम जाने,
उसकी व्यथा को हम पहचानें ।
आज सोचती-विचारती है प्रकृति,
कहाँ गए वह स्वर्णिम दिन अपने ।
जब कवियों की कलम मेरी सुन्दरता बिखेरती थी,
उनके लेखन की खुशबू किताबों में बसती थी ।
बात हो गई अब यह बहुत पुरानी,
अब सुंदर चित्र नहीं प्रकृति की कहानी ।
अब त्रासदी-आपदाओं से मिलती हूँ रोज,
हे मानव ! इसमें मेरा नहीं है दोष ।
तूने रे मानव, विकास का खेल कैसा खेला,
प्राकृतिक ने न जाने तुझे कितना झेला ।
भूस्खलन, आपदाओं से जूझती हूँ मैं,
ऐ, मानव तेरे कारण अब टूटती हूँ मैं ।
तेरा निरंकुश स्वभाव मुझे नहीं भाया,
इसलिए अरे मानव यही स्वभाव तेरा,
काल बन गया अब तेरा ।
रे मानव ! तू भर विकास की ऊँची उड़ान,
कहलवा ले कि मनुष्य हो गया महान ।
रे, मानव यह कभी न भूलना,
तेरा जीवन भी मुझसे है ।
ऐ मानव तेरा ये जंग अब तुझ से ही है,
तेरा विकास क्रम क्यों ना आज तुझसे है थम रहा ।
रूक जा, थम जा कर ले विश्राम,
प्रकृति की गोद में ही तुझे मिलेगा आराम ।
पेड़ लगाकर अपनी भावी पीढ़ी को बचा,

नहीं तो हो जाएगा जीवन उनके लिए सज़ा ।
आगामी पीढ़ी के लिए तू पीछे क्या छोड़ जाएगा,
चिंता करले अपने वंश की वो धरा पर क्या पाएगा ।
ये है प्रकृति की अपनी व्यथा
ये है प्रकृति की व्यथा....

© **सीमा शर्मा**

बदलाव और मैं (संस्मरण)

'परिवर्तन ही प्रकृति का नियम है' यह हजारों बार सुना है। मगर इस परिवर्तन को देखा और स्वयं में अनुभव किया।

मुझे आज भी याद है, अचानक इस कोरोना के बढ़ते प्रभाव के कारण पिछले वर्ष तालाबंदी की घोषणा हुई और हम सभी को घर से कार्य करने के निर्देश दिए गए। यहाँ यह बताना आवश्यक है कि हमारा विद्यालय काफ़ी कुछ तकनीकी सुविधाओं से संपन्न था। हम भी काफ़ी हद तक तकनीकी ज्ञान रखते थे किन्तु कक्षा आभासीय लेने का अनुभव नहीं था। कभी-कभी कोई बैठक होती तब 'ज़ूम एप्प' का प्रयोग होता था। अब इसका प्रयोग हम सबको करना था। आप सब सोच रहे होंगे ये क्या बात है? ऐसा सबके साथ हुआ था। यह एक शिक्षक की व्यथा और अनुभव है, खासतौर पर उन लोगों के लिए जो आज भी कहते हैं कि स्कूल बंद हैं फिर फीस क्यों? उन लोगों के लिए एक शिक्षक के मन की बात समझ लीजिए।

हम सभी शिक्षकों की ट्रेनिंग आरंभ हुई। यहाँ मैं भाग्यशाली रही कि प्रतिदिन कई घंटे ट्रेनिंग द्वारा हमें और भी परिपक्व किया गया और अब हम तकनीकी ज्ञान से पूर्ण शिक्षक बन गए। इस बात की ख़ुशी भी होती है।

इस सबके बीच आप सोचिए ऐसे किसी शिक्षक के बारे में जिसकी पूरी जिंदगी श्यामपट पर लिखते और कक्षा में पढ़ाते बीत गई उसका मानसिक स्तर क्या होगा? बदलाव और वह भी तुरंत और जल्दी। रात-रात भर बैठकर पीपीटी बनाना अगर स्क्रीन ठीक से शेयर नहीं हुई तो?

ऐसे हजारों सवाल लेकर सोचना, नींद ना आना।

ऐसी हजारों बातें हैं। स्कूलों को अपना पूरा तकनीकीतंत्र मजबूत करना था। यह सरल कार्य बिल्कुल नहीं था। इस बीच जब आप पढ़ते हो कि स्कूल बंद तो फीस क्यों?

यह वाक्य दिल में कांटे की तरह चुभती रही। सच्चाई यह है कि स्कूल तो चल रहे थे।

मैं यहाँ यह भी कहना चाहती हूँ कि ऐसे बच्चे और अभिभावक जिनको सच में मदद की जरूरत है उन्हें मदद जरूर की जानी चाहिए। ऐसे अभिभावक थे, जो कि फीस दे सकते थे वो भी स्कूल प्रशासन के खिलाफ़ झंडा बुलंद करके खड़े हो जाते थे।

यह मेरे व्यक्तिगत विचार हैं और यह एक शिक्षक के हृदय की बात है। कुछ समय बाद

देखा कि ऐसे लोग जो फीस न देने के लिए आंदोलन कर रहे थे गोवा घूमने निकल गए। इस तरह के और भी कई उदाहरण देखने को मिले। सब कुछ देखकर लगा शिक्षा का महत्व उनके जीवन में क्या है? जिनको जरुरत थी, बहुत सारे विद्यालयों ने भी ध्यान रखा और सरकारों ने भी विद्यालयों पर अंकुश लगाया। कई वर्षों से शिक्षा से जुड़ी हूँ। व्यवसाय से शिक्षक नहीं दिल से शिक्षक हूँ।

दिल दुखता है ऐसी सब बातें सुनकर। हम अंधविश्वास पर ख़र्च कर सकते हैं, सुख-सुविधाओं पर ख़र्च कर सकते हैं लेकिन शिक्षा पर नहीं। शराब कितनी भी महंगी हो जाए खरीदी जाएगी। तब कोई कुछ नहीं कहेगा। हाँ शिक्षा महंगी हो गई तो आप तुरंत कोर्ट चले जाएँगे।

आज कितने युवा शिक्षक बनना चाहते हैं? कोई नहीं? मैं मानती हूँ कि हर बात का दूसरा पहलू भी होता है। शिक्षा की पहुँच हर बच्चे तक होनी चाहिए। पैसा किसी बच्चे की शिक्षा में बाधक न बनें। इसके लिए अभिभावकों, विद्यालय और सरकारों का समन्वय होना आवश्यक है।

इस कोरोनाकाल में बहुत सारे स्कूल बंद हुए। शिक्षक, शिक्षा क्षेत्र को छोड़कर सब्जी बेचने पर मजबूर हो गए। कोई मजदूरी करने लगा। यह सच्चाई है। बड़े बैनरों वाले स्कूल इस कोरोना रुपी तूफ़ान में टिके रहे, किन्तु इसी प्रकार लम्बे अरसे तक ऐसा चलता रहा तो न विद्यार्थी होंगे न ही शिक्षक और न स्कूल। और जहां तक शिक्षा की बात है, वह तो हमारे समाज में ऐसे भी सबसे अंत में हमारी जरुरत का हिस्सा होती है।

क्या सच में ऐसा है? विचारिए। हमारे देश में हम शिक्षा को पहली प्राथमिकताओं में रखते हैं या अंतिम?

इस पर गंभीरता से विचार किया जाना चाहिए।

© **सीमा शर्मा**

वीर अभिमन्यु

था एक सुकुमार कोमल किशोर,

था उसके अंदर बड़ा ही जोश ।

क्षण भर भी न घबड़ाता था,

मुश्किल से ना आँख चुराता था ।

आया एक दिन क्षण कठिन,

मृत्यु के जा पहुँचा अधीन ।

अभिमन्यु चक्रव्यूह में वो जा पहुँचा,

उसने मुश्किल को न सोचा ।

बस चक्रव्यूह में भिड़ गया किशोर,

मृत्यु सी सेना थी चारों ओर ।

मन में जब उसने ठान लिया,

विश्वास का बंधन बाँध लिया ।

लड़ने लगा वो सिंह की भांति,

उसकी अदभुत तेज़ थी कांति ।

अरि की सेना को गिराने लगा,

उन सात महारथियों को तब ये लगा ।

एक साथ मिलकर कर दे उसका अंत,

उन क्रूरों के लिए न था कोई नियम तंत्र ।

सातों ने जब उसे घेर लिया,

अकेला किशोर को ढेर किया ।

इतिहास का काला दिन था वो,

अन्याय की जिस दिन थी जय हो ।

आकाश भी जब रोया ज़ार-ज़ार,

पृथ्वी माँ का हृदय हुआ बेहाल ।

अपने जीवन में भी हम अभिमन्यु से क्यों ना बन जाएँ,

मुश्किलों के साथ मेहारथियों को

क्यों ना धराशायी कर जाएँ ।
जीवन है तो फिर अंत भी है,
तो क्यों ना हम भी डट जाएँ ।
अपने जीवन के अवसादों को,
क्यों ना हँसकर पी जाएँ ।
हम क्यों मुश्किल से डर जाएँ?
हम क्यों मुश्किल से डर जाएँ??

© सीमा शर्मा

वैक्सीन आयी

भारतवर्ष ने अब भरी उड़ान,
कोरोना का होगा काम तमाम ।
कोरोना बोला वैक्सीन से,
वैक्सीन रानी इतना क्यों इठलाती हो?
मुझसे बढ़कर दिखलाती हो,
बहुत तेवर दिखाती हो ।
वैक्सीन बोली, "ओ कोरोना",
तेरा देख लिया अब रोना ।
अब तू न कर पाएगा बाल भी बांका,
जब से मैंने मनुष्य की धमनियों में झाँका ।
तेरा दौर ख़त्म अब भाई,
क्योंकि अब वैक्सीन है आयी ।
अरे, ओ निर्दयी, क्रूर विषाणु,
अब तो तुझ पर मारूं मैं झाड़ू ।
दुःख दर्द अब सारे मिटाऊँगी,
तुझको अब मज़ा चखाऊँगी ।
कोरोना तुझको विश्व से मिटाऊँगी,
अपना प्रभाव दिखाऊँगी ।
ख़त्म होगा तेरा आतंकवाद,
जब वैक्सीन तुझ पर करेगी प्रहार ।

© सीमा शर्मा

शहर हाँफता है

ये शहर हाँफता और मौन है
स्वयं से पूछता कि अब ये कौन है?
न जगमगाती कारों की बत्तियाँ,
बंद है शहर, दरवाज़े खिड़कियाँ।
शहर सोचता है, कि कुछ समझ ना आता,
मनुष्य बाहर आने से क्यों अब घबराता।
शहर है अब सोचता,
क्या हुआ ये सब क्यों बदल गया।
जीवन पर कुचक्र का पहिया क्यों चल गया,
जीवन अब इतना क्यों बदल गया।
हँसती-मस्ती में डूबी आवाज़े कहाँ गईं,
अब उनकी जगह हाय कराहों ने ले ली।
सड़कें खामोश हैं वीरान हैं,
जिंदगी का लगता नहीं नामों-निशान हैं।
कोलाहल की जगह अब मौन है,
शहर सोचता अब ये कौन है।
शहर खामोश मौन है....

© सीमा शर्मा

सीमा शुक्ला 'चाँद'

जन्मतिथि	:	31/03/1979
पिता	:	श्री बाल मुकुन्द शुक्ला
माता	:	श्रीमती शोभा शुक्ला
शिक्षा	:	एम फिल (अंग्रेजी साहित्य), स्नातकोत्तर (तीन विषयो मे अंग्रेजी साहित्य, हिन्दी साहित्य, समाजशास्त्र) एल एल बी, बी एड
अन्य	:	स्लेट (अंग्रेजी साहित्य)
सम्प्रति	:	सहायक प्राध्यापक (अंग्रेजी) म प्र उच्च शिक्षा विभाग
लेखन विधा	:	कविता, कहानी
संपादन	:	'मिल्टी डिसिपिलिनरी रिसर्च डाइमेन्सन' सह संपादक
प्रकाशित कृतियां	:	अंग्रेजी भाषा में प्रकाशित :कहानी संग्रहः'द ब्लासम' में काव्य संग्रह : 'द फ्लाईंग पोईटिक्स' में हिन्दी भाषा मे : 'छः कविताए 'काव्य मंजरी' में
वर्तमान पता	:	अंग्रेजी विभाग श्री निलकंठेशवर शासकीय पोस्ट ग्रैजुएट महाविधालय खंडवा म. प्र.
स्थाई पता	:	सी वही रमन वार्ड बारापत्थर सिवनी म प्र 480661
फोन नं.	:	7000403106, 9584678031

दुलारा और दुलारी

घर के आँगन में गूँजी, एक किसान के किलकारी
दौड़ लगा दी सभी ने, इस घड़ी का इंतजार भी था भारी
दाई आयी और बताया सभी को, घर खेती सब बेचने की करो अब तैयारी
आस लगाकर बैठे थे आएगा दुलारा, देखो ऊपरवाले ने भेजी घर दुलारी।

सुनकर नाचने लगा जनक था, बोला मीठा खाओ शगुन गाओ है ये लक्ष्मी हमारी
देखेगा अब संसार ये सारा, मेरा नाम रौशन करेगी मेरी गुड़िया प्यारी
नहीं बाधूंगा मैं पैरों में उसके कोई बंधन, जमीन दूँगा उसको चलने को सारी
क्या बिकवाएगी मेरा खेत खलिहान, ऐसी भी नहीं है बेटी मेरी मुझको भारी।

देखते देखते बड़ी हुई वह गुड़िया, आयी महाविधालय जाने की बारी
फिर लोगो ने कान भरे कृषक के, बोले करो ब्याह की बस अब तुम तैयारी
पढा लिखा कर खराब ना कर दो, बेटी है बस एक बड़ी जिम्मेदारी
सुनता भी कैसे वह जनक लोगों की, ये सारी बातों की बदबूदार बिमारी।

भेज दिया पढ़ने महाविधालय देकर बेटी को, पूरे गाँव की बेटियों की जिम्मेदारी
मन लगाकर सदा पढ़ती रही वह, बनी फिर अफ़सर एक सरकारी
माँ बाबा का मान बढ़ाया, अपने गाँव की बनी बड़ी अधिकारी
उसके इस जवाबदार रवैये ने छोड़ा वहम,
दूर हुआ वह अंतर भी जो था होने में दुलारा और दुलारी

उड़ान

आँखें खोली जब इस दुनिया में,
नीचे धरा थी हरी भरी ऊपर था खुला आसमान
ना तो सर पर छाया थी उसके,
ना किसी नाम की थी संग उसके कोई हसीन पहचान
हर शैशव तो शैशववास्था में होता है मासूम बहुत,
और पूर्ण रूप से नादान
होता नही जब सर पर साया किसी का,
जीवन बना देता उसे अनुभव से ज्ञानवान।
किस्मत से ज़्यादा हिम्मत ने हर पल साथ दिया,
दिया जीवन को अभूतपूर्व अमिट वरदान
आँखें थी तो हक भी बनता था,
सपने देखें हम भी बनाने का जग में एक स्थान
मजबूरी की बेड़ी थी उन पैरो में लेकिन,
चाह थी मिले उसे वो ऊँचा खुला आसमान
दिन भर दर दर भटक कर भी मिली,
ना थी उन परों पर इतनी सी भी थकान।
दृढ संकल्प लेकर मन में किया प्राप्त था,
उन कर्मठ कंधों ने आत्मसम्मान।
कुछ ना होकर भी एक हौसले ने बदला जीवन,
एक अनाथ ने भरी अपने अस्तित्व की फिर सही उड़ान।

© सीमा शुक्ला 'चाँद'

बाल मजदूर

क्या कारखानों में श्रम करने वाला बालक ही, है एक बाल मजदूर

बना दिया श्रम मंत्रालय ने जिस पर, कड़े कानून कई हजूर

वो जो परिश्रम करता है उसका अक्सर, होता नहीं कोई भी कसूर

या तो सर पर छत नहीं होती उसके, या कर दिया जाता है उसे अपनों से दूर।

कुछ बच्चों के माँ बाप ही हो जाते, लालच से यूँ हर लम्हा ही भरपूर

देकर नाम बच्चों के गुणों का छिन, लेते उनका बचपना भी भरपूर

कभी वो धारावाहिक का बन हिस्सा, नाटक करने मे रहें बेमन से भी चूर

कहीं गायकी कहीं नृत्य का प्रशिक्षण ले दिन भर, मन मार कर काम करे भरपूर।

मजबूरी में जो काम करे सदा ही उसका, शोषण दिखे स्पष्ट आपको हजूर

मासूमियत छिन रही है जिसकी हरपल, दिखे ना वो कभी क्यों बाल मजदूर

ना मन का वो खाना खाए ना जागे सोए, अपनी सहूलियत से वो बेकसूर

एक कला जो पा ली उसने, खो गया उसके चेहरे का वो मासूम सा नूर।

एक की किस्मत ने उसे बनाया बचपन में बड़ा, दूजे को थोड़े से लालच ने किया मजबूर

कला जगत में भी बिकते हैं ख्वाब सचमुच, देखो कई बिके बाल मजदूर

दोनों को दे सकते थे हम भी मिलकर, एक सुनहरा भविष्य यकीनन जरूर

गर भूख मिटाने को कमाना गलत तो क्या, इस उम्र में सही कला बेचना है हजूर

जिने दो दोनों को बचपन कभी तो मिलकर, बाँधो ना इनके उन पंखो का गुरूर।

© **सीमा शुक्ला 'चाँद'**

घरबार या दीवार

एक एक ईंट जोड़, खड़ा करे जो महलों का संसार

एक कक्ष को रसोई बनाए, दूजे को बनाए दरबार

चार कमरों का शयन कक्ष हो, पूजा घर हो अपरंपार

अपने हाथ के जादू से, जो सजाए सारा संसार।

देखा आज मैंने ऐसा एक, मेहनतकश का भी घरबार

जोड़ कर बारह बांस, किया था ढांचा एक तैयार

टूटे फूटे कहीं से ले आया था, टिन के टुकड़े भी दो चार

कुछ बोरी के टुकड़े थे शायद, और था घास तिनकों का अंबार।

जोड़ जाड़ कर हर टुकड़े को, किया था कमरा एक तैयार

अलग अलग कक्ष नहीं थे, दस बाइ दस में था उसका पूरा परिवार

चिमनी भी बस एकाध ही थी, जैसे रौशनी की ना हो दरकार

कुछ खाली तेल के पिपों ने, पानी के संग्रहण का संभाला था भार।

एक गठरी में कुछ कपड़े थे, महलवालों ने जो दिये थे उतार

कुछ भी नहीं था जीवन में उनके, पर चेहरे पर रौनक थी बेशुमार

ना जलन थी किसी कमी की, ना किसी से प्रतियोगिता थी सरकार

आज कमाया आज ही खाया, मेहनत था जिसका जीवन आधार।

महल में ना दिखा वो एका, जहां कमरों का था बाजार

एक कमरे के इस निवास में, हर दिन होता उनका त्योहार

मैं दुखी था यह सोचकर, मेहनतकश का कैसा ये घरबार

झांका जब उस एक कमरे में, मिला लोगो में सच्चा प्यार।

'चाँद' ने जाना जब सच, मन में आया यही विचार

एक टूटे छोटे कमरे में जब है इतना अपनापन मेरे यार

क्या जरूरत फिर महल की, जो कमरों की खड़ी करे दीवार

जिसको समझे हम बेचारा, वो नहीं ज़रा भी लाचार।

जो खड़े करे महल अटारी, क्या बना नहीं सकता खुद के लिए घरबार

वो जाने दीवार की दूरी, मन में भी करे सदा वार

इसलिए शायद नहीं बनाता, वो अपने रहने का बड़ा आधार।

© **सीमा शुक्ला 'चाँद'**

कटु सत्य

बदल रहा है मौसम आजकल, उस पर ढलती उम्र भी मास्टर पर थी सवार

आंगन में स्वस्थ दिखा सवेरे, सांझ को हल्की सी उसे आ गयी बुखार

सावधान हो गए सभी के सभी, पत्नी घरवाले, पड़ोसी व सलाहकार

हुई सुबह खाँसी ने जकड़ा, जुखाम ने शुरू कर दिया तीव्र प्रहार।

कहने को दस सदस्य थे, बहुएँ भी थी इनमें दो चार

एक दिन गली से साहब, ले आए पिल्ला एक बेपरिवार

सेवा की थी उसकी ऐसे, मानो हो वो भी मास्टर का ही परिवार

उसकी खाट पर टंगा हुआ था, देखो मास्टर आज होकर कितना लाचार।

ना चाय की ख़बर थी कहीं, ना आज था कोई मिलने को तलबगार

घरवालों ने फ़ोन लगाया, जताई करोना होने की अशंका बार बार

आयी किसी को दया उस पर, कहा दे दो निवाले मास्टर को भी दो चार

ना लड़का ही राजी बहुओं ने भी किया इंकार,

पत्नी भी पास जाने को ना थी उस लम्हा तैयार।

क्रोध में मास्टर ने भी फिर, दूर भगाया सभी को भरकर एक बड़ी हुंकार

आयी गाड़ी अस्पताल से जब, मास्टर था बेबस आँखो से अपने सभी रिश्तों को निहार

सात जन्म का साथ था जिसका, वो पत्नी भी दूर खड़ी थी रोके घर का द्वार

बेटे बहुएँ नाती पोता, वो भी झरोखों से मास्टर को थे रूक रुक के निहार।

बीमारी का पता नहीं, पर मास्टर को तोड़ गया अपने का यह विचित्र व्यवहार

जैसे ही गाड़ी में बैठा वो, पिल्ला दौड़ा चुकाने शायद अपने स्वामी का परोपकार

मास्टर बस बीमार था थोड़ा, चढा था उसको बस मौसमी ज्वार

अस्पताल से बाहर आया, लिपट गया पैरों से पिल्ला करने लगा मास्टर से प्यार।

बरस रही थी आँखो दोनों की, जैसे हों वे एक दूजे का जीवन आधार

एक प्रशन उपजा मन में उस पल, क्या जीवित रह पाए होंगे वो जो कहलाते रिश्तेदार

वायदे जिन्होंने किए जन्म के, क्या यही था उन रिश्तों का सच्चा आधार।

© सीमा शुक्ला 'चाँद'

सुमन त्रिपाठी

जन्म तिथि	:	05/05/1982
जन्मस्थान	:	देवरिया, उत्तर प्रदेश
माता	:	श्रीमती सुभावती त्रिपाठी
पिता	:	श्री रमेश चंद्र त्रिपाठी
शिक्षा	:	एम.ए.(हिंदी), (राजनीतिशास्त्र), बी.एड.
सम्प्रति	:	शिक्षण
पता	:	पुरुलिया, पश्चिम बंगाल
प्रकाशित कृतियां	:	कविताएं पत्रिका-अमरउजाला, कत्यूरी मानसरोवर, धर्म युद्ध, इंडिया गैप्सटुडे, जन प्रवाह, सरस्वती प्रेम इत्यादि
लेखन विधा	:	कविता और कहानी
रचना क्रम	:	अनेक पत्र-पत्रिकाओं में रचनाएं प्रकाशित
गतिविधियाँ	:	शिक्षण, लेखन और साहित्य चर्चा
ई-मेल	:	sumanbajpayee20@gmail.com
मोबाइल	:	8967905800

माँ सरस्वती

माँ मैं नमन करूं तुझको

माँ मैं स्मरण करूं तुझको

तुने विद्या का दान दिया मुझको

तुने ज्ञान का आस दिया मुझको

माँ सरस्वती !

जग आभारी है तेरे ज्ञान का माँ !

जग प्रकाशित है तेरे प्रकाश से माँ !

हे शक्ति ज्योतिदायी माँ !

हे महिमा वीणा वादिनी माँ !

तम संकट दूर करो उर का

छल प्रपंच दूर करो जग का

माँ सरस्वती !

© सुमन त्रिपाठी

रिश्ते को चलते देखा है

जिस मकान को अपने रंग से रंगीन कर
अपने घर की दीवारों को पोत आयी थी,
उस मकान की वसीयत को मैंने देखा है।
जिस नाम में अपने नाम को विलीन कर
अपनी पहचान को पीछे छोड़ आयी थी,
उस नाम की हक़ीक़त को मैंने देखा है।
जिन दिलों में कुछ जगह का अरमान लेकर
अपनी यादों से मुँह मोड़ आयी थी,
उन दिलों को ऊबते मैंने देखा है।
जिस बंधन को पवित्रता का नाम देकर
जन्मजात रिश्ते से चलकर आयी थी,
उस बंधन को परतों में खुलते मैंने देखा है।
जिन रिश्तों में मधुर स्नेह का आस लेकर
बाबा के लाड़ से लड़कर आयी थी,
उन रिश्तों को ऐसे ही चलते मैंने देखा है,
रिश्ते को चलते देखा है।।

© सुमन त्रिपाठी

कौन आधार बने जीवन के

रूठ गए सब लोग हृदय के,

दूर हुए अपनेपन से,

छूट गए सब मित्र-बंधु से

कैसे स्रोत धरे जीवन के?

कौन आधार बने जीवन के?

छूट गया जब स्कूल का बस्ता,

कहां गया वह नियमबद्धता,

भूल गये कालेज की गलियां,

पड़ी हुई हैं सभी पोथियाँ,

कौन गुरु हुए जीवन के?

साथ हुआ जब बीहड़ संसार,

ऐसे पड़ी चिंताओं की मार,

कौन चित्रण करें चंचल चितवन के?

कौन रंग भरे जीवन के?

कौन आधार बने जीवन के?

© सुमन त्रिपाठी

सृष्टि

सृष्टि के रचयिता ने
बनाया मुझे माध्यम
किसका ?
सृष्टि का।
मैं वह माटी हूँ
जिसमें बीज समाहित हो चुका है
मेरे गर्भ से बीज अंकुरित होगा
आयेगा एक नया पौधा
सिर उठाये अपने हरे-हरे पत्तों के साथ
ऐ पत्ते ! तुम आशा की एक एक किरण हो
जो चहुँ ओर उजियारा करेगा।
ऐ माटी तुझे सींचना है इस पौधे को
जो यह एक पेड़ हो जाये
जिसके फूल की सुगंध से
दुनिया महक जाये
और फल से पूरी मानवता फल फुलित हो पाये। ा

चलो प्रकृति की तरफ़

चलो प्रकृति की तरफ़ अब लौट चलें हम

कृत्रिम आडम्बर में घुलते-घुलते

धरती से जब दूर चले हम

पंखा, कूलर ए.सी. में सूखते-सूखते

बरगद की छाया छोड़ चले हम

रेस्टोरेंट में बैठे-बैठे दाल-रोटी का स्वाद

सब त्याग चले हम

चलो प्रकृति की तरफ़ अब लौट चले हम।

फ्रिज का पानी पीते-पीते

मटके को जब तोड़ चले हम

शहरों की सडकों पर दौड़े-दौड़े

गाँवों की पगडंडी से जब मुहँ मोड़ चले हम

अंग्रेजी फ्रेंच को सीखते-सीखते

मातृ बोली के प्रयोग को जब भूल गये हम

चलो प्रकृति की तरफ अब लौट चले हम।

पृथ्वी को पृथ्वी के लिए नही

जब मंगल पर पैर जमाए हम

प्राणवायु के लिए नहीं पेड़

जब फैक्ट्री रोज बनाये हम

जीवन को जीवन के लिए नही

जब मौत का जाल बिछाये हम

अपनों के लिए नही समय

जब दूसरों की बात बनायें हम

चलो प्रकृति की तरफ अब लौट चले हम।

वसुधा पर ही खग मृग का नीड़ सजाये अब हम
हरियाली मनभावन हो धरा पर
हर घर में दीप जलाए अब हम
चलो प्रकृति की तरफ अब लौट चले हम।

© सुमन त्रिपाठी

डॉ. भंवर लोहार

जन्म तिथि	:	12 नवम्बर 1991
जन्म स्थान	:	रानीवाड़ा कल्ला, जिला- जालौर (राजस्थान)
पिता	:	श्री नारायण लाल लोहार
माता	:	श्रीमती मानसी देवी
शिक्षा	:	एम.एस.सी.(प्राणीशास्त्र), एम. एड., पी. एच. डी.
सम्प्रति / कार्य	:	प्राचार्य (सायला कॉलेज सायला जिला-जालौर) व स्वतंत्र लेखन
लेखन विधा	:	कविता, गीत, कहानी, उद्धरण, लेख व भाषण
प्रकाशित कृतियाँ	:	अधूरी कहानी (काव्य संग्रह), गुजरा लम्हा (काव्य संग्रह), अभ्युदय मासिक पत्रिका,
प्राप्त सम्मान	:	निष्णात व विद्या वाचस्पति उपाधि
पता	:	रानीवाड़ा कल्ला, जिला- जालौर (राजस्थान)
ईमेल	:	drbhanwarlohar@gmail.com
दूरभाष	:	+918107665666, 9460022557
ब्लॉग पता	:	drbhanwarlohar.blogspot.in

और आगे बढ़ चला... बढ़ चला

गरीबी ने मकां छुड़ाया,
पर मजबूरियों ने चलना सिखाया।

बंद आँखों ने ख्वाब दिखाया,
पर अपनों के स्वार्थ में उनको ठुकराया।

बाहें फैलायी तो खुद को बंधन में पाया,
पर नम आँखों ने एक नया रास्ता बताया।

घर की दूरियों ने बहुत तड़पाया,
पर बढ़ते कदम ने उनको भी भुलाया।

स्वार्थी लोगों ने बहुत बार रुलाया,
पर होठों की मुस्कान ने उनको छुपाया।

जरूरतों ने कसौटी का पात पढ़ाया,
पर मुकाम की तड़प में सभी को अपनाया।

परायों ने हक़ जता कर खूब सताया,
पर "फिर पा लूँगा" यह कहकर खुद को समझाया।
और आगे बढ़ चला......बढ़ चला......

© डॉ भंवर लोहार

नज़ारे तुझे और भी देखने हैं।

मत बहा इन आसुंओ को, नज़ारे तुझे और भी देखने हैं।

अपने आशियाने से इतना दूर चला जायेगा की,
लौटने के लिए भी इजाजत की जरुरत पड़ जायेगी।

तुझे हर दिन चलना होगा,
लेकिन मंझिल पता नहीं होगी।

हर रोज उगते सूरज को देखकर खुश होना हैं,
तो डूबते सूरज को देखकर मायूस भी होना हैं।

तू जरा सा ख्वाब देखेगा,
लेकिन मुकम्मल ना होगा।

तुझे किसी के विश्वास को बनाये रखना है,
तो किसी की उम्मीद पर खरा उतरना भी हैं।

तुझे अपनों की जरूरतों के लिए उन पर लुटाना हैं,
तो अपनी ख्वाहिशों के लिए दूसरों से लड़ना भी हैं।

तुझे अपनों के लिए जीना है,
तो अपने स्वार्थ के लिए दूसरों से छिनना भी हैं।

मत बहा इन आसुंओ को, नज़ारे तुझे और भी देखने है।

© डॉ भंवर लोहार

नए वर्ष का स्वागत रहा

कोहरे, धुंध की ओट में बस्ती और शहर हैं,
सूरज भी जुगनू-सा लगने लगा है।

कहीं ख़ुशी तो कहीं गम में, हंसते हुए भी आंखें नम रही।
कुछ विस्मृत-सी यादों में, चीखती फरियादें रही।

परिजनों की पीड़ा में, मन बहुत अधीर रहा।
खुशी और गम के टक्कर में, चुनौतियों का चक्कर रहा।

मन की घुटती वेदनाओ में, रोती सिसकती संवेदनाएँ रहीं।
दिखावे के आकर्षण में, मेरी समाज का ध्रुवीकरण रहा।

सहमें-से साहित्य में, सच लिखना भी कठिन रहा।
सृजन की सिसकियों में, सम्मान बिकता रहा।

भविष्य के सुनहरे अंश में, स्मृतियों का दंश रहा।
अस्तित्व के सीमांत में, सच और झूठ का सिद्धान्त रहा।

बढ़ते हुए व्यापारों में, शिक्षा का अधिकार रहा।
सांझी-सी सांझ में, प्रेम की झंकार रही।

कृषक प्रकृति के सोपान में, टिड्डी-दल से परेशान रहा।
नवीनताओं के सृजन में, अहंकारों का विसर्जन रहा।
एहसासों के पलटते पन्नो में, नए वर्ष का स्वागत रहा।

© डॉ भंवर लोहार

मुझे अपना कहो तो सही।

इस पल का जाना भी हैं, इस पल का आना भी हैं,
मेरी यह कलम कुछ लिखना चाहती हैं,
दिये जख़्मों को... गहरा करो तो सही।

मेरे जीवन को रोशन करने के लिए,
मुझे दियां में "बातीं" बनाओ तो सही।

वादा किया है जिंदगी भर साथ चलने का,
सिर्फ एक बार...सात कदम मेरे साथ चलो तो सही।

फ़िज़ाओं में दर-ब दर भटकता है बादल.....!
इनका कोई इनसे बात नहीं करता, जरा उनसे पूछो तो सही।

ख़ौफ़ होता हैं इस इस ढलती शाम... में,
नहीं होते हैं घर जिनके... उनसे पूछो तो सही।

धड़कता है मेरा दिल बस तेरे लिए,
सिर्फ...एक बार "मेरे दिल पर" हाथ रखो तो सही।

रुँठ जाऊंगा एक दिन तुमसे हमेशा के लिए,
उससे पहले..."मुझे" मनाओ तो सही।

मेरे दुःख-दर्द को तुमने अपना बनाया,
फिर... एक बार "मुझे अपना" कहो तो सही।

© डॉ भंवर लोहार

वक्त था तेरा इसलिए तुझे ना जीत पाया

तालीम थी उसकी, मुझे सिखा गए,
मेरे आहिस्ता बोलने को वो क्यों दोहरा गए।

करीब से जानकर भी, फासलों का एहसास करा गए,
नहीं रह सकते हैं मेरे बिन फिर भी जीने चले गए।

नहीं लौटोगे तुम, क्यों इस बात से अनजान हो गए,
मुझे भूल जाने का सोचकर, क्यों उसी बात को भूल गये।

नजरें आज भी राह देखती है तेरे लौटकर आने की,
पलकों से लड़कर अश्क भी अलहदा हो गए,

क्यों रूठकर वो इस कदर चले गए की मना ना पाया,
नही पता था जिद की जंग में उसकी दूरियाँ जीत जायेगी।

मैं तो सिर्फ कातिब हूँ, जो तुझे इतना ही लिख पाया,
वक्त था तेरा इसलिए तुझे ना जीत पाया।

© डॉ भंवर लोहार

बीते बरसों की याद, अब क्यों आई है

खुद को खामोश करके, मुझे बहुत कुछ सुना गए,
बिना आवाज के भी बहुत कुछ कहते गए,
मेरी किताब के पलटते खामोश पन्ने........
मेरी ज़िन्दगी में रुसवाई है,
मिलने से कहीं ज्यादा जुदाई है?
भीड़ है मेरे चारों तरफ,
फिर ये कैसी तन्हाई है?
उनके सपनों की हलचल है, आँखों में मेरे,
फिर क्यों नींद से जगाना मेरा, दुखदायी है?
चाहत की दुनियाँ मिली ना मुझको,
चाहत और जिंदगी में, मेरी लड़ाई है?
मैं तेरे तसव्वुर में हूँ, ये तूने जाना है,
फिर देख के भी मुझको, हमेशा पलकें झुकाई हैं?
चाहा है हरदम, फिर आंख तेरे आगे,
क्यों भीग आईं हैं?
जाना है मुझको इक दिन, ले के यहाँ से रूख़सत,
फिर कुछ पल की ये दुनियाँ, मुझको क्यों मनभाई है?
मेरी ज़िन्दगी में ..
बीते बरसों की याद, अब क्यों आई है?

© डॉ भंवर लोहार

मैं तो बहता नीर हूँ।

मैं तो बहता नीर हूँ,
आप हाथों से ओक न बना सके,
तो मेरा क्या कसूर था।
मुझे तो एक दिन बहकर समुद्र में मिल जाना है,
बंजर जमीन ने बीच राह में सोंख लिया,
तो मेरा क्या कसूर था।
मैं तो अमृत की तरह मीठा हूँ,
बीच राह में चलते किसी प्यासे ने,
पी लिया तो मेरा क्या कसूर था।
मेरी प्रकृति तो बहने की थी,
मुझे आडम्बर जैसे धोरों ने रोक लिया तो,
मेरा क्या कसूर था।
मुझे तो प्रेम विहीन जटाओ से निकाल कर,
आपने धरती के आंचल में छोड़ा तो,
मेरा क्या कसूर था।
मुझे तो एक दिन समुद्र में समाना ही है,
पर भरोसे पर बैठे नव तरूण के सींचने के बंधन में,
बंधा तो मेरा क्या कसूर था।
मेरी बहने की तो ढलानीय है,
मैं अगर लौट कर ना आ सकूँ,
तो मेरा क्या कसूर है।
मेरा क्या कसूर है.............

© डॉ भंवर लोहार

बस चलते जाना

सफर भी होगा अनजाना, बस चलते जाना.....!
तेरी राह है बस चलते जाना।

थम के भी थम ना पाएंगे ये कदम,
कुछ दर्द ही सही कुछ मजबूरियाँ भी
बस चलते जाना।

खुद से ही एक दिन बन जायेगी इतनी दूरी,
अब वापस भी कैसे जाना होगा ये कभी ना सोचना
बस चलते जाना।

लगता हैं ये सफ़र अनजाना है,
पर एक नया कदम एक नई जगह जो होगी,
तेरे लिए होगी बस चलते जाना।

तेरी व्यथा तूझे ही पिरोनी स्मृतियां भले घाव दे
हर पल यूँ होगा बेगाना बस चलते ही जाना
बस चलते जाना।

© डॉ भंवर लोहार

आँखें........!

खूबसूरती देख कर गुनाह कर जाती है,

बदसूरती देख उसे नकार जाती है।

बिखरे अरमान और टूटे सपने भी दिखाती है,

तो एक तरफ बुनते ख्वाब भी दिखाती है।

दिल लगा कर खुद ही रो जाती है तो,

खुद ही प्रेम कहानी शुरु करवा कर बेचेनी भी बढाती है।

नम आँखे ख़ुशी तो कभी गम बता जाती है,

लिखती हुई कलम की कभी जुंबानी बता जाती है।

आँखों में आंसू लेकर झूठी कहानी कह जाती है तो,

कही आंसू बहा कर दर्द हल्का कर जाती है।

महफिलें दिखा कर तन्हाई छिपा जाती है तो,

कही बिन बोले ही ख़ुशी तो कही दर्द बयां कर जाती है।

किसी के आने का इन्तजार करवाती है तो,

किसी के दूर जाने का गम भी दिखाती है।

रंगीन दुनियाँ दिखा कर ख्वाब छीन जाती है तो,

कहीं किसी के साथ होने का आभास भी करवा जाती हैं।

जिसकी किस्मत में लिखा हो रोना तो,

वो मुस्कुरा भी दे तो आँसू बहाकर कल बता देती है !

हम नहीं समझ पाते हैं,

यह आँखें ही हैं जो अपना दर्द छिपा कर,

अकेले में वो सबसे ज्यादा रो जाती हैं।

धन्य है इस देह अंश को,

जो हर इंसान की कहानी बता जाती हैं।

© डॉ भंवर लोहार

गणपत लाल उदय

जन्म तिथि	:	05 अप्रेल 1977
पिता स्वर्गीय	:	श्री सोहन लाल उदय
माता	:	श्रीमति रामी देवी
पत्नी	:	श्रीमति कौशल उदय
सम्प्रति	:	केन्द्रीय रिजर्व पुलिस बल (भारत सरकार)
लेखन विधा	:	कविताएँ, लघुकथाएँ, मुक्तक
प्रकाशित कृति	:	साझा संकलनः स्याही की आवाज़ पुस्तक, मंजिल का सफ़र, काव्य के मोती, मेरी माँ, यह देश है वीर किसानों का, हिन्दी हमारी शान, दिल की तरंग, बलिदान को नमन, माँ की महिमा, भीगे चुनर, जीवन से वतन तक, कोरोना की आप बीती, दृष्टि एक काव्य बैला आदि ...
सम्मान	:	साहित्य रचना सम्मान, साहित्य विभूषण, हिन्दी साहित्य शब्द, साहित्य काव्य सरगम, काव्य प्रभा विशेष सम्मान, काव्य के किरदार, कोरोना फाईटर हीरो सैल्यूट, काव्य किरण, श्रेष्ठ रचनाकार, हिन्दी साहित्य ज्योति, काव्य कोहिनूर, काव्या नुरागी, हिन्दी साहित्य दिनकर, काव्य मंजरी सहित और भी अनेक पुरस्कार सम्मान।
पता	:	गांव + पोस्ट अराई तहसील अराँई, जिला अजमेर राजस्थान, भारत, पिन कोड न.- 305813
ई मेल	:	ganapatlaludai77@gmail.com
मोबाइल न.	:	9928324607

परिंदे प्यार के

यू पकडो.ना हमें कोई
छल- कपट करके कोई।
फैलाओ मत जाल तुम
रखो ना पिंजरे में कैद तुम।।
क्यों चलते हो चाल कोई
उड़ने दो हमें शान वही।
हम प्यारे सारे जहान के
और परिंदे है हम प्यार के।।
करते क्यों हो कोई ऐसा
कैदी को कैद में रखे जैसा।
उड़ने दो हमें अपनी उड़ान
भरने दो हमें ऊंची उडाऩ।।
चूम लेने दो हमें अम्बर, गगन
घूमने दो हमें सुख चैन अमन।
हम प्यारे है सारे जहान के
और परिंदे है हम प्यार के।।
प्यार मिलेगा हमको जहां
आऐंगे-जाऐंगे उड़कर वहां।
प्यार जताओ बच्चों के जैसा
मत करो हम परिंदो से धोखा।।
फिर रोज आऐंगे हम वहाँ
चाहे तुम फिर रहो कहाँ।
हम प्यारे सारे जहान के
और परिंदे है हम प्यार के।।

© गणपत लाल उदय

मेरे पिया फंसे है परदेश

मेरे पिया फंसे है परदेश
वहाँ से दिया है मुझे निर्देश।
बाहर का खाना नहीं खाना है
भीड़ में बिलकुल नहीं जाना है।।

कहा है रहना तुम निवास
और रखना प्रभु पर विश्वास।
धीरज बिलकुल नहीं खोना है
सफाई का विशेष ध्यान रखना है।।

यह है महामारी का दौर
आऐगी फिर नयी एक भोर।
जुड़ी हुई रहेगी हमारी ये डोर
चला जाऐगा ये कोरोना का शोर।।

यही है सब देशों का हाल
ग़रीबों का हो रहा बुरा हाल।
बदल रही है प्रकृति भी माहौल
दो गज दूरी से करना है बोलचाल।।

ली हो तुमने चाहे दवाई
ना करना आज कोई ढिलाई।
आई जो कोरोना की दूसरी लहर
दिखा रही अपना भयंकर ये कहर।।

बंद है आने जाने के साधन

निर्धन में देना धन व भोजन।
सदा रखना माँ की ऑक्सीजन
जकड़ रहा बच्चा बुड्ढा या जवान।।

रहना स्वयं पर निर्भर
जल्दी आउँगा अपने घर।
मास्क रखना सदैव मुंह पर
मौत का छाया हर जगह ये मंजर।।

© **गणपत लाल उदय**

कलम भी बोले रखो संतोष

हम साहित्य जगत के कलमकार
बनकर आऐ कोरोना सलाहकार।
रच दी हमने इस पर रचना हजार
हम सब ऐसे कलम के रचनाकार।।

फंस गया संसार दल - दल आज
पढ़ा दिया पाठ कोरोना ने आज।
बन गया आज यह ऐसा सरताज
निगल रहा ताकत सब की आज।।

आज हमारी सब कविता पढ़ लो
मन में मानव थोड़ा धीरज धर लो।
दिल में रखना आज सभी संतोष
कलमकार कलम बोले भर जोश।।

मिल जाऐ दो वक्त की रोटी आज
छोडो आशा रुपये की सब आज।
करो जरूरतमंद लोगों की भलाई
आई जो विपदा भयंकर ये आज।।।

पानी को बिकते देखा होगा आज
हवा भी बिक रही देख लो आज।
सांसे जो अटक रहीं सबकी आज
संतोष रखो नर- नारी सभी आज।।

सदा प्रसन्न रहना मानव जीवन में
आना- जाना लगा रहेगा जीवन में।
कभी अपने साथ छोड़कर जाऐंगे
फिर से अपने नऐ बनेंगे जीवन में।।

© गणपत लाल उदय

तुझ संग जुड़े नेह के तार

तुझ संग जुड़े मेरे नैनो के तार
मुझको हो गया तुमसे ये प्यार।
अब न करना तुम भी इनकार
तुम ही हो मेरा जीवन आधार।।

हमने देखे दुनियाँ के रंग हजार
पर न देखा तुम जैसा गुलज़ार।
जब तक रहे मेरा जीवित तन
ना लाउँगा भाव गलत मेरे मन।।

तेरी गलती से बिखरेगा गरीब
रखना बसाकर दिल के करीब।
बहुत दिन से कर रहा मैं आशा
आने नहीं देना मन में निराशा।।

हवाओं से कहीं बुझ ना जाऐं
ये जलते हुऐ मेरे चिराग कहीं।
हरने आई जैसे यह बंद हवाऐं
मेरी ज़िन्दगी चैन, सुकून कहीं।।

अब तुम ही हो मेरा घर संसार
और तुम से ही है बसंत बहार।
अब तुम से घर की है खुशियाँ
तुझ संग जुड़े जो नैनो के तार।।

© गणपत लाल उदय

आओं मिलकर पेड़ लगाएँ

आओं सभी मिलकर पेड़ लगाएँ
पर्यावरण को साफ स्वच्छ बनाएँ।
पेड़ों से ही मिलती है ऑक्सीजन
जिससे जीवित है जीव और जन।।

पढ़ा है मैने पर्यावरण एवं विज्ञान
वृक्षों के बिना नहीं कोई मुस्कान।
आओ मिलकर लगाओ सब वृक्ष
अब यही रखना सभी एक लक्ष्य।।

समानता सबके साथ यह रखता
हवा फल फूल गोंद मेवे यह देता।
बदले में किसी से कुछ नही लेता
अपना सर्वस्व सभी को लुटा देता।।

कोई प्रकृति से ना करो छेड़छाड़
इससे करो अपनों के जैसा प्यार।
सब परिणाम देख रहे हो इसबार
अब तो बन जावो सब समझदार।।

छाया आज भू- मण्डल पर कहर
ऑक्सीजन बिना लोग रहे है मर।
देख रहे हो कैसा है सब का हाल
इसलिएं वृक्षारोपण करे हर हाल।।

© गणपत लाल उदय

गुरुदेव रविंद्रनाथ टैगोर

सादा जीवन को यह जीने वाले
नोबल पुरस्कार को पाने वाले।
रविंद्रनाथ टैगोर आप थे हमारे
साहित्य किंग जो कहलाने वाले। ।
महान शख्सियत एवं रचनाकार
ब्रह्म समाज दार्शनिक चित्रकार।
आध्यात्मिक एवं मर्यादा ज्ञाता
समाज सुधारक एवं संगीतकार। ।
धर्म परायण तेरह बच्चों की माता
महान थी शारदा देवी गुरु माता।
ब्रह्म समाज के पिता वरिष्ठ नेता
साहित्य जग की आप परिभाषा। ।
८ वर्ष में लिखकर रचना रच दिऐ
म्रणालिनी देवी संग विवाह किऐ।
साहित्य परिश्रम से दुनियां जीता
राष्ट्रगान जन गण मन लिख दिऐ। ।
बांग्लादेश के राष्ट्रगान लिखाई की
जापान अमेरिका में पहचान हुई
श्री लंका राष्ट्रगान पर कलम चली
कविताएँ प्रकाशन फिर शुरु हुई। ।
कई लघु कथाएँ रचना संग्रह लिखे
अनेको कहानियां, उपन्यास लिखे।
गुरु कबीर, रामप्रसाद सेन से सीखे
रीति रिवाज नकिरात्मक पक्ष लिखे। ।

© **गणपत लाल उदय**

हवलदार हैं हम

कई कहानियों का किरदार हैं हम
और पेशे से एक हवलदार हैं हम।
भारतीय सेना की पतवार हैं हम
चार्ज होल्डर व चौकीदार हैं हम।।

सेना पुलिस या पैरामिलिट्री फोर्स
अहम् स्तम्भ सबका होता ये रैंक।
हेड़कांस्टेबल, दीवान एवं सार्जेंट
हवलदार भी कहते है यही रैंक।।

मातृभूमि के हम है ऐसे रखवाले
महसूस करो कोई हमारे ये छाले।
शरहद की रक्षा करते है मतवाले
चाहे बादल छा रहे हो घने काले।।

खुद डूबकर नौका ये बचाने वाले
सूरज के समान चमकदार हैं हम।
शरहद की रक्षा में मरमिटने वाले
देश के निष्ठावान पहरेदार हैं हम।।

मिटाना है भारत से अब उग्रवाद।
ड्यूटी देते हम बनकर ईमानदार
समझते हैं सभी के हम जज़्बात
परख लेते हम कौन है गुनाहगार।।

© गणपत लाल उदय

भास्कर

निकलता रोजाना आसमान चीरकर
अंधेरा मिटाता आता प्यारा भास्कर।
खुश होते सब सूर्य नारायण देखकर
वन्दना करो सूरज को जल चढ़ाकर। ।

देता सारे जग को प्रकाश, उजियारा
हर लेता ये सारे ब्रह्मांड का अन्धेरा।
प्यारी- प्यारी भोर लगे बहुत निराली
सवेरे सवेरे सुहानी लगती यह लाली। ।

नदियों का जल रंग जाता इस रंग में
लहरें भी घुल जाती ये भगवा रंग में।
सिखाती हैं आपस में मिलकर रहना
पक्षियों का उड़ना और रहना संग में। ।

रोज नया भोर सब को सिखा जाता
समय से आना जाना सबको करना।
समय को जिसने भी लिया है काम
आज वही इंसान किया अपना नाम। ।

जलवायु प्रकृति स्वच्छ रखो निरतंर
फिर देखें प्रकृति को हंसेगी खुलकर।
करो सभी योग और सूर्य नमस्कार
आपस में रहना सभी एक मिलकर। ।

© गणपत लाल उदय

कवि की कविता

अब हम भी लिखेंगे ऐसी कविता खास
कर ली जो हमने कक्षा मैट्रिक यह पास।
ज्ञान विज्ञान और हिन्दी गणित के साथ
करेंगे अब हम साहित्यिक मंच विकास।।

सीखा व्यंजन और सीखा स्वर का ज्ञान
सीखे हमने शब्द और इनके बहुत अर्थ।
गद्य पद्य पाठ पढ़ा, बढ़ाया गुरु का मान
पास ना होते मैट्रिक तो जीवन था व्यर्थ।।

लिखेंगे हम लेख आलेख और कविताएँ
धीरे धीरे सीख जाऐंगे हम सभी विधाएँ।
लिखेंगे हम गजल, मुक्तक, पैरोडी, दोहे
कथाएँ, कहानियाँ और अनेको रचनाएँ।।

जल में तैर सकते हम मछली के समान
आसमान में उड़ सकते पक्षी के समान।
चन्द्रमा पे पहुँच गऐ बन तारों के समान
अब कविताएँ लिखेंगे लेखक के समान।।

लिखेंगे कविताएँ सब की सब शिक्षाप्रद
पढ़ सकें जिनको बच्चे जवान बुड्ढे सब।
परा और अपरा विधाओं के दो प्रकार
इसी में लिखेंगे हास्य और वीर रस सब।।

© गणपत लाल उदय

निधि मिश्रा

जन्म तिथि	:	21/ 10/1996
जन्म स्थान	:	नई दिल्ली
पिता	:	महेश्वर मिश्रा
माता	:	संजू मिश्रा
पति	:	सिद्धार्थ मोहन कवि
शिक्षा	:	M.A Psychology
सम्प्रति / कार्य	:	गृहिणी
पता	:	150 एम. आई .जी. लोहियानगर, कंकड़बाग,
		पटना- 800020
ईमेल	:	mishranidhi662@gmail.com

कोरोना काल का मनुष्य पर मानसिक प्रभाव

किसे पता था की वर्ष 2019 जाते जाते, एक ऐसे तूफ़ान को जन्म दे जाएंगा, जिसके प्रकोप से विश्व भर में अफरा तफरी मच जाएगी। कौन जानता था की मास्क, आइसोलेशन, क्वारेंटीन, ऑक्सीमीटर जैसे नए शब्द हमारे दैनिक जीवन का हिस्सा बन जाएंगे। कल्पनातीत गति से उभरी यह अपरिचित महामारी, मानव समाज को इस कदर अपने चपेट में लेते जाएगी की आधुनिक से आधुनिक देशों की स्वास्थ्य व्यवस्था भी चरमरा जाएगी।

कोरोना वायरस ने तीव्र गति से बढ़ रहे हमारे समाज को एक स्पीड ब्रेकर के जैसे रोकने का काम किया है। आज मानव समाज की प्राथमिकता विकास से भटक कर कहीं न कहीं अस्तित्व की लड़ाई बन गई है। दैनिक जीवन के गतिविधियों पर रोक लग जाने से व्यक्तिगत और समाजिक दोनों ही रूप में हमारे लिए ये वक्त एक चुनौतीपूर्ण दौर रहा है। हमारे सारे संसाधन, प्रयास, योजनाएं, यहाँ तक की हमारा जीवन भी इस महामारी के इर्द गिर्द घूम रहा है। शिक्षा, रोज़गार, निवेश, विस्तार, उत्थान जैसे अहम् मुद्दे शिथिल पड़ गए हैं।

आज दुनियाभर में कोरोना से मरने वालों की संख्या करीब 40 लाख पहुँच चुकी हैं और ऐसा नहीं हैं की मुसीबत थम गई हैं। यह आंकड़े आज भी दिन प्रतिदिन बढ़ते जा रहे हैं। बेरोज़गारी, मंदी, अस्वस्थता, अराजकता, मौत के रूप में इस बीमारी ने प्रत्यक्ष रूप से मानव समाज को कई तरह से हानि पहुंचाई है। किन्तु क्या आपने कभी सोचा है कि लाखों लोगों को मारने वाली यह बीमारी हमें शारीरिक हानि के साथ साथ मानसिक रूप से कितनी क्षति पहुंचा रही है?

चीन के वुहान शहर में जबसे कोरोना का पहला मामला सामने आया था, तब से अब तक, संसार भर में अन्य संकटों के साथ एक मनोवैज्ञानिक संकट ने भी पूरे विश्व को अपनी चपेट में ले लिया है।

कोरोना वायरस से मनुष्य के मानसिक स्वास्थ्य पर पड़ने वाले कुछ दुष्परिणाम-

तनाव/अवसाद और शारीरिक रोगों में बढ़ोत्तरी-
अमेरिका में के. ई. एफ. द्वारा किए गए एक स्वास्थ सर्वे में यह बात स्पष्ट रूप से सामने आया है कि कोरोना वायरस के इस महामारी के दौरान हर 10 में से 4 व्यसकों में डिप्रेशन

और एंग्जायटी के लक्षण दिखे हैं। इस महामारी से पहले ये आंकड़ें अमेरिका में 10 में से महज 1 वयस्क में दिखते थे।

इतना ही नहीं, इस हेल्थ ट्रैकिंग पोल से ये तथ्य भी सामने आया कि इस महामारी के दौरान कई लोगों में अनिद्रा की परेशानी बढ़ी है और स्वास्थ्यप्रद भोजन से भटककर वो मदिरा एवं अन्य नशीले पदार्थों का अधिक मात्रा में सेवन करने लगे हैं। अनिश्चितता, डर, अस्थिरता के इस वातावरण से जो तनाव और चिंता हमारे जहन में प्रवेश कर रहा है, वो हमारे क्रोनिक रोगों को करीब 10% तक बढ़ा रहा है और हमें उच्च रक्तचाप, मधुमेह जैसे कई गंभीर बीमारियों की ओर भी धकेल रहा है जो आगे चलकर अन्य प्राणघातक रोगों का मुख्य कारण बनते हैं।

निराशावादी सोच और आत्म विश्वास में कमी –

कोरोना के द्वारा आए एक वैश्विक आर्थिक मंदी के कारण बहुत से बेरोज़गार लोगों को नौकरी ढूंढने में परेशानी तो आ ही रही है किन्तु उनके साथ में कई लोग की नौकरी भी हाथ से चली गई है। इसके कारण समाज में, ख़ास करके युवा वर्ग में आत्म विश्वास की कमी इस कदर घर कर गई है कि एक शोध के अनुसार युवाओं में आत्महत्या का विचार पहले की तुलना में बढ़ गया है। स्वास्थकर्मी और फ्रंटलाइन वर्कर्स जिनकी कोरोना वायरस के संपर्क में आने की सम्भावना अधिक है, उनमें से कई लोगों को भी भय के कारण निराशावादी सोच से ग्रसित पाया गया। इन सब कारणों से आपका व्यक्तिगत जीवन तो प्रभावित होता ही है और साथ में प्रोफेशनल जीवन भी गलत तरीके से प्रभावित हो रहा है। कोरोना काल के अस्थिरता में लोगों की कार्य करने की क्षमता भी कम होते जा रही है।

मायोपिया –

लॉक डाउन या क्वारंटाइन में रहने से हम मोबाइल, लैपटॉप और कम्प्यूटर्स जैसे स्क्रीन के सामने ज़्यादा वक्त गुजारने लगते हैं, जो हमारे आँखों के लिए बहुत घातक सिद्ध होता है। मोबाइल, कम्प्यूटर्स के स्क्रीन के सामने ज़्यादा समय व्यतीत करने से जो हमारे आँखों के पास देखने की क्षमता पर दुष्प्रभाव पड़ता है, उसे मायोपिया कहते हैं। ऐसे तो अक्सर आम जीवन में भी मोबाइल हमारे जीवनशैली का एक अभिन्न अंग जैसा बन गया है। किन्तु आम दिनों में हम कई कामों में व्यस्त रहने के कारण मोबाइल से थोड़ी दूरी बनाए रखते हैं। लॉक

डाउन में ऐसा देखा गया है की वर्क फ्रॉम होम, ऑनलाइन पढाई और खाली समय में मनोरंजन के दृष्टिकोण से मोबाइल का इस्तमाल हम पहले के तुलना में काफी ज़्यादा करने लगे हैं। ऐसे में लोगों में और ख़ास करके बच्चों में मायोपिया का प्रकोप कोरोना काल में काफी तेज़ी से बढ़ा है।

बहुत जरूरी है कि काम के बीच में हम छोटे छोटे ब्रेक लेते रहें और आँखों को आराम दें। आज कल बाजार में एंटी गलेयर ग्लासेस भी आते हैं जो कम्प्यूटर्स और मोबाइल से निकले हानिकारक किरणों को आपके आँखों तक पहुँचने से रोकते है। इन चश्मों के प्रयोग से भी लोग अपने आँखों को आराम दे सकते हैं।

कॉग्निटिव बेहेवियर –

लॉक डाउन के कारण समाज में और विशेषकर बच्चों में कॉग्निटिव बेहेवियर की समस्या सामने आ रही है। यह ऐसी स्थिति का नाम है, जिसमें इंसान के जीवन में आए बदलाव को पढ़ने और समझने की क्षमता कम होने लगती, जिसके परिणाम स्वरुप इंसान को जीवन में आने वाले समस्या और संघर्षों से लड़ने और ज़िन्दगी में आए बदलाव में सामंजस्य स्थापित करने में काफी कठिनाई का सामना करना पड़ता है। यह एक ऐसी स्थिति है, जो लम्बी अवधि में इंसान के मस्तिष्क के विकास में बाधा पैदा करती है। यह बहुत ही आवश्यक है की हर व्यक्ति स्वयं भी इस तनाव भरे समय में अपने सोच और ऊर्जा को सकारात्मक दिशा दे। और घर में छोटे बच्चें जिनमें ऊर्जा का भण्डार होता है, उनको भी कोई नए हॉबी और स्किल से जोड़ने का प्रयास करें, जिससे उन्हें घर में बंद रहने पर तनाव ना महसूस हो।

महामारी के दौरान खुद के मानसिक स्वास्थ को बेहतर बनाने के लिए आप ये कदम उठा सकते हैं।

परिजनों को समय दें –

हमारे जीवन में बहुत भाग दौड़ है, सफलता और कामयाबी के पीछे दौड़ते हुए हम अपने और अपनों के ऊपर ध्यान नहीं दे पाते हैं। हम अक्सर चाह कर भी जीवन के व्यस्तताओं में उलझकर अपनों के साथ ज़्यादा वक्त नहीं व्यतीत कर पाते हैं। कोरोना काल ने हमें समय

रूपी आशीर्वाद दिया है जिसका लाभ हमें पारस्परिक रिश्तों को और अधिक प्रगाढ़ बनाने में उठाना चाहिए। अगर आप उन खुशनसीबों में से हैं जो इस लॉक डाउन में अपने परिवार के संग हैं, तो बहुत अच्छा, अगर आप दूर भी हैं तो वीडियो कॉल के ज़रिये अपने ज़िन्दगी के ख़ास लोगों को ज़्यादा समय दें।

कुछ पुराने ऐसे दोस्तों से बात करें, कुछ ऐसे रिश्तेदारों को मेसेज करें, जिनसे किसी भी कारणवश आपका संपर्क टूट गया हो। ऐसा करके आप पुराने यादों को ताज़ा करेंगे जिसके कारण आपका मस्तिष्क कुछ ऐसे हार्मोन्स को छोड़ेगा जो आपको ख़ुशी और परिपूर्णता का एहसास देगा। आप किसी ऑनलाइन सेमिनार का भी हिस्सा भी बन सकते हैं। मनुष्य एक सामाजिक प्राणी है, इस समय का उपयोग करके आप जितना समाज से जुड़ेंगे, उतना ही अच्छा और ऊर्जावान महसूस करेंगे।

नए हॉबीज़ और शौक खोजें –

क्या आप कोई पुस्तक लिखना चाहते थे, जो आप व्यस्तता के कारण कभी लिख नहीं पाए! या फिर आप अपने हाथों से कोई नया व्यंजन बनाकर अपने परिजनों को खिलाना चाहते थे किन्तु ऑफिस के काम से इतने थक जाते थे की ऐसा संभव नहीं हो पाता था। क्या आप गिटार बजाना सीखना चाहते थे? या फिर कोई नई भाषा सीखने में आपकी रूचि थी जिसके लिए आप वक्त नहीं निकाल पा रहे थे। या फिर चित्रकारी में आपकी कभी रूचि थी? हम सब अपने शौक को समय न होने की दुहाई दे कर उसे धीरे धीरे भूल जाते हैं, किन्तु अगर आप लॉक डाउन में भी वही कर रहे हैं, तो दोष समय का नहीं बल्कि आपका है। कोरोना और लॉक डाउन ने आपको स्वयं में निखार लाने का एक अनोखा अवसर दिया है, जिसे हम सब को पूर्ण रूप से इस्तेमाल करना चाहिए।

कोरोना काल में ना सिर्फ आप अपने पुराने शौक को पूरा कर सकते हैं, अपितु आप नए हॉबीज की खोज भी कर सकते हैं। शोध ने इस बात को प्रमाणित किया है की हॉबीज को अगर आप फॉलो करते हैं तो मानसिक रोग से उभरने में आपको मदद मिलती है एवं नए मानसिक रोग से ग्रसित होने के आसार कम रहते हैं। हॉबीज तनाव, चिंता और नकारात्मक सोच से भी बचाव करते हैं। ज़रूरी नहीं है की आपके हॉबीज की समाज तारीफ करे। ज़रूरी ये है की आपके हॉबीज आपको शांति और ख़ुशी प्रदान करें।

व्यायाम एवं मेडिटेशन करें –

हम अक्सर ही यह बात सुनते आए हैं की आज की जीवन शैली में, जहाँ कोई रूटीन नहीं है, जहाँ फ़ास्ट फ़ूड की खपत ज़्यादा है, फल सब्ज़ियों में खाद और कीटनाशक है, शारीरिक मेहनत की कमी है और हर तरफ अस्वच्छता और प्रदूषण है, ऐसे में व्यायाम का कितना महत्व है। किन्तु व्यायाम हमारे तन के लिए जितना आवश्यक है उतना ही हमारे मन के लिए भी है। व्यायाम के माध्यम से आपका वजन नियंत्रित रहता है, आप स्वयं का रोग से बचाव करते हैं और अपने भीतर एक ऊर्जा और जोश का अनुभव करते हैं।

वहीं मानसिक रूप से कसरत आपको फोकस करने में मदद करता है, आपके मनः स्थिति को सकारात्मक बनाता है, आपको आंतरिक बल देता है और आपको एक उपलब्धता का एहसास करा कर नकारात्मकता को आपसे कोसों दूर रखता है। इतना ही नहीं व्यायाम आपके निद्रा और याददाश्त को भी बेहतर बनाता है।

शोध की मानें तो सिर्फ 15 मिनट, प्रति दिन जॉगिंग करने से आपके अवसाद से ग्रसित होने की सम्भावना लगभग 25% तक घट जाती है। कोरोना काल में जब आप जिम और जॉगिंग पर जाने से परहेज कर रहे हैं, तो ऐसे में योगा, मेडिटेशन, इंडोर गेम्स और फ्री हैंड कसरत एक अच्छा विकल्प हो सकता है।

पालतू पशुओं (पेट्स) के साथ समय बिताएं –

अगर आपके घर में कुत्ते, बिल्ली, गाय या अन्य कोई भी पालतू जानवर हैं तो उनके साथ अधिक समय बिताना शुरू करें। और अगर आपके घर में पालतू जानवर नहीं है, तो शायद यह सही समय है जब आप उन्हें घर ला सकते हैं।

ह्यूमन ऐनिमल बॉन्ड रिसर्च इंस्टिट्यूट (एच. ए. बी. आर. आई.) जो इंसान और पशुओं के रिश्तों और उनके प्रभाव पर शोध करता है, उनके अनुसार पशुओं के साथ समय बिताने से आपको तनाव, चिंता और यहाँ तक की अवसाद में भी बहुत हद तक राहत मिल सकती है। पशुओं से घुलने मिलने से हमें मानसिक और शारीरिक दोनों ही फायदे प्राप्त होते हैं। 2016 के एक जांच में ये सामने आया है की पालतू पशु उन व्यक्तियों को महसूस कर लेते हैं, जो मानसिक रूप से व्यथित हैं और उनसे घुल मिल कर उनको आराम पहुँचाने का प्रयास करते हैं। इसके अलावा उनके मौजूदगी से इंसान का एकाकीपन और विषाद भी कम होता है।

वहीं शारीरिक रूप से यह सिद्ध हो चुका है की पेट्स रखने से मनुष्य को उच्च रक्तचाप, मधुमेह को नियंत्रण में रखने में मदद मिलती है और साथ ही में हृदय के रोग होने की गुंजाईश भी कुछ कम रहती है। एक अन्य शोध में ये भी पाया गया है की पशुओं के घर में होने से आपकी रोग प्रतिरोधक क्षमता मजबूत होती है तथा हर इंसान की शारीरिक गतिविधि औसतन 10% तक बढ़ जाती है, जो आपको स्वस्थ रखने में मदद करती है।

अपनी भावनाओं को व्यक्त करें –

अपनी भावनाओं को खुद में बंद न रखें। आज के दिन लोग फरेब, छल और कपट के डर से, एक दूसरे से खुलकर बात करने में हिचकिचाते हैं और ये उचित भी है। किन्तु आप जिनसे भी जुड़ाव महसूस करते हैं, ऐसे लोगों को अपने जीवन में चिन्हित कर लें और उनसे अपनी भावनाओं को ज़रूरत पड़ने पर व्यक्त करें। अपने आस पास के भरोसेमंद लोगों के साथ अपने दिल की बातों को साझा करने से आपके अंदर बैठी नकारात्मकता कम होती है और आपके मन को शान्ति भी मिलती है।

आपके जीवन का भरोसेमंद इंसान कोई भी हो सकता है, कोई ख़ास मित्र अथवा सगे सम्बंधी। जो आपकी बातों को समझे, आपकी परिस्थितियों को समझे और इन सबसे बढ़कर आपको समझे। ना सिर्फ खुद की भावनाओं को बांटने से, दूसरों की भावनाओं को भी सुनने से और उनकी मदद करके आपको जो आत्म संतुष्टि का अनुभव होता है, वो भी आपके मानसिक स्वास्थ के लिए लाभवर्धक है।

अगर आप किसी व्यक्ति के साथ अपनी बातें साझा करने से कतराते हैं, तो आप एक डायरी भी लिख सकते हैं, जिसमें आपकी दिनचर्या अथवा आपकी भावनाएं लिखी हों। शोध में यह तथ्य स्पष्ट रूप से सामने आया है की डायरी लिखने से आपकी रोग प्रतिरोधक क्षमता में बढ़ोत्तरी हो सकती है, और यह आदत किसी कटु अनुभव को भुलाने में भी कारगार सिद्ध होती है।

यह एक दौर है जिसपर एक दूसरे के सहयोग से हम विजय पा लेंगे

कोरोना जैसा वैश्विक संकट भले ही अजीब लगता हो किन्तु मानवों ने ऐसे कई बीमारियों का सामना पूर्व में हिम्मत और शौर्य के साथ किया है और उसे हराया भी है। पिछली शताब्दी में आए स्पेनिश फ्लू ने भी भयंकर तबाही मचाई। हॉन्ग कोंग फ्लू, एशियाई फ्लू ने भी लाखों

को मारा और कई बार दुनियाँ के अलग अलग स्थान पर आए प्लेग की महामारी ने तो सारे रिकॉर्ड ही तोड़ दिए थे। किन्तु मानव समाज ने अपने बल और बुद्धि का प्रयोग करके हर विघ्नों को पार किया है। कोरोना का दौर न तो अभी ख़त्म हुआ है और न ही शीघ्र भविष्य में यह जड़ से खत्म होता हुआ दिख रहा है। ऐसे में स्मरण रखियेगा की कोरोना से इस जंग में आप अकेले नहीं हैं। ये हमारी सम्मिलित लड़ाई है और इससे हम एक जुट होकर ही जीत सकेंगे। एक दूसरे का हाथ थामिए। समय की आवश्यकता ये नहीं हैं की आपने कितना बड़ा दान दिया है, किन्तु ज़रूरी ये है की आप अपने आस पास आशा की एक लौ जलाने में अपना योगदान दें।

यदि आप आर्थिक रूप से मज़बूत हैं तो आपातकाल एवं आवश्यक सामग्री ज़रूरतमंदों तक पहुँचाने का प्रयास करें। आर्थिक रूप से यदि आप योगदान ना कर सकें तो अपने मित्रों, अपने रिश्तेदारों, पड़ोसियों और ख़ास करके बुजुर्गों से फ़ोन/व्हाट्सप्प के माध्यम से जुड़े रहें। इस तनावग्रस्त समय में, जहाँ हर ओर अनिश्चितता के काले बादल मंडरा रहे हैं, ऐसे में आपका एक मैसेज या कॉल किसी के चेहरे पर उम्मीद की मुस्कान बिखेर सकता है। इससे ना केवल आप किसी व्यक्ति को खुश कर देंगे किन्तु उनकी ख़ुशी से आपको जो हर्षोल्लास का अनुभव होगा वो शायद शब्दों में नहीं बताया जा सकता है। परेशानी, एकाकीपन और विषाद से ग्रसित व्यक्ति के लिए आपका एक अभिवादन भरा सन्देश भी उनके मनोबल और इच्छाशक्ति को प्रबल बना सकता है।

इन असामान्य परिस्थितियों में सकारात्मक सोच रखना और स्वयं को सकारात्मक दिशा देना जितना आवश्यक है, उतना ही आवश्यक है अपने सकारात्मक ऊर्जा को दूसरों के साथ साझा करना। अपने भीतर के हॉबी एवं रूचि को खोजें और उसे समय दें, इससे आपके कौशल में इज़ाफ़ा तो होगा ही साथ ही साथ आपका आत्मविश्वास और भी सशक्त हो जाएगा। अगर आपके शहर में लॉक डाउन है और आप घर में बंद हैं, तो ऐसे में अपने परिजनों के साथ समय बिताएं, अगर आपके घर में पालतू जानवर रहते हैं तो उनके साथ खेलें। ऐसा करने से आप प्रसन्न भी रहेंगे और अत्यधिक सोच से भी खुद को रोक पाएंगे।

न्यूज़ आपको जागरूक बनाने में एक अहम भूमिका अदा करता है किन्तु अगर आप कोरोना पर आधारित खबर देख, सुन या पढ़ रहे हैं, तो ये अति आवश्यक है की आप उस खबर के स्रोत की पुष्टि कर लें क्यूंकि सोशल मीडिया में कई लोगों द्वारा भ्रान्ति और अफवाहों को तूल दिया जा रहा है। नाहक ही कोरोना से जुड़े नकारात्मक खबर से थोड़ी दूरी बना कर

रखें।सरकारी एवं विश्वस्त अंतराष्ट्रीय संस्थाओं के निर्देशों का पालन करें। घर से बाहर निकलने पर मास्क अवश्य लगाएं, हाथ लगातार धोएं या सैनिटाइज़ करें और कोरोना से सम्बंधित टीकाकरण अवश्य ही कराएं। यह बात हम सब जानते हैं की यह बीमारी किस गति से फैलने में सक्षम हैं और ये किस पैमाने पर विनाश मचा सकती है। इसलिए सावधानी बरतते रहें और जल्द ही हम इस संकट भरे समय से और भी अधिक निखर कर बाहर आएँगे, ऐसा मुझे पूर्ण विश्वास है।

© निधि मिश्रा

पवन वर्मा

पिता का नाम	:	श्री रण मोहन वर्मा
माता	:	श्रीमती वीरती वर्मा
पत्नी	:	श्रीमति पल्लवी अरोडा वर्मा
पता	:	मकान नं. 72- चौगान सलाथिया, मुबारक मंडी, जम्मू
शैक्षणिक योग्यता	:	B.tech (Electrical), M.B.A
उपलब्धियां	:	"निकक्ड़े फंघड़ू उच्ची उड़ान" बाल कविताएं (डोगरी), मां तेरे आंचल की छांव -वर्ल्ड रिकॉर्ड बुक (हिंदी), साहित्य मंजरी (हिंदी), डोगरें दियां मेदां (डोगरी), पांचजन्य काव्य समूह (हिंदी), स्वदेश प्रेम (हिंदी)
सम्मान	:	माता चंपा देवी राष्ट्र कला सम्मान 2019, महात्मा गांधी दर्शन पुरस्कार 2019, कलकि गौरव सम्मान 2020, राष्ट्रीय प्रतिभा सम्मान 2020, राष्ट्रीय अग्रसर भाषा बोली सम्मान 2020, स्वामी विवेकानंद पुरस्कार 2021 आदि।
अन्य उपलब्धियाँ	:	लेखन के साथ-साथ पिछले 21 वर्षों से रंगमंच के साथ जुड़ा हुआ हूं। कई राष्ट्रीय व अंतरराष्ट्रीय स्तर पर मंचन किया है। जिनमें प्रमुख हैं- ईयर ऑफ इंडिया इन रशिया, मास्को-2009, फ्रैंकफर्ट इंटरनेशनल थियेटर फेस्टिवल, फ्रैंकफर्ट-2009, कॉमनवेल्थ गेम्स-2010, 101st इंडियन साइंस कांग्रेस-2014, इंटरनेशनल थिएटर ओलंपिक्स-2018
संपर्क	:	9018103097/ 7006187893
ई-मेल	:	pawan.verma83@gmail.com

एक पल

पल
क्या होता है एक पल?
जाकर उस मां से पूछो
जिसका बेटा देर रात होने तक
घर न आया हो
और मां एक-एक पल में
कई-कई बार मरी हो।
आंखें टकटकी लगाए
रास्ते को देख रही हैं
दुआठन पर खड़ी मां
इंतजार करते-करते
खुद दुआठन बन गई है।

© पवन वर्मा

चल संभल कर दुनियाँ में.....

चल संभल कर दुनियाँ में, तेरे साथ छल ना हो
आज है तेरे पास वक्त, शायद कल ना हो।
यह कैसी जहरीली हवा चली, पसरा सन्नाटा गली गली
सहमी खुशबू, बगिया, नजारे, बागबान भी खामोश हैं सारे
हर कदम तू अब रख संभल कर, कहीं आगे दलदल ना हो।
आज है तेरे पास वक्त, शायद कोई ना हो.........
परेशानियां तो आएंगी, करेंगी मस्तिष्क में घर
राह अपनी तू भटक न जाना, देख पथ पर कंकर-पत्थर
अपने पर तू रख भरोसा, दे ना पाएगा कोई धोखा
मत बनना तू ऐसी पहेली, जिसका हल ना हो।
आज है तेरे पास वक्त, शायद कोई ना हो........
हिम्मत रखना हर इक क्षण तू, फिर जीतेगा हर इक रण तू
पतझड़ का मतलब होता है फिर बसंत का आना
दुविधा के घन छट जाएंगे खुशियों का बुनना ताना
बिछड़े कोई फिर अपनों से, कभी ऐसा पल ना हो।
आज है तेरे पास वक्त, शायद कोई ना हो.....
उम्मीद की अब तू ही किरण है, ओ नीली छतरी वाले
आस, मेद, प्रार्थना सब तुझसे, यह जीवन है तेरे हवाले
इस दुनियाँ इस जग में अब तू ही रक्षक दाता
मानव का मानव से हो मानवता का नाता
सभी ऊर्जावान रहे हमेशा, कोई निर्बल ना हो।
चल संभल कर दुनियाँ में, तेरे साथ छल ना हो..

© पवन वर्मा

जिम्मेदारी

चाह और आस
की चिड़िया को
मजबूरी के बाज़ ने
अपने पंजों में जकड़ कर
मार डाला।
बेसुध, नीरस बैठी जिंदगी
घुटनों पर हाथ रख खड़ी हुई
और जिम्मेदारी की गठरी
सर पर उठाकर
फिर से चल पड़ी।

© **पवन वर्मा**

डोगरी

मिश्री की डली डोगरी

पीहर की गली डोगरी

इत्र का झरना डोगरी

कवि की कल्पना डोगरी

शाम कोई सिंदूरी डोगरी

वन मृग कस्तूरी डोगरी

भोर का संगीत डोगरी

पहाड़ी राग गीत डोगरी

बच्चे की खिलती हंसी डोगरी

डूग्गर के कण-कण में बसी डोगरी

प्रार्थना में मन के भाव डोगरी

चीड़ों की ठंडी छांव डोगरी

मां के हाथों का प्यार डोगरी

दुल्हन का रूप श्रृंगार डोगरी

बांसुरी की सुरीली तान डोगरी

कोयल का मीठा गान डोगरी

रमते जोगी की वाणी डोगरी

बूढ़ी नानी की कहानी डोगरी

बंद कली का खिलना डोगरी

दो रूहों का मिलना डोगरी

घुंघट के पीछे का रूप डोगरी

सुबह की सुनहरी धूप डोगरी

साजन के खत की खुशबू डोगरी

खत के हर अक्षर में तू डोगरी

डोगरी है मीठी जुबान डोगरी

मेरी मां डोगरी मेरी मां डोगरी।

नारी

नारी तेरे कितने रूप

तेरा जीवन छांव व धूप

नारी प्रकृति का अनमोल

उपहार है, वरदान है।

इसको समझने के लिए

किसी दिव्य दृष्टि कि नहीं

एक संवेदनशील मन की आवश्यकता है।

तन के भूगोल से परे

उसके मन की गांठें खोलकर

भीतर के इतिहास को

जाना है कभी।

उसके लिए अपनी आंखों में

हवस की जगह

हर्ष लाने की आवश्यकता है।

अपने मस्तिष्क में

अपमान की जगह

उसके लिए सम्मान

लाने की जरूरत है।

नारी

"ना" "री" नहीं है

नारी निर्माता है

नारी सुजाता है

नारी है तो सृजन है

नारी है तो दुर्गा दर्शन है।

© **पवन वर्मा**

मासिक धर्म

पीड़ा का एहसास
उन दिनों सुनन्न कर देता है मस्तिष्क
दर्द से भी दर्दनाक है यह दर्द
फिर भी सहती है नारी।
वे 5 दिन मानो
जैसे जलते हुए अंगारों पर चलना
उसके बावजूद भी सहने पड़ते हैं
जहरीली वाणी के तीर
सुननी पड़ती हैं बातें कि
यह अधर्म है, पाप है।
मांसपेशियों में खिंचाव
चेहरे का पीलापन
शारीरिक-मानसिक असहजता
बयां करती है उसके कष्ट की गाथा,
दिखाती है उसकी पीड़ा की तस्वीर
फिर भी जग हंसाई
अरे कभी मन मस्तिष्क से नारी होकर देखना
कभी उन्मुक्त भाव से उसका अंतःकरण निरखना
फिर पता चलेगा कि यह लाल रंग वह स्याही है
जिससे वंशावली लिखी जाती है।
मानव सृजन की नींव रखी जाती है
कब समझेगा मनुष्य कि
हम सब एक ही धर्म की उत्पत्ति हैं
और वे है मासिक धर्म।

© पवन वर्मा

योग

योग है यह योग है, करता निरोग है।

योग है यह योग है, सात्विक प्रयोग है।

मिला है ऋषि-मुनियों से, वेदों की यह देन है

प्रातः सुबह नित्य योग करो, तो जीवन सुख चैन है

यह वो संजीवनी बूटी है जो देती नए प्राण है

इसके हर इक आसन से होता कल्याण है

वह रहता सदा हरा-भरा हरदम, जो करता इसका उपयोग है

योग है यह योग है.....

यह कुंजी है आरोग्य की, सफल स्वस्थ भाग्य की

यह भोग-रोग का दमन करे, खुशहाल सुगंधित चमन करे

सूर्य नमस्कार है तुझको योग, तू मिटाता कुरोग है।

योग है यह योग है.....

योग देता है प्राणों को ऊर्जा, बढ़ाता है यह शारीरिक क्षमता

यह बल है निर्बल का, यह जल है निर्जल का

यह वह अदृश्य शक्ति है, जो करती सहयोग है।

योग है यह योग है.....

यह देन है भारत की, जो पहुंची विश्व भर में

उद्देश्य यही हो हम सबका, यह पहुंचे हर इक घर में

सब मिलकर यह करो यतन, योगमय हो जाए अपना वतन

वरदान मिला है हम सबको, यह ईश्वर का संयोग है।

योग है यह योग है.....

© **पवन वर्मा**

लोरी

आ जा री निंदिया आ जा, नैनों की झीलों में समा जा
धीरे-धीरे ना आना अब तू, नहीं इतने नख़रे कर तू
परियों की कहानी सुना जा।
आ जा री निंदिया आ जा....

चुपके से आना मत बोल तू, सपनों की परतें खोल तू
रंग-बिरंगी दुनियाँ में ले जाना, फूलों के झूले में झुलाना
ठंडी हवा प्यार से सहला जा
आ जा री निंदिया आ जा....

मत लगा तू अब कोई बहाना, गुड्डे गुड़िया के संग है सुलाना
दूध पिलाऊं, खिलाऊं मैं चूरी, लगाऊं काला टीका ना नजर लगे मेरी
अंखियों की डिबिया में आ जा।
आ जा री निंदिया आ जा....

दूंगा मैं सब कुछ ना कम हाँ ज्यादा, चाहे तो ले लो दशरथ का वादा
आ जा तू आ जा निंदिया ओ रानी, मान ले कहना ना कर मनमानी
धीरे से पलना हिला जा।
आ जा री निंदिया आ जा.....

चांद के देस से चांदनी आना, सितारों का तुम बिछोना लाना
बादल का हम तकिया बनाएंगे, सूरज का भी बल्ब बुझायेंगे
अब तंग मत कर तू आजा, मुन्ने राजा को सुला जा।
आ जा री निंदिया आ जा....

© पवन वर्मा

हे मां शारदे

मां शारदे को नमन

वीणा वादिनी को नमन

श्वेत वस्त्र धारिणी

हे मां हंस वाहिनी

कर दो मां महाविद्या

पाप, अज्ञान का दमन

मां शारदे को नमन.....

खोलो ज्ञान चक्षु

हम सब तो हैं भिक्षु

कृपा करो मां सरस्वती

हरी-भरी रहे बुद्धि मती

बरसे वर्षा ज्ञान की

तृप्त हो जाए तन मन

मां शारदे को नमन.....

तू स्वर की है देवी, है संगीत तुझसे

हर शब्द है तेरा, हर गीत तुझसे

तू विद्या की है देवी, तू विद्या वर दे

बहे ज्ञानगंगा, हमको तू तर दे

करे ज्ञानदीप सदा उजारा

ज्योतिर्मय हो जाए चमन

मां शारदे को नमन.....

© पवन वर्मा

प्रकाश पाण्डेय 'बंजारी'

जन्म तिथि	:	10/05/1982 (दस मई सन् उन्नीस सौ ब्यासी)
पिता	:	स्वर्गीय पं.श्री अयोध्या प्रसाद पाण्डेय।
माता	:	श्रीमती सुमित्रा पाण्डेय।
पत्नी	:	श्रीमती मिथिलेश पाण्डेय
पुत्र	:	रोचन प्रभात पाण्डेय 'रामजी' एवं ताराचन्द्र क्रान्तिगुरू पाण्डेय 'श्यामजी'।
पुत्री	:	मृत्युंजया पाण्डेय 'इच्छाशक्ति'।
शिक्षा	:	स्नातकोत्तर (हिन्दी साहित्य एवं संस्कृत साहित्य) तथा डी.पी.ई.।
साझा कृतियां	:	'उत्तर-आधुनिक काव्य' (काव्य संग्रह), 'दो टूक जिन्दगी' (काव्य संग्रह), 'जिद जीत की' (प्रेरणात्मक संग्रह), 'इन्द्रधनुष' (गद्य के सप्त रंग)।
लेखन विधा	:	एकांकी, कविता, कहानी, गीत, नाटक, निबंध, पत्र साहित्य, रेखाचित्र, लघुकथा, संस्मरण इत्यादि।
सम्प्रति	:	प्राथमिक शिक्षक, शासकीय प्राथमिक विद्यालय पथरियान, विकासखण्ड- अजयगढ़, जिला-पन्ना, मध्य प्रदेश
सम्पर्क पता	:	ग्राम+पोस्ट- भापतपुर कुर्मियान, तहसील- अजयगढ़, जिला- पन्ना, मध्य प्रदेश
ईमेल	:	prakashpandeybanjari@gmail.com
दूरभाष नम्बर	:	9630408275, 9752309088

शादी का बुम्म-बुम्म (एकांकी)

(बाल विवाह पर आधारित नाटिका)

पात्र परिचयः-

1) विश्वास पाण्डेय : गाँव का एक नवयुवक।

2) रामाधीन : गाँव के जमादार एवं गाँव नाते विश्वास के कक्का।

3) आस्था : रामाधीन की पुत्री।

4) विवेक : रामाधीन का पुत्र एवं आस्था का भाई।

5) पण्डित जी : पुरोहित ब्राह्मण।

6) मुरारीलाल : लड़के का पिता एवं जमींदार।

7) रवि सिंह दरोगा : पुलिस चौकी प्रभारी।

8) भानु प्रताप सिंह : मुन्शी जी।

9) श्रद्धा सोनी : एसडीओपी।

10) धीरज पाण्डेय : पुलिस इंस्पेक्टर।

11) धरमू : गायक।

12) डॉ.प्रबुद्ध सिंह : गाँव का डाक्टर।

13) विजय : मुरारीलाल का पुत्र एवं वर।

14) अन्य पात्र : दो पुलिस आरक्षक एवं मंडप में बैठे लोग।

दृश्य - प्रथम

[एक छोटा सा गाँव जिसमें रामाधीन कक्का का मकान। मकान के अन्दर आँगन में चहल-पहल है। लोगों का आना-जाना लगा हुआ है। दरवाजे पर ही रामाधीन कक्का किसी कार्य में व्यस्त हैं। तभी शहर से विश्वास पाण्डेय आता है और कक्का को संबोधित करते हुए...]

विश्वास पाण्डेय : राम-राम कक्का !

रामाधीन : राम-राम बेटा, राम राम। (थोड़ा ठहरकर)

कब आ गया रे तू।

विश्वास : आज ही आया हूँ। घर गया और फिर तुरंत आपके पास चला आया हूँ।

रामाधीन : पढ़ाई-लिखाई कैसी चल रही है बेटा?

विश्वास : ठीक चल रही है।

रामाधीन : ठीक नहीं, अच्छी तरह से पढ़ाई करना। पैसा-वैसा की जरूरत हो तो बताना।

विश्वास : जी, कक्का।

रामाधीन कक्का : जा विवेक तू विश्वास के लिए चाय ले के आ।

विश्वास : मैं चाय तो पीता नहीं।

रामाधीन : वह तो मैं भूल ही गया था कि तू चाय नहीं पीता है। ठीक है जा शरबत लेकर आ।

(विवेक अंदर की ओर चला जाता है।)

रामाधीन : तुम ठीक आ गये, विश्वास।

विश्वास : क्यो?

रामाधीन कक्का : परसों आस्था बेटी की शादी है ना!

मेरे पास तेरा फोन नंबर तो था नहीं कि तुझे फोन करता। ठीक रहा कि तू आ गया। (थोड़ा रूककर)

बेटे आस्था बेटी का प्रेम ही तुम्हें यहां खींच लाया है। उसने भी तुम्हें बहुत याद किया। जा अंदर ही चला जा मिल तो आ।

विश्वास : आप भी चलो न।

(दोनों अंदर को जाते हैं, तभी विवेक शरबत लेकर आ जाता है)

विश्वास : (शरबत पीते हुए) कक्का आस्था बहन की शादी इतनी कम उम्र में?

रामाधीन : अब उम्र कहाँ कम है? पूरे 15 साल की है। और उसके अम्मा की शादी तो 11 साल की उम्र में हो गई थी।

विश्वास : यह जरूरी तो नहीं कि जो गलती हम करते आए हैं। वह गलती करते ही जाएं।

विवेक : मैंने भी पिता जी से कहा था कि आस्था अभी छोटी है लेकिन मेरी सुनता कौन है?

रामाधीन : इसमें गलती किस बात की?

विश्वास : इसमें गलती है, बहुत बड़ी गलती। कम उम्र में विवाह करने से बहुत से नुकसान होते हैं।

विवेक : मेरा तो मानना है कि कम उम्र में शादी अभिशाप है।

रामाधीन : आस्था के माँ की शादी से तो कुछ नुकसान नहीं हुआ।

विश्वास : जितना आज मठा नहीं मिलता, उससे अधिक उस जमाने में घी दूध मिलता था। जमाना बहुत बदल गया है कक्का !

विवेक : हाँ पिता जी। विश्वास भइया बिल्कुल सही कह रहे हैं।

विश्वास : कक्का जू, एक बात कहूँ।

रामाधीन : कहो, क्या कहना चाहता है?

विश्वास : यही कि आस्था बहिन को अभी पढ़ा लेते।

रामाधीन : ज्यादा पढ जाएगी तो ज्यादा पढ़ा-लिखा लड़का ढूंढना पड़ेगा। और वह एक लाख रूपए माँगेगा दहेज में। और बहू-बिटिया से नौकरी तो कराना नहीं है। उनको तो चूल्हा बर्तन करना है। बस इतना पढ़ लिया, चिट्ठी पाती लिख-बाँच लेती है, बहुत है।

विश्वास : कक्का ! आपका भ्रम है कि लड़का ज्यादा पढ़ा लिखा होगा तो दहेज लगेगा। मैंने भी तो पढ़ा लिखा है, एक रुपया नहीं लूंगा दहेज के नाम का।

कक्का : बेटे, सभी लड़के एक जैसे नहीं होते हैं। तुम दहेज नहीं माँगोगे तो इसका मतलब यह नहीं कि कोई भी लड़का दहेज नहीं मांगेगा।

विश्वास : नहीं कक्का, मैंने ही नहीं बल्कि मेरे साथियों ने आदर्श न्याय युवा संघ का गठन करके कसम खायी है कि हम अपनी-अपनी शादी में दहेज नहीं लेंगे और न ही अपनी-अपनी बहनों का विवाह दहेज लेने वालों के साथ करेंगे।

[आस्था की ओर विश्वास बढ़ता है कि आस्था भी विश्वास के पास आ जाती है।]

आस्था : नमस्ते, भाई साहब।

विश्वास : (पैर छूते हुए) नमस्ते, नमस्ते।

आस्था : मै एक बात बोलूँ?

विश्वास : क्यों नहीं, एक नहीं चार बोलो।

आस्था : भैया अगर मैं भी लड़का होती तो दहेज नहीं लेती।

विश्वास : बस इतना ही बोलना है? कुछ और बोलो ना।

आस्था : (उलाहना भरे स्वर में) क्या कहूँ? जब लड़के कमा कर खिला नहीं सकते, तो शादी क्यों कराते हैं? कामचोर चुल्लू भर पानी में डूब कर मर क्यों नहीं जाते? जिंदगी भर का खर्च लड़की की पिता से लेना चाहते हैं। और बुजुर्ग इसे एक जरूरी रस्म समझते हैं।

विश्वास : आस्था तुम अभी पढ़ना चाहती हो न?

आस्था : (सकुचाते और डरते हुए) हाँ पर?

विश्वास : देखो कक्का अभी आस्था की इच्छा पढ़ने की है, और आप यह सब...।

कक्का : मगर बेटे, दिनदहाड़े पढ़ने जाती बेटियों का अपहरण हो जाता है। मेरा तो दिल डरता है– देखा नहीं? पिछले महीने कुमारी ज्योति सिंह का कैसे अपहरण हुआ था।

विश्वास : हम इस तरह के कल्पित भय से अपनी बहनों की जिंदगी को तो बर्बाद नहीं होने देंगे न?

(घोषणा पूर्ण शब्दों में) यह विवाह नहीं होगा।

रामाधीन : क्या कहते हो? यह विवाह नहीं होगा! आज मड़वा गड गया है। परसो बरात आने वाली है। देखो पंडित जी मंडप गड़ाकर इधर ही आ रहे हैं।

(पंडित जी का प्रवेश)

पंडित जी : क्या है विश्वास, आज कक्का से बहुत दरबार किया।

विश्वास : पण्डित जी, यह दरबार नहीं एक प्रार्थना कर रहा हूँ।

पंडित जी : आखिर बात क्या है?

विश्वास : बात यह है कि आस्था का विवाह अभी रोक दें।

पंडित जी : क्यों?

विश्वास : क्योंकि आस्था अभी बहुत छोटी है। और विश्वास आस्था के साथ अत्याचार नहीं देख सकता।

रामाधीन : बेटे, बारात आकर बिना विवाह के लौट कर चली जाएगी तो मेरी बहुत बदनामी होगी। मेरा मान सम्मान सब मिट्टी में मिल जाएगा।

विश्वास : (गर्म तेवर में) आप अपने मान सम्मान को मिट्टी में मिल जाने से डरते हैं। और इस मासूम की जिंदगी मिट्टी में मिल जाएगी। उसकी कोई परवाह नहीं है?

(मोबाइल निकाल कर फोन करता है।)

विश्वास : हैलो, मैं विश्वास पाण्डेय बंजारी ग्राम सुरक्षा समिति सदस्य एवं स्नातक छात्र।

(थोड़ी देर फोन पर बात चलती है।)

रामाधीन : (आवेश में आकर) पुलिस को बुलाएगा नमक हराम। मैंने तुझे अपने घर का सा बेटा माना और तूने...।

विश्वास : जब आप एक बेटे का दुलार नहीं रख सकते तो...?

(थोड़ी ठहर कर) आज तक आपने जो कहा मैंने किया। आज आपसे मैंने एक काम के लिए कहा तो इंकार कर दिया।

रामाधीन : शहर जाकर यही पढ़ा है? बड़ों से जुवान लड़ाना, बड़ों को ज्ञान देना। और बेटियों के विवाह रूकवाना।

विश्वास : मैं जा रहा हूँ, परसो फिर आऊँगा।

(पंडित जी और रामाधीन खड़े रहते हैं। विश्वास चला जाता है।)

------------------पटाक्षेप------------------

दृश्य-दूसरा

[एक सजा हुआ विशाल परिसर जिसमें मकान के सामने एक विराट मंच बना हुआ है। जिसमें अगल-बगल कुर्सियाँ पड़ी हुई है। जिन पर कुछ लोग बैठे हुए हैं। दरवाजे के ठीक सामने पंडित जी अपनी पूजा विस्तारे हुए हैं। तभी लड़के के पिता मुरारीलाल का आगमन ।]

मुरारीलाल : क्या सुन रहा हूँ? यह विवाह रोका जा रहा है?

रामाधीन : हाँ वो आस्था का भाई विवेक और विश्वास चाह रहे हैं कि यह विवाह कुछ वर्षों के लिए पिछेल दिया जाए।

मुरारीलाल : यह विश्वास कौन है?

रामाधीन : पड़ोस का एक लड़का है। शहर में पढ़ता है।

मुरारीलाल : गोलियाँ चल जाएंगी मगर बारात दुल्हन लिए बगैर वापस नहीं जाएगी। लाओ मेरी बंदूक, मैं अभी देखता हूं।

(बन्दूक लेकर कोई आता है, तभी मुंशी भानु प्रताप सिंह के साथ पुलिस चौकी प्रभारी (दरोगा) रवि सिंह का प्रवेश।)

दरोगा : मै आपको गिरफ्तार करता हूँ। (दो पुलिस आरक्षक हथकड़ी डालने का अभिनय करते हैं)

रामाधीन : नहीं साहब, मैं गाँव का जमादार हूँ। मेरी नाक कट जाएगी।

दरोगा : आप गाँव के जमादार हैं, कानून के नहीं।

(मुंशी जी रामाधीन को इशारे से अपने पास बुलाते हैं।)

मुंशी : साहब बहुत अच्छे हैं, कुछ उनका बना दो, खर्चा पानी दे दो बस। ऊपर खबर

नहीं हो पाएगी और विवाह हो जाने देंगे।

रामाधीन : बेटा, विवेक इधर आओ।

विवेक : क्यों पिता जी मैंने पहले कहा था कि बाल विवाह कानूनन अपराध है। 3 माह की कैद या 1000 रूपये का जुर्माना या दोनों हो सकते हैं लेकिन आपने मेरी सुनीं ही नहीं।

मुन्शी : वह तो है। (कुछ ठहर कर) जुर्माना तो लगेगा ही लेकिन कैद से बच सकते हो।

विवेक : वह कैसे?

मुन्शी : आपके पिताजी आपको सब बता देंगे।

रामाधीन : बेटे मेरे कमरे में बगल वाली अलमारी के ऊपर के खण्ड में कुछ रूपये रखे हैं। जा ले तो आ।

विवेक : जी, पिता जी। (इतना कहकर विवेक कमरे की ओर जाता है और रूपए लेकर तुरंत वापस आ जाता है।)

रामाधीन : (विवेक से रूपये लेकर मुन्शी जी को देते हुए) साहब यह हैं, पूरे पाँच हजार रुपए।

मुन्शी : इसमें कुछ और मिलाओ। यह तो बहुत कम हैं।

रामाधीन : साहब समझा करो।

मुन्शी : अच्छा ठीक है। दो-चार हजार और निकाल दें।

रामाधीन : यह है साहब डेढ़ हजार रुपए बस।

(पुलिस चौकी प्रभारी के पास जाकर मुन्शी कहता है)

मुन्शी : साहब जमादार अपने आदमी है।

दरोगा : ठीक है तो।

मुन्शी : (रामाधीन की ओर मुँह करके) हमारे साहब बहुत अच्छे हैं। उन्हें अपने और गरीबों की अच्छे से पहचान है। तभी तो विवाह हो जाने दे रहे हैं। कोई और होता तो उससे दस हजार से एक रूपया कम न लेते।

(विश्वास पाण्डेय का प्रवेश)

विश्वास पाण्डेय : दरोगा जी आप रिश्वत ले रहे हैं?

दरोगा : नहीं, यह रिश्वत थोड़ा है, जमादार ने उपहार दिया है। उपहार ; गाँव के जमादार हैं ना। (दरोगा हंसता है)

विश्वास पाण्डेय : बाल विवाह अवरोध अधिनियम 1929 एवं 1986 के अनुसार बाल-

विवाह कानूनी और नैतिक अपराध है। और इस वर्ष तो शासन-प्रशासन के द्वारा बाल विवाह विरोध अभियान चलाया जा रहा है।

दरोगा : (गर्म पड़कर) यह मुझे बताता है ; एक मामूली-सा ग्राम सुरक्षा समिति सदस्य। तू यह भूल गया है कि तुझे मैंने ही नियुक्त किया है।

विश्वास पाण्डेय : शर्म तो इसी बात की है कि मुझे आप जैसे भ्रष्ट दरोगा के अधीन कार्य करना पड़ रहा है। पर मैंने जिस कागज पर हस्ताक्षर किए थे। उसमें जो लिखा था। वह मैं नहीं भूला हूँ।

दरोगा : ले यह पाँच सौ रुपए और भूल जा वह सब।

विश्वास पाण्डेय : नहीं, यह रुपए आपको ही मुबारक हो। मैं तो चला। इन रुपयों से ज्यादा कीमती है, मेरी बहिन की जिंदगी।

------------------------पटाक्षेप--------------------

दृश्य – तीसरा

[आँगन में मंडप के नीचे एक ओर पंडित जी वैवाहिक पूजन कार्य करा रहे हैं। कभी-कभी मंत्रोच्चार का स्वर तेज हो जाता है। दूसरी तरफ दरोगा जी चारपाई में बैठे मदिरा पान कर रहे हैं। नेपथ्य से मंद-मंद स्वर में यह गीत सुनाई दे रहा है।]

गीत

बाल विवाह रोकवे को, चालू भओ अभियान।

पुलिस-प्रशासन दौर-दौर के, रई ब्यावन खों छान।।

रात-दुपरिया एक तकैं न, गाँव गाँव रये घूम।

ओई घरै जे पोंच जात है, जहाँ ब्याव की धूम।।

बिटिया अठरा साल की, लड़का होय इक्कीस।

जो ई में कऊँ कमी पाई ता, पुलिस चढ़ाओ फीस।।

ब्याज में मुर्गा बुकरा चाने, और दारू की धार।

इतने से बस काम चले न, संग में पाँच हजार।

संग में पाँच हजार, ऐसो पुलिस प्रशासन नीको।

जो 'प्रकाश' कानून टोरने, इनसे जाके सीखो।

(जैसे ही गीत पूरा होता है। दरोगा जी इशारे से गायक को बुलाते हैं।)

दरोगा : इधर आ। ऐ क्या गा रहा है?

गायक : साहब कुछ नहीं। ऐं लुकी-छिपी गा रहा हूँ।

दरोगा : लुकी-छिपी?

गायक : हाँ साहब! जीवन का सत्य।

(थोड़ी देर ठहर कर) साहब 21 साल से कम उम्र के लड़कों की शादी आप रूकवाते हैं तो 21 साल से अधिक उम्र के लड़कों की शादी कराते क्यों नहीं हो? साहब मैं पूरे 27 साल का हूँ।

मुन्शी : दारू के नशे में 17 का साल का लड़का भी 21 साल का दिखता है।

(सभी ठहाका मार के हंसते हैं)

[तभी विश्वास पाण्डेय के साथ एसडीओपी श्रद्धा सोनी एवं पुलिस इंस्पेक्टर धीरज पाण्डेय का प्रवेश]

दरोगा : (सलूट करते हुए) आ..प...आप एसडीओपी!

श्रद्धा सोनी : हाँ मैं एसडीओपी श्रद्धा सोनी।

दरोगा : (डरते हुए) आप, आप।

श्रद्धा : हाँ जहाँ विश्वास होगा, वहाँ श्रद्धा तो आएगी ही।

श्रद्धा : (इंस्पेक्टर धीरज पाण्डेय को आदेशित करते हुए) इंस्पेक्टर धीरज पाण्डेय गिरफ्तार कर लो इन्हें।

रामाधीन : मैडम जी सुनिए तो ...

श्रद्धा : मुझे कुछ नहीं सुनना। आप लोग जेल चलिए, कोर्ट में बोलना जो कुछ बोलना हो।

(पंडित जी अपना थैला उठाकर चलने को तैयार होते हैं तभी)

श्रद्धा : पंडित जी आप कहाँ चले? रूको।

पंडित जी : मैं क्यूं भला?

श्रद्धा : क्योंकि तुमने विवाह को गुड्डा- गुड्डी का खेल समझ रखा है।

पंडित जी : मेरा क्या दोष है? यजमान लिवा लाया मैंने विवाह पढ़ दिया।

विश्वास : दोष है। तुम भी चाहते हो, यजमान शादी जल्दी कर लें।

पंडित जी : मैं भला ऐसा क्यूं करूँगा? आज विवाह पढ़ रहा हूँ, आज दक्षिणा मिलेगी।

कल विवाह पढ़ूँगा, कल दक्षिणा मिलेगी।

विश्वास : मगर, दीदी। पंडित जी को डर रहता है कि जो आज मेरा जजमान है। कल किसी और का न हो जाए।

श्रद्धा : क्या यहां के लोग बेपेंदी के लोटे की तरह है? जब चाहे लुढ़क जाएं, क्या ये लोग श्री रामचरित मानस नहीं पढ़ते?

विश्वास : सिर्फ पढ़ते हैं, समझते नहीं।

पंडित जी : लिखी लिखाई पुस्तक को पढ़त सकल जहान।

यों भूखत रहत है, ज्यों कार्तिक का श्वान।

श्रद्धा : क्यों पटेल जी ! श्री रामचरित मानस के किसी पात्र ने देवताओं या राक्षसों ने अपने गुरु और पुरोहित को बदला है?

रामाधीन : नहीं।

श्रद्धा : नहीं, तो फिर आप लोग क्यों बदलते हो?

विश्वास : पंडित जी आप समाज को यजमान को तरह-तरह का धार्मिक ज्ञान देते हैं! किन्तु कुछ पहेलूयों को क्यों छोड़ देते हैं- जैसा कि बाल विवाह अपराध है। आप यजमान को नहीं बताते हो।

श्रद्धा : (चारों ओर देखकर)- ग्राम सुरक्षा समिति का कैप्टन (अध्यक्ष) कौन है?

विश्वास : खूँखार सिंह।

श्रद्धा : नाम तो.....(थोड़ा रुककर, बात को मोड़ देते हुए) वो कहाँ हैं?

विश्वास : वो गाँव से बाहर चले गए हैं, ताकि यह विवाह हो जाए। क्योंकि खूँखार सिंह जमादार कक्का के खास आदमी हैं।

श्रद्धा : कक्का के वो सच्चे मित्र नहीं है, अपितु शत्रु हैं। सच्चे मित्र तो विश्वास भैया हैं। जिन्होंने कक्का के साथ संबंध बिगड़ जाएंगे कि परवाह नहीं की और अपने कर्तव्य का पालन करते हुए, अपने कक्का का हित किया।

श्रद्धा : विश्वास भैया, आज से तुम ग्राम सुरक्षा समिति के कैप्टन हो।

विश्वास : जी दीदी।

श्रद्धा : यहाँ पर कोई डॉक्टर है?

विश्वास : हाँ (मंच पर से आवाज देते हुए, मंच के नीचे झाँक कर) प्रबुद्ध सिंह डॉक्टर साहब यहां पर आइए।

(दूर जनता के बीच में बैठे, प्रबुद्ध सिंह को विश्वास उठाकर लाता है।)

डॉक्टर : नमस्ते !

श्रद्धा : नमस्कार। आप इन्हें बताइए कि बाल विवाह से क्या और कितने नुकसान होते हैं।

डॉक्टर : जी। (जनता की ओर मुंह करके)

बाल विवाह होने से कम उम्र में माँ बनने से मानसिक तनाव, शारीरिक क्षमता का ह्रास, प्रदर एवं मासिक धर्म संबंधी अनेक रोग हो जाते हैं। यहाँ तक कि जच्चा-बच्चा को जान तक का खतरा रहता है। और लड़के के कम उम्र में पिता बनने से परिवारिक जिम्मेदारियों का सामना करना पड़ता है, जिससे उसका विकास रुक जाता है।

विश्वास : कम उम्र की माँ से जन्म लेने वाला बच्चा भी कमजोर होता है।

डॉक्टर : हाँ वह अपना और अपने देश का समुचित विकास नहीं कर सकता है।

श्रद्धा : सुना, आपने? बाल विवाह से कितने नुकसान होते हैं? फिर भी आप यह अपराध करते हैं। आखिर क्यों? हम पर भरोसा नहीं? दिनदहाड़े अपहरण होते हैं ना। अपहरण के लिए हमसे ज्यादा तो आप जिम्मेदार हैं जो उनका साथ देते हैं, उनसे डरते हैं।

विश्वास : आप हमारा और दीदी जी का साथ दीजिए। फिर देखिए, आतंक का कैसे अंत होता है।

श्रद्धा : मैं भी तो लड़की हूँ। मैंने भी पढ़ा है, नौकरी करती हूँ। मेरा तो अपहरण नहीं हुआ?

विश्वास : और जब आतंकवादियों को अपहरण करने ही होंगे तो शादीशुदा और अनपढ़ का भी तो अपहरण कर लेंगे।

श्रद्धा : लड़की व लड़के के पिता एवं पंडित जी और नाई को जेल हुई है। इसका मतलब यह नहीं है कि आप बराती एवं घराती ग्रामवासी अपराधी नहीं हैं।

विश्वास : आप भी अपराधी हैं, मगर ...

श्रद्धा : मगर, सरकार के पास अभी इतनी बड़ी जेल नहीं है कि आप सबको जेल में रखा जा सके। लेकिन जल्दी आप सबके लिए यह व्यवस्था होगी।

रामाधीन : हमारी रिहाई के बाद तो शादी इन्हीं के साथ होगी ना।

श्रद्धा : नहीं, यह जरूरी नहीं है। इसका निर्णय आस्था से पूछ कर किया जाएगा।

रामाधीन : (हाथ जोड़कर) सुनिए तो..।

श्रद्धा : मुझे कुछ नहीं सुनना है।

(आस्था को पास बुलाकर)

श्रद्धा : क्यों तुम पढ़ना चाहती हो न?

आस्था : हाँ।

श्रद्धा : विश्वास भैया कल से आस्था को विद्यालय पढ़ने के लिए भेजना।

विश्वास : जी, दीदी।

(इंस्पेक्टर धीरज पाण्डेय, दरोगा के हाथों में और दो पुलिस वाले लड़की व लड़के के पिता एवं पंडित जी और नाई के हाथों में हथकड़ी लगाते हैं।)

-----------परदा गिरता है। ---------

राधा शर्मा

जन्मतिथि	:	22 मार्च 1975
पिता	:	श्री नरेन्द्र कुमार जैन
माता	:	सुमन-लता
पति	:	दीपक शर्मा
शिक्षा	:	हिन्दी/ संस्कत में स्नातक, शिक्षा शास्त्री एवं नेट परीक्षा में उत्तीर्ण
सम्प्रति	:	शिक्षिका(पिछले 16 वर्शों से षिक्षिका के पद पर कार्यरत)
विद्यालय	:	अर्वाचीन इंटरनेशनल स्कूल, दिलशाद -गार्डन, दिल्ली
दूरभाष	:	9873575999
लेखन विधा	:	कविताएँ एवं लेख आलेख, कहानी
प्रकाशित कृतियाँ	:	भाषा सहोदरी द्वारा प्रकाशित साझा काव्य संकलन 'सोपान-7' में रचनाएं प्रकाशित। प्राची डिजिटल पब्लिकेशन द्वारा प्रकाशित साझा काव्य संकलन 'नारी तू अपराजिता' में रचनाएं प्रकाशित।
सम्मान	:	भाषा सहोदरी द्वारा प्रकाशित रचनाओं हेतु सम्मान पत्र। दसवीं कक्षा में संस्कृत भाषा के अन्तर्गत उत्तम परीक्षा परिणाम हेतु भूतपूर्व शिक्षा मंत्री स्मृति ईरानी द्वारा प्रशंसा पत्र। संस्कृत भाषा के प्रचार-प्रसार हेतु रचना सागर प्राईवेट लिमिटेड द्वारा प्रशंसा पत्र। प्राची डिजिटल पब्लिकेशन द्वारा प्रकाशित पुस्तक 'नारी तू अपराजिता' में प्रकाशित रचनाओं हेतु सम्मानपत्र।

बचपन

एकांत में रहना, अक्सर मुझको है भाता।
और यादों का जरा, जैसे लौट आता।।
वो याद आता मुझको, बचपन मेरा सुहाना।
स्कूल न जाना और वो बहाने बनाना।।
भरी दोपहरी में, मार के पत्थर आम तोड़ना।
कभी पिठु-गरम तो कभी छुपा-छुप्पी खेलना।।
लड़के और लड़कियों में अजब सा याराना था।
न डर किसी बात का, वेपरवाह ज़माना था।।
बिखरे पड़े थे रिश्ते चारों तरफ इस कदर।
कही कोई गैर न था, शहर हो या नगर।।
बचपन को याद करते-करते टूटा सपना।
अब ये हाल है, नहीं है कोई यहाँ अपना।।
बचपन मेरा था, खूबसूरत इतना।
सागर में पानी गहरा है जितना।।
काश! बचपन को, मैं फिर से जी पाता।
सारी यादों को संजोकर, संग अपने रखता।।
सच में वो अल्लड़पन, फिर से मिल जाए।
बस एक बार, मुझे मेरा बचपन मिल जाए।।

© राधा शर्मा

होली के रंग पिया संग

आसमाँ में आज, उड़ा है रंग गुलाल।
छूकर गालों को मेरे, कर गया लाल।।

इन रंगों में रंगी, बाट जोह रही आज तुम्हारी।
बदरंग तुम बिन फाल्गुन, तुमने नींद चुराई हमारी।।

फाल्गुन में निकली, मतवालों की टोली।
मैं तो खेलूँ तुम संग, प्यार की होली।।

चढ़े न मुझ पर कोई हरा, गुलाबी, पीला रंग।
प्यार के रंग में रंगा, मनवा और मेरा अंग अंग।।

होली में तुम सब, खेलूँ आँख मिचैली।
तुम बन जाओ कान्हा, मैं भी राधा सी हो ली।।

राधाकृष्ण सा प्रेम रचकर, मेरे हमजोली।
आओ खेले संग-संग अबके बरस ये होली।।

© राधा शर्मा

खूबसूरत लम्हें

खुली आँखों से रोज देखती हूँ इक सपना।
सुंदर सा घर हो, संग हो साथ सजना।।

यूँ बैठे हम, खुले आसमाँ के नीचे।
थाम के हाथ, छोड़ सुख दुख पीछे।।

दिन भर की बातें, हम सांझा करें।
न दिल दुखे इक दूजे का ध्यान धरे।।

फिर चाय की प्याली के संग, प्यार भरी बातें करें।
ढलती शाम के साथ, उन बीते लम्हें याद करें।

यादों के समंदर में हम, कुछ इस कदर खो जाए।
रखें सिर गोद में उनके, दुनियाँ के गम भूल जाए।।

इस तरह बीत जाए जिंदगी के ये खूबसूरत लम्हें अपने।
कोई न तोड़ सकें, हमारे ये खुशनुमा हसीन सपने।।

जिन्हें देखती हूँ, अक्सर मैं, सुबह और साँझ।
वो सपने सच ही होंगे यही है दिल की आवाज।।

© राधा शर्मा

माँ

माँ, खुदा की बनाई हुई वो मूर्ति है।
जिसके सजदे में, नजरें मेरी झुकती हैं।।

कितने कष्टों को सहकर, कोख में रखा मुझको।
पाला पोसा और संस्कारो में, ढ़ाला है मुझको।।

माँ की, हर इक बात निराली होती है।
जिसमें जीने की सच्ची सीख होती है।।

धैर्य और करुणा का पाठ पढ़ाती।
परछाई बनकर संग हमेशा रहती।।

आंख में आंसू का कतरा न आने देती है।
हर सपनें को पूरा कर ही दम लेती है।।

गर लग जाए ठोकर मुझको, तो भी माँ रो पड़ती है।
पराई हो जाएगी बिटिया, यह सोचकर कितना डरती है।।

माँ तुम कुछ ऐसा कर दो रीत बदल दो यह पुरानी।
कोई जुदा न कर सकै बेटी को जब वो हो जाए सयानी।।

माँ क्या तारीफ करूँ तेरी, हर बार निशब्द हो जाती हूँ।
शब्दकोश बहुत देखे, किंतु शब्दों का अभाव मैं पाती हूँ।।

माँ मेरी धडकन है, मेरे दिल में रहती है।
सच कहूँ माँ जेसा कोई नहीं इस जहाँ में पाती हूँ।।

माँ, सच मे खुदा की वो नियामत होती है।
जिसके सजदे मैं, नजरें मेरी झुकती हैं।।

© राधा शर्मा

बदलता मंजर

मौत का मंजर फैला है, मेरे शहर में।
हर गली, कूचे, नगर और महल में। ।
मंडराने लगे हैं, चारों तरफ मौत के साए।
रोते बिलखते लोग, सुनाई देती है आहें। ।
भूल गए सब धर्म, जाति और मजहब का नाता।
जो बचा ले जॉ, आज वही उनका विधाता। ।
हालात, मेरे शहर के इस कदर बदल गए।
अपनों के भी चेहरे, पल भर में यूँ बदल गए।
हाल पूछना तो बड़ी बात हो गई, दोस्त मेरे
नजर मिलाने से भी डरने लगे हितैषी मेरे। ।
घर से बाहर निकलने से भी लगने लगा है डर।
मौत का खेल निराला, कब न जाए हम मर। ।
अजीब सी दहशत सताने लगी अब तो हर दम।
हौसले भी परास्त हों गए, चारों तरफ फैला है गम। ।
आदमी, आदमी से इस कदर डरने लगा।
पराए तो दूर अपनों से भी नजरे फेरने लगा।
क्या था, क्या हो गया, देखो मेरा शहर।
जिंदगी की भागम-भाग में, थोड़ा तो ठहर। ।
मत घबरा इतना, मौत के खौफ से तू आज।
मौत को भी तू मात देगा जगा इतना विश्वास। ।
मौत के बादल छट जाएँगे, दिखने लगेगा गगन।
खुशियों बिखेरता फिर मुस्कुरागा मेरा चमन। ।
फूलों की बगिया खिल उठेगी, मेरे शहर में।
हर गली, कूचे, नगर और महल में। ।

© राधा शर्मा

शिक्षक

गुरु मिल जाए सबको, बचपन में यदि अच्छा।
तो देश का निर्माण कर सकता है हर बच्चा।।

बच्चे तो सभी होते हैं, कच्ची माटी समान।
संस्कारों की नींव देते है, शिक्षक रुपी भगवान।।

बच्चे तो मासूमियत की खूबसूरत होते हैं, मिसाल।
सच्चाई के साँचे में ढालते, शिक्षक होते बेमिसाल।।

सदा देने को सर्वस्व अपना रहते हैं, शिक्षक तैयार एकदम।
अहर्निश बच्चों का करते पथ-प्रदर्शक, छोड़ के विश्राम हरदम।।

शिक्षक करता नहीं भेदभाव, हर बच्चा उसके लिए अपना।
जिंदगी में उससे भी आगे बढ़े, देखे केवल ये छोटा सा सपना।।

शिक्षक सदा ज्ञान रुपी प्रकाश पुंज सर्वत्र फैलाता।
रोशन कर जीवन को, अज्ञानता का तम भगाता।।

शिक्षक का न है कोई मोल, शिक्षक तो है अनमोल।
शिक्षक तो शिक्षक है, पैसे में न हो उसको तोल।।

© राधा शर्मा

योग शैली

योगा को हम अपनी, जीवन-शैली में अपनाएँ।
आओ मिलकर, हम सब योग-दिवस मनाएँ।।
योग विद्या, हमारी है, भारतीय परंपरा।
प्रातः उठ, योगा कर, फिर देख जरा।।
योग से हो जाएगी, सुख और समृद्धि।
और हो जाएगी, आयु में भी वृद्धि।।
योग करने से चेहरे पर आ जाएगा नूर।
हर बीमारी को जड़ से भगा देगा अति-दूर।।
योग से हो जाएगी, तन मन की शुद्धि।
कहते विद्व-जन, बढ़ जाएगी बुद्धि।।
योग प्रतिदिन जो मानव करता है।
किसी बीमारी से, वो न डरता है।।
कहते जिसको साँस लेने में अक्सर दिक्कत आती।
कर ले वो, अनुलोम विलोम और कपालभाती।।
बीमारी उससे छू मंतर हो जाती।
कभी न उसके पास फिर वो आती।।
सूर्य नमस्कार ऐसा है अद्भुत योग।।
जिसने किया वही, देह सुख रहा भोग।।
करोनो हो या हो कोई महामारी।
योग के आगे, हर कोई हारी।।
तो आओ मिलकर हम सब प्रण करें।
नित्य हम सब योग करें, योग करें।।

© राधा शर्मा

ज़िंदगी

ज़िंदगी थी क्या कभी, आज क्या हो गई?
बदलते वक्त के साथ धुआँ धुआँ हो गई।।
कभी चाह थी, खुद को सँजने सँवारने की।
घंटों तक अपने को आइने में निहारने की।।
गरुर था अपनी खूबसूरती का इस कदर।
ज़माने का जब कहाँ था किसी को डर।।
देखो, वक्त की बदली इस कदर चाल को।
भला कौन समझ पाया ईश्वर की मार को।।
आज खो गए शौक जिम्मेदारियों के साथ।
ख्वाहिशें भी होती है नहीं कुछ याद।।
जीने के लिए करना पड़ता है दिन-रात।
क्या करें अब कुछ भी नहीं है अपने हाथ।।
मगर दिल में इक गूंजती आवाज़ है।
जिसे मैंने चाहा, वो मेरे पास है।।
क्या कहूँ, वही मेरा संगीत, सुर और साज़ है।
ज़िंदगी तुझसे कोई गिला नहीं, बल्कि नाज़ है।।
ये तो सबके अपने सोचने का नज़रिया है।
पैसा ही क्या, खुशियाँ पाने का ज़रिया है।।
इन हाथों को जोड़कर शुक्रिया अदा करती हूँ तेरा।
अब चाह नहीं कोई खुशियों से दामन भर दिया मेरा।।

© राधा शर्मा

पच्चीसवीं सालगिरह

शादी के पच्चीस सालों का हमारा तुम्हारा साथ।

जैसे लगा, कल ही तो थामा था, तुमने मेरा हाथ।।

आज सुबह, जब किसी ने फोन पर बधाई दी हमें।

शादी की पच्चीसवीं सालगिरह मुबारक हो तुम्हें।।

तो सुनकर, कुछ हैरान से हम हो गए।

बेखबर से हम, दिन कैसे पखेरु हा गए।।

याद है मुझको, आज भी पहली मुलाकात की हर बात।

शरमाकर, नज़रें झुकाकर, वो चाय की प्याली का साथ।।

क्या खूबसूरत था, वो ढलते सूरज का रंग।

जब बन्धन में बँध गई थी, मैं तुम्हारे संग।।

विवाह के पवित्र बंधन का रखा सम्मान हमने।

रखा ख्याल एक दूसरे का, सच कर दिए सपने।।

सपने हकीकत में बदलते चले गए, सारे के सारे।

गुमा ही नहीं हुआ, कब बीत गए चौबीस साल हमारे।।

हर पल, हर लम्हा, तुम्हारे संग यूँही जाए बीत।

तुम हमारा, हम तुम्हारा ख्याल रखें सदा मनमीत।।

ये सच है, कि सागर की गहराईयों में छुपा होता है सीप।

हमनें तो किस्मत की लकीरों से चुराया है, तुमको दीप।।

दीप की तरह नाम, तुमने अपना सार्थक है बनाया।

रोशन कर जीवन मेरा, अपनी जीवनसंगिनी बनाया।।

© राधा शर्मा

रोहित मिश्रा

जन्म तिथि	:	27 जुलाई 1995
जन्म स्थान	:	दिल्ली
पिता	:	श्री महेश्वर मिश्रा
माता	:	श्रीमती संजू मिश्रा
कार्य	:	फ्रीलांस पत्रकार, डिजिटल मार्केटर
लेखन विधा	:	सामाजिक, व्यंग, प्रेम-कहानी, थ्रिलर
प्रकाशित कृतियाँ	:	2 रचनाए अभी लंबित है। (एक दिन की प्रेमिका, सिमरिया घाट पर प्रेम)
पता	:	आर-जेड 43, गली संख्या 2, न्यादर एन्क्लेव, विकास नगर, नई दिल्ली-110059
ईमेल	:	rmrohitmishra551@gmail.com
दूरभाष	:	+91-9555940783

समाज-विहीन

"अरे साहब, जाने भी दीजिये ना ! ! आप हर बार यही बात दोहराते है लेकिन बाद में जाने भी देते है !", सत्येन्द्रनाथ गांगुली झुंझलाते हुए केंद्रीय कारागाह के दरबान से कहता है।

"गांगुली बाबू! मैंने भी आपको कितनी बार यहाँ आने से मना किया है लेकिन आप हर बार यहाँ आ जाते है। ये जेल है गांगुली बाबू जेल! ये कोई आपका कॉलेज नहीं है जहाँ जब आपका मन करें और आप आ जाए कलम-कॉपी लेकर! थोडा समझा कीजिये!", दरबान किसी तरह कोशिश करता है कि सत्येन्द्रनाथ आज जेल के भीतर जाने की जिद् त्याग दें। लेकिन दरबान को भी पता था कि ये व्यक्ति मानेगा नहीं और अन्दर जाने के बाद ही शांत होगा।

ऐसा नहीं था कि सत्येन्द्रनाथ को जेल में रहने का कोई शौक था या कोई उसका कोई परिचित जिससे मिलने की वह जिद् कर रहा हो। दरअसल, सत्येन्द्रनाथ गांगुली अपने शोध कार्य हेतु जेल में जाया करता है। उसके पास ऐसा करने के लिए पर्याप्त अनुमतियाँ भी मौजूद थीं लेकिन उसकी एक आदत थी कि वह तय समय सीमा से अधिक देर अन्दर रह जाता था। यह खबर बडे अधिकारियों को न पता चले इसीलिए उसे अक्सर अन्दर जाने से रोका जाता था।

सत्येन्द्रनाथ गांगुली वास्तव में कलकत्ता विश्वविद्यालय के मनोविज्ञान विभाग का वरिष्ठ प्राध्यापक था। उम्र के 40 से ज्यादा सावन देखने के बाद भी आज भी उसमे पढ़ने और शोध करने की वही लालसा बनी रहती है जो किसी नए विद्यार्थी में होती है। सत्येन्द्र बहुत ही विद्वान था। उसने कई विषयों जैसे कि इतिहास, राजनितिक शास्त्र, मनोविज्ञान शास्त्र, इत्यादि में स्नातकोत्तर और पीएचडी की उपाधि धारण की हुई थी। कलकत्ता स्थित दम-दम जेल में भी उसका आना-जाना अपने मनोविज्ञान के शोध से जुड़ा हुआ था। वह अपराधियों की मानसिकता का अध्ययन कर रहा था। अब राह चलते अपराधियों पर तो किसी भी तरह का शोध किया जाना संभव तो नहीं था इसीलिए सत्येन्द्रनाथ ने दम-दम जेल को अपने शोध का केंद्र बनाया था।

सत्येन्द्र ने अब तक कई कैदियों की मानसिकता को समझ कर अपने शोध का हिस्सा बना लिया था। उसके लिए वे सभी सिर्फ उसके विषय का हिस्सा मात्र ही थे। उसने केवल अपराधियों की मानसिकता को समझने के लिए कई खूंखार कैदियों से बातचीत की और उसे

अपने शोध के लिए बहुत से अच्छे नतीजे मिले थे। लेकिन उसकी शोध में उसे अभी भी एक चीज की कमी लग रही थी और वह थी किसी महिला अपराधी का साक्षात्कार! सत्येन्द्र को सिर्फ पुरूष अपराधियों पर शोध किए जाने का अधिकार प्राप्त हुआ था। महिलाओं के लिए एक अलग सुरक्षित जेल का प्रबंध था जहाँ किसी असंबंधित पुरुष का जाना वर्जित था। पर सत्येन्द्र के साथ भी एक समस्या थी और वह यह थी कि उसे जो कार्य मना किया जाए वो करने में अधिक आनंद आता था। यही कारण था कि उसने किसी भी तरह से एक महिला अपराधी का साक्षात्कार करने का मन बना लिया था। और आज वह इसी लिए जेल में आया था।

हालांकि उसे किसी महिला अपराधी से मिलने के लिए महिला कारागार में जाने की अनुमति नहीं मिली थी लेकिन उसने किसी तरह से किसी भी एक महिला अपराधी को जेलर साहब के ऑफिस में बुलाये जाने का अधिकार मिल गया था। सत्येन्द्र भागते हुए जेलर साहब के ऑफिस पंहुचा। वहां पहले से जेल वार्डन और जेलर साहब उसका इंतजार कर रहे थे।

"बहुत देर कर दिए गांगुली दादा! कहाँ रास्ता भटक गए थे?", कहते हुए जेलर साहब से सत्येन्द्र को थोडा चिढाने का प्रयास किया।

"कुछ नहीं साहब! आज बच्चों के स्कूल जाना पड़ गया इसीलिए थोडा आने में देरी हुई!", सत्येन्द्र ने जेलर के प्रश्न का उत्तर हाँफते हुए दिया।

"अरे आप बैठिये आराम से! कुछ खाना हो तो जरुर कहिये, बडे ही भाग्य से जेल की रोटी-पानी किस्मत में आती है!", कहते हुए जेलर जोर से ठहाका लगा देता है। सत्येन्द्र बिना कोई उत्तर दिए कुर्सी पर बैठ जाता है। जेलर के कक्ष में महिला जेल वार्डन भी मौजूद थी। सत्येन्द्र महिला जेल वार्डन के हाथ में मौजूद फाइल को देखकर सवाल करता है।

"क्या ये वही सूची है जिसे आप दिखा कर महिला अपराधी का चयन कराने वाली थी?"

जेल वार्डन ने हाँ में सिर हिलाते हुए, अपने हाथ की फाइल सत्येन्द्र को सौंप देती है और कहती है, "जल्दी से पढ़ लिजिए और मुझे सूचित कर दें, मै किसी को भी सिर्फ 45 मिनट के लिए यहाँ पर रोक सकती हूँ! आपको जो सवाल करने है आपको उसी 45 मिनट के दौरान ही पूछने होंगे!"

सत्येन्द्र भी जेल वार्डन की बात से सहमति जताते हुए कहता है, "ठीक है मेम साहब! जैसा आप कहें! सत्येन्द्र फाइल के पन्नो को पलटना शुरू करता और वह लगभग सभी

महिला अपराधी के अपराधिक इतिहास में ऐसा कुछ नहीं प्राप्त करता जो उसके शोध में कुछ अच्छा जोड़ पाएं। वह अपनी इस व्यथा को जेलर और जेल वार्डन को बताता है। जेलर तो इस विषय में सत्येन्द्र की अन्य किसी सहायता से स्पष्ट मना कर देता है। लेकिन जेल वार्डन तपाक से सत्येन्द्र से कहती है, "एक कैदी है, नई आई है जेल में! एक वीभत्स हत्याकांड के मामले में उसे उम्रकैद की सजा सुनाई गई है। लेकिन उसके रूप को देखकर आप यह अंदाजा नहीं लगा सकते कि ये इतना भयावह हत्याकांड के विषय में सोच भी सकती है। कहिये तो उसे यहाँ बुलावा भेज सकती हूँ, पर वह इस विषय पर किसी से बात नहीं करती है। देखो कहीं से आप से ही कर लें। "

जेल वार्डन की बातें सुनकर सत्येन्द्र की आंखें चमक उठती है और वहीं जेलर साहब की आँखें क्रोध से रक्त जैसी लाल हो रही थी। लेकिन जेलर ने अपने हृदय में शान्ति का ही भाव रखते हुए और बिना सत्येन्द्र की राय जाने जेल वार्डन को उसे यहाँ लाने की अनुमति प्रदान कर दी। सत्येन्द्र ने जेल वार्डन के जाने के बाद जेलर से पूछा!

"आपने मेरे से मेरी राय जाने बिना ही उसे यहाँ बुला लिया?"

"देखिये सत्येन्द्र बाबू! इसमें दो बातें है, पहली की आपको अपना शोध पूरा करने के लिए एक महिला अपराधी की आवश्यकता है और उसे मैंने पूरा करने में आपकी मदद कर रहा हूँ। और दूसरी बात मै ये मदद इसीलिए कर रहा हूँ क्यूंकि मैं आपके स्वभाव से भली-भांति परिचित हूँ। अगर मैंने आपको मना किया तो भी आप जैसे-तैसे मुझसे अपनी बात मनवा ही लेंगे। वार्डन की सुनने के बाद आपकी आँखों में जन्मे कौतूहल को मैंने भांप लिया और इसलिए उसको यहाँ बुलावा भिजवा दिया है"। जेलर ने एक ही सांस में सत्येन्द्रनाथ पर अपनी बातों की मिसाइल लांच कर दी।

सत्येन्द्र ने जेलर की इस बात का जवाब बस एक मुस्कान-मात्र से ही दिया। जेलर अपनी कुर्सी से उठकर कहीं चला गया और उसने जाते-जाते सत्येन्द्र को उस महिला अपराधी का साक्षात्कार केवल महिला वार्डन की मौजूदगी में ही किए जाने की चेतावनी भी दे दी। और यह सही भी था क्यूंकि सत्येन्द्र को पहले से नियम के विरुद्ध जाकर इस तरह के महिला अपराधी से मिलने की व्यस्था की गई थी। अब ऊपर से उसे महिला से अकेले में साक्षात्कार की अनुमति देकर जेलर किसी भी तरह से आरोप-प्रत्यारोप में नहीं पड़ना चाहता था।

लगभग कोई पंद्रह-बीस मिनट बाद जेल वार्डन आई और उसके पीछे-पीछे वह महिला अपराधी भी आई। जेल वार्डन ने अपनी कुर्सी पकड़ी और सत्येन्द्र को उसके पैंतालिस

मिनटों के इंटरव्यू का ध्यान दिला दिया था। सत्येन्द्र ने उस महिला को देखा और वाकई में भौंचका रह गया था। ये महिला अपराधी की उम्र लगभग 28 वर्ष की थी और वह बहुत ही रूपवान भी थी। उसके रूप को देखकर यह कह पाना बहुत ही मुश्किल और असंभव प्रतीत हो रहा था कि वह यहाँ पर किसी हत्याकांड में उम्रकैद की सजा काटने वाली है। खैर, सत्येन्द्र ने कुछ भी खुद भांपने और अंदाज़ा लगाने से बेहतर उससे स्वयं यह सब पूछना ही उचित समझा और उसने अपना साक्षात्कार का कार्यक्रम आरम्भ कर दिया।

"आपको देखकर लगता नहीं है कि आप यहाँ पर भी हो सकती है! आपका नाम क्या है?, कहते हुए सत्येन्द्र ने अपना सवाल पूछा। उस लड़की ने सत्येन्द्र के सवाल का कोई जवाब नहीं दिया। सत्येन्द्र को इस तरह के रवैये की आदत थी और वह जानता था की उसे कैसे बोलने पर मजबूर किया जा सकता है। सत्येन्द्र ने स्पष्ट रूप से उसे उकसाते हुए कहा।

"देखो! मै यहाँ के विश्वविद्यालय का एक प्राध्यापक हूँ, कोई पत्रकार नहीं हूँ। मै तुम्हारे साथ की गई बातचीत को पढ़ने के विषय में इस्तेमाल करने वाला हूँ। तुम्हारे बताए गये अनुभव से शायद तुम्हारा तो नहीं लेकिन और भी बहुत लड़कियों का भला हो सकता है। ज्यादा नहीं तो किसी और लड़की को अपने जैसे हालत में पहुचने से तो रोक ही सकती हो तुम!

वह लड़की फिर भी कुछ नहीं कहती और लगभग शांत ही रहती है। सत्येन्द्र थोड़ा परेशान होकर साक्षात्कार समाप्त करने का सोचकर उठने लगता है। "अनामिका! अनामिका कौर, नाम है मेरा!", कहते हुए वो लड़की सत्येन्द्र को जवाब देती है। वहीं बैठी जेल वार्डन थोड़ी अचंभित हो जाती है और हो भी क्यूँ ना? इस लड़की ने आज पहली दफा कुछ बोला है। सत्येन्द्र की आँखों से उसकी कौतूहलता स्पष्ट नजर आ रही थी।

"कौर! मतलब पंजाब से हो? यहाँ बंगाल की जेल में कैसे? और तुम इतनी रूपवान हो और पढ़ी-लिखी भी दिख रही हो! कैसे? कैसे पहुंची इस जेल में?, सत्येन्द्र अनामिका से कुछ सीधे-सीधे सवाल करता है। अनामिका उसे जवाब देती हुई कहती है।

"हाँ! मै पंजाब से हूँ!, और अनामिका इसके बाद लगभग डेढ़ घंटे तक अपनी पूरी कहानी सत्येन्द्र को सुनाती रही और वो लिखता रहा। सत्येन्द्र को अपनी पूरी कहानी सुनाने के बाद अनामिका फूट फूटकर रोने लगी। उसके रोने से ऐसा प्रतीत हो रहा था कि वह एक लम्बे अरसे अपने अन्दर एक दर्द को समेटे बैठी थी जो अब आंसू बनकर बाहर आने लग गए थे। उसकी व्यथा को सुनकर खुद सत्येन्द्र का मन विचलित हो उठा और जेल वार्डन तो

अनामिका के साथ ही रोने लग गई थी। रोने-धोने की आवाज़ सुनकर जेलर साहब आते है और जेल वार्डन और अनामिका को वहां से वापस जाने को कहते है। सत्येन्द्र को भी महसूस हुआ की उसकी अनामिका को रोते देख उसकी आँखे में भी नमी सी आ गई थी।

जेलर भी स्थिति को समझते हुए, थोड़ी देर चुप रहता है और फिर कहता है, "लगभग 23 से ज्यादा अपराधियों के साक्षात्कार लेने वो नहीं हुआ जो आज हुआ!"

सत्येन्द्र खुद को संभालते हुए जेलर से पूछता है, "क्या? ऐसा क्या हुआ?

"आपके चेहरे पर अपने शोध में एक नए अपराधी का ब्यौरा जुड़ने की ख़ुशी आज कहीं दिखाई नहीं दे रही है। ऐसा क्या सुना दिया उस लड़की ने आज आपको?", जेलर ने सत्येन्द्र से प्रश्न पूछा।

सत्येन्द्र एक लम्बी सांस लेता है और बताना शुरु करता है, "जेलर साहब! आपकी जेल में बहुत से अपराधी देखे और समझे है। कई लोग ऐसे भी थे जो अचानक बने हालत में उलझकर किसी न किसी अपराध को अंजाम दे देते है। लेकिन ये जो लड़की थी ना, ये आपकी जेल में बहुत दूर से और देर से आई है। इसे बहुत पहले ही किसी हालात में उलझ कर यहाँ आपके जेल की शोभा बढ़ा देनी चाहिए थी।

सत्येन्द्र आगे जारी रखते हुए कहता है कि मुझे यह समझ नहीं आ रहा है कि क्या वाकई में यह महिला अपराधी है या अपराधी वो हालातों का दौर है जिसने इससे इसकी ज़िन्दगी ही छीन ली। जेलर बडे ध्यान से सत्येन्द्र की बातें सुन रहा था। सत्येन्द्र अब विस्तार से अनामिका का जीवन चरित्र जेलर को सुनाता है। जेलर को हालांकि ज्यादातर बातें तो पता थी लेकिन उसे अनामिका के तरफ के पहलुओं का ज्ञान नहीं था। सत्येन्द्र की व्याखान को सुनकर जेलर को भी अनामिका के बारे में जानने की कौतूहलता होने लगी थी।

अनामिका का जन्म पंजाब के मोगा जिले में हुआ था। वह एक भरे-पूरे परिवार में जन्मी थी और ईश्वर की दुआ से उसके घर में भौतिक जीवन के सभी सुख-संसाधन मौजूद थे। लेकिन अनामिका के भाग्य को यह सब मंजूर नहीं था। जब वह केवल आठ वर्ष की थी तभी उसकी माता का देहांत हो गया था। अनामिका को बस यही याद था कि उसकी माँ की मृत्यु पानी में डूबने के कारण हुई थी। अनामिका के माँ के मृत्यु के बाद उसके पिताजी पर उसकी नानीघर के तरफ से दहेज़-हत्या का मुकदमा दर्ज कराया गया था। अनामिका को यह याद तो नहीं इस आरोप में कितनी सच्चाई थी लेकिन जो भी था वो अदालत में साबित हुआ और उसके पिता, चाचा, और दादा समेत छह परिवार के सदस्यों को अदालत ने दस वर्ष के

कठोर कारावास की सजा सुनाई। यानी महज आठ वर्ष की आयु में ही अनामिका माँ-बाप के बगैर रह गई थी।

अनामिका का लालन-पालन अगले कुछ साल तक मोगा (पंजाब) के बालिका-गृह और उसके नानीघर में हुआ था। उसके बाद किसी तरह उसके चाचा को अदालत से जमानत मिली और उसे अपने साथ घर ले आए थे। चाचा ने कुछ वर्ष तक उसका लालन-पालन अच्छे से किया लेकिन जल्द ही उन्होंने शादी कर ली और अनामिका पर अधिक ध्यान देना कम दिया था। उनके चाचा का ध्यान तो अनामिका पर तब गया जब उसने घर के बाहर अनामिका के सुन्दरता के किस्से सुने। शुरू में उसके चाचा ने इस बात पर ध्यान नहीं और वह अपने कामकाज में व्यस्त और अनामिका को नजरअंदाज करने में लगे हुए थे। अब अनामिका की हालत ऐसी थी कि मानो वो कोई घर का फर्नीचर हो। लेकिन जल्द ही अनामिका के हालत में बदलाव आने वाले थे और वो बदलाव उसकी जिंदगी को एक अंतहीन बर्बादी में झोकने वाले थे।

उसके चाचा अकेले ही घर का लालन-पालन कर रहे थे। उनके ऊपर बाकी परिवार वालों को भी जेल से बाहर निकालकर लाने की जिम्मेदारी थी। कुछ समय तक उसने इस जिम्मेदारी को निभाया भी था। लेकिन उनके ऊपर जल्द ही बुरी संगतों ने असर डालना शुरू कर दिया और नतीजा कि वह शराब में डूबते चले गए और बाकियों को जेल से बाहर लाने का प्रयास भी कम कर दिया था। अनामिका के पूछने पर कि बाकी लोग कब तक बाहर आएंगे, वह यह कहकर टाल देता था कि आठ साल तो हो चुके है, दो साल में तो खुद ही बाहर आ जाएंगे, क्यों बेकार में ही वकील का खर्चा उठाया जाए। अनामिका इस बात पर ज्यादा कुछ बोल भी नहीं सकी। । इधर चाचा की शराब की आदतों की वजह से चाचा और चाची में कलह-क्लेश बढ़ने लग गए थे। नतीजतन चाची ने चाचा को तलाक दे दिया और उनसे अलग हो गई। लेकिन उसके चाचा ने शराब को नहीं छोड़ा। अब तो वह खुलकर अनामिका को ही सभी बातों का जिम्मेदार मान कर उसके साथ मारपीट भी शुरू कर दी थी।

एक दिन अनामिका ने मारपीट का विरोध किया और चाचा की हिंसा का प्रतिकार कर उसपर वापस हमला कर दिया। अनामिका ने सोचा शायद इससे उसके चाचा को थोड़ी अक्ल आ जाएगी। लेकिन ऐसा नहीं हुआ! और जो हुआ वो बहुत ही शर्मनाक था। चाचा ने अपनी सारी मर्यादा तोड़, अनामिका को अपनी हवस का शिकार बना दिया। अनामिका की जिन्दगी में ये बहुत ही बड़ा भूचाल था। ये ऐसा घाव था जो उसने अपने सबसे बुरे सपने में

भी नहीं सोचा होगा। लेकिन ये तो बस शुरुवात मात्र थी। अनामिका अब रोज़ अपने चाचा की हवस का शिकार होने लगी थी। वह किस भी हालात में हो, उसका चाचा उस पर जरा भी रहम नहीं खाता था। अनामिका अपनी इस पीड़ादायक ज़िन्दगी को लगभग छः महीने से जी रही थी। अब वह इसे अपना भाग्य मान चुकी थी और उसने अब चाचा का विरोध भी करना बंद कर दिया था। और ये अनामिका ने शायद दूसरी गलती कर दी थी। उसका चाचा जल्द ही अपनी शराब की जरुरत को पूरा करने के लिए अपने दोस्तों से पैसे लेने लग गया था और उसे चुकाने के लिए उसने अनामिका का इस्तेमाल शुरू कर दिया।

"मतलब! उसने अपनी ही भतीजी का बलात्कार किया और बाद में उसके जिस्म का सौदा भी करने लगा था?", जेलर ने बडे कष्टदायक अंदाज में सत्येन्द्र से पूछा। सत्येन्द्र ने हाँ में जवाब दिया और आगे जारी रखा।

अनामिका अपनी प्रताड़ना के खिलाफ ज्यादा कुछ नहीं कर पा रही थी और उसका दैनिक शोषण अगले एक वर्ष तक इसी तरह जारी रहा। अनामिका के पिता और बाकी रिश्तेदारों की रिहाई का समय भी नजदीक आ गया था। अनामिका को उम्मीद थी कि उसके पिता के बाहर आने पर उसके साथ हो रहा ये अत्याचार बंद हो जाए और चाचा को उसके किए की सजा मिल जाएगी। उधर उसके चाचा को भी इस बात का अंदाजा था और उसने अनामिका के लिए कुछ और ही सोच रखा था। अनामिका दिखने में सुन्दर थी और इसी बात का फायदा उठाकर, उसने अपने दोस्तों की मदद से अनामिका की शादी महज सत्रह साल की उम्र में एक उन्नतीस साल के लड़के से करा दी। अनामिका ने ज्यादा विरोध नहीं किया और शादी कर ली। क्यूंकि उसे उम्मीद थी कि वो अपने पिता को सब सच बता पाएगी। लेकिन उसकी पिता की रिहाई के बाद उसके चाचा ने अनामिका के बदचलन होने की बात और उसे गाँव के कई लड़कों के साथ रंगे हाथ पकडे जाने की कहानी सुनाकर उससे सच छुपा लिया और अनामिका चाहकर ज्यादा कुछ कह नहीं सकी थी। अनामिका ने ज्यादा विरोध कर किसी नई मुसीबत को मोल लेना उचित नहीं समझा।

अनामिका को कम से कम इस बात की ख़ुशी थी कि अब वो शादीशुदा है और उसका शोषण तो अब बंद हो ही चुका है। लेकिन उसकी इतनी अच्छी किस्मत नहीं थी। जल्दी ही उसके पति ने अपने रंग दिखाने शुरू कर दिए। उसका पति बहुत ही हिंसात्मक स्वभाव का था। वह अमूमन अनामिका के साथ मारपीट करता था और उसे हर समय नीचा दिखाता था। अनामिका ने इस हालात को फिर भी पहले के हालात से बेहतर माना और जैसे-तैसे

अपने जीवन के नौ वर्ष इसी नरक में गुजार दिए। इन नौ वर्षों में वह माँ नहीं बन पाई। ऐसा नहीं था कि उसने गर्भ-धारण नहीं किया था। पर लगातार हो रही मारपीट ने उसे इस सुख से वंचित ही रखा था। लेकिन समाज को इस बात से ज्यादा कोई फर्क नहीं पड़ता था। वह तो पति-पत्नी के मध्य इस तरह की हिंसा को हमेशा जायज़ ही ठहराता रहा है। अनामिका को अब हर तरफ से बाँझ होने की उलाहने मिलने लगे। उसकी सास ने तो अपने बेटे की दूसरी शादी तक की वकालत कर दी थी।

अनामिका के पति अपनी माँ की इस बात को अधिकार मानते हुए ऐसा काम करना शुरू कर दिया जिसने अनामिका को उससे अलग होने का फैसला लेने पर विवश कर दिया। अनामिका का पति उसकी आँखों के सामने दूसरी लड़कियों को घर में लाने लग गया था। और अनामिका के विरोध करती तो उसे वो तब तक पीटता था, जब तक वह बेहोश ना हो जाए। अनामिका इस दर्द को बर्दाश्त नहीं कर पाई और उसने अपने पति से तलाक की मांग कर अलग रहना शुरू कर दिया था। अनामिका ने अपनी आजीविका के लिए नौकरी की तलाश शुरू की और जल्द ही उसे एक शिक्षण संस्थान में रिसेप्शनिस्ट की नौकरी भी प्राप्त हो गई थी। वहां पर उसकी मुलाकात हुई स्वप्निल घोष से हुई, स्वप्निल उस शिक्षण संस्थान का मालिक था। उसने अनामिका को उसकी काबिलियत से अधिक उसके रूप को देखकर नौकरी पर रखा था। इस बात का अंदाज़ा अनामिका को बिलकुल नहीं था।

अनामिका वहां काम करने लगी और उसे स्वप्निल का अंदाज़ पसंद आने लगा था। शायद अनामिका ने अपने जिन्दगी में पहली बार किसी के प्रति का प्रेम का अनुभव किया था। जल्द ही दोनों के मध्य प्रेम-सम्बन्ध स्थापित हो गया। स्वप्निल पहले से ही शादीशुदा था और ये बात उसने अनामिका को तब बताई जब वह उसके बच्चे का गर्भ-धारण कर चुकी थी। अनामिका को फिर से अपने जीवन में धोखा मिला था। स्वप्निल ने यह आश्वासन दिया कि वह अपनी पहली पत्नी जो कि मानसिक रूप से बीमार है उसे तलाक देकर उससे शादी करेगा। अनामिका को अब स्वप्निल पर ज्यादा भरोसा नहीं था लेकिन उसके पास ज्यादा विकल्प भी मौजूद नहीं थे। अभी अनामिका के तलाक के लिए मिलने वाले छह महीने की अवधि भी समाप्त नहीं हुई थी और वह शादी के बाहर जाकर गर्भवती भी हो चुकी थी। कानून की नजर में तो ये अपराध था। लेकिन ये उन अपराधों के आगे कुछ भी नहीं था जो उसके साथ हुए थे। खैर, अनामिका ने अपने पहले पति से तलाक ले लिया और पहले पति ने उसके बच्चे को अपना नाम भी दे दिया जिसने उसकी सामाजिक छवि की दुर्दशा को रोक दिया था।

तलाक के बाद अनामिका स्वप्निल के साथ कलकत्ता आ गई, जहाँ उसने एक सुन्दर सी बेटी को जन्म दिया। अनामिका बहुत खुश थी। टुकडों में ही सही अब उसे उसकी खुशियाँ मिलने लगी थी। जीवन के सत्ताईस वर्ष होने के बाद पहली बार उसने ख़ुशी क्या होती है वो जाना था। लेकिन अनामिका के जीवन में ख़ुशी बस रेत की तरह थी जो हाथ तो आई लेकिन ज्यादा देर हाथ में टिक नहीं पाई। स्वप्निल घोष ने अनामिका से शादी से इन्कार कर दिया और साथ ही उससे छुटकारा पाने के लिए उसके साथ वही किया जो उसके साथ उसके चाचा ने किया था। अनामिका का सौदा !

उसने अनामिका को एक कोठे पर महज आठ हजार रुपये में बेच दिया। अनामिका कुछ समय के लिए किसी बेजान मूर्ति बन चुकी थी। उसकी बेटी को उससे अलग कर दिया गया था। शुरू में अनामिका ने अपना जिस्म बेचने से मना किया लेकिन उसकी बेटी को जान से मारने की धमकी देकर उसे मजबूर कर दिया गया था। अगले चार महीने तक सैंकड़ो लोगों ने अनामिका को समाज-विहीन कर दिया। अनामिका के सुन्दरता के चर्चे बहुत दूर तक होने लगे थे और सबने उसे धुल-धुसुरित करने के होड़ लगा रखी थी। एक दिन अनामिका ने अपनी बेटी से मिलने की जिद्द करी और तब उसे बताया गया कि उसकी बेटी तो चार महीने पहले ही मार दी गई और उसे स्वप्निल ने मारा है। स्वप्निल इसी बीच अनामिका से मिलने भी आया करता था, मिलने कहे या अपनी भूख मिटाने के लिए आता था।

अनामिका को अपनी बेटी की मौत का गहरा सदमा लगा था। वो तो वापस इस नर्क में अपनी बेटी को बचाने के लिए आई थी। लेकिन वो ही नहीं तो वो खुद जिन्दा रहकर क्या करेगी? लेकिन इस बार अनामिका ने यहाँ गुमनाम मौत मरने से अच्छा आज़ाद मौत का फैसला लिया। उसने स्वप्निल का इंतज़ार किया और स्वप्निल एक दिन आया भी अपने दोस्त के साथ। अनामिका ने उन्हें पता नहीं चलने दिया और स्वप्निल और उसके उसके दोस्त को अपने रूप के जाल में फंसाया। स्वप्निल और उसके दोस्त को आज अनामिका ने खूब शराब पिलाई। जब स्वप्निल और उसके दोस्त को होश नहीं था तब अनामिका ने खुखरी से पहले उसके दोस्त की और बाद में स्वप्निल की हत्या कर दी। अनामिका यही नहीं रुकी। उसने स्वप्निल के शरीर को कई टुकड़ों में काट दिया। चीख-पुकार सुन जब कोठे की मालकिन वहां आई तो अनामिका ने उसका भी गला रेंत उसकी हत्या कर दी। अनामिका को उम्मीद थी कि अदालत उसे मौत की सजा देगा लेकिन अदालत ने भी उसे धोखा दिया।

"जेलर साहब ! कौन था असली अपराधी? अनामिका के पिता? जिसने उसकी माँ की

हत्या की? या उसकी नानी जिसने अनामिका के पूरे परिवार को जेल तो भेज दिया लेकिन अपनी ही नातिन की जिम्मेदारी से दूर भाग गई? उसके चाचा की? या उसके पहले पति की? या स्वप्निल की? गलती सबकी थी जिसने एक आठ साल की बच्ची को समाज-विहीनता की तरफ धकेल दिया। अनामिका तो बेक़सूर है। दरअसल दोषी तो वो लोग है जिन्होंने उसे समाज-विहीन कर दिया। वो एक ऐसे समाज में जी रही थी जिसमे उसके दुःख की कोई सुनवाई नहीं थी। वो समाज का हिस्सा बन ही नहीं पायी या यूँ कहे कि उसे समाज का हिस्सा बनने ही नहीं दिया गया"। सत्येन्द्र एक लम्बी सांस लेते हुए जेलर से पूछता है। जेलर खामोश बैठा रहा। सत्येन्द्र भी खामोश रहा। सत्येन्द्र वहां से चला गया और फिर कभी अपने शोध के लिए जेल में वापस नहीं आया। शोध के नतीजे भी जेलर तक को नहीं बताए गए और ना ही जेलर ने पूछे।

© रोहित मिश्रा

संदीप कटारिया 'दीप'

जन्म तिथि	:	जनवरी 1993
जन्म स्थान	:	करनाल, हरियाणा
पिता	:	श्री बीरबल कटारिया
माता	:	श्रीमती शांति देवी
शिक्षा	:	M.Sc(भौतिक शास्त्र), B.Ed
लेखन विधा	:	कविता, लघुकथा, निबंध, नाटक, आलोचनात्मक लेख
प्रकाशित कृतियाँ	:	विभिन्न पत्र-पत्रिकाओं व E-पत्रिकाओं में 50 से अधिक रचनाएँ प्रकाशित।
पता	:	इन्द्री, जिला-करनाल (हरियाणा)
दूरभाष	:	9068865872

मैंने एक कोयल पाली

मैंने एक छोटी-सी कोयल पाली,
काले-भूरे, नाजुक पंखों वाली,
चोंच भी है उसकी काली,
हर अदा है उसकी निराली।

कूँ-कूँ कर जब वो गाना गाती
हर किसी के मन को लुभाती।
उछल-उछल कर वो नाच दिखाती
उसे देखने भारी भीड़ उमड़ आती।

टुकर-टुकर कर वो दाना खाती
फल-सब्जियाँ उसके मन को भाती।
हर रोज़ बाग़ों में वो घूमने जाती
प्रकृति की शोभा देख मन ही मन हर्षाती।

खुले गगन में पंख फैला, उड़ती सुबह-शाम
कभी ना थकती, कभी ना करती आराम।
बन ठनकर सदा बनी रहती अभिराम
सर झुकाके सबको करती जय सियाराम !

© संदीप कटारिया ' दीप '

गाँधी बाबा थे महान

सत्य-अहिंसा के पुजारी गाँधी बाबा थे महान।
दुनियाँ में सबसे ऊँची कर गए भारत की शान।।
आज़ादी के संग्राम के थे वो-एक सच्चे सिपाही
प्रेम-भाईचारे, मानवता की ख़ातिर सदा लड़ी लड़ाई
आज उस महापुरूष को नमन् करता है सारा जहान।
सत्य-अहिंसा के पुजारी गाँधी बाबा थे महान।।

सादा-जीवन उच्च-विचार का करते थे व्यवहार
संपूर्ण भारतवर्ष को माना अपना ही परिवार
वो थे गरीबों के मसीहा, शोषितों के थे भगवान।
सत्य-अहिंसा के पुजारी गांधी बाबा थे महान।।

जात-पात, छूआछूत का खुलकर विरोध किया
अंग्रेजों को धर्म की राजनीति नहीं करने दिया
वो खुद थे-भगवतगीता, गुरबाणी और कुरान।
सत्य-अहिंसा के पुजारी गाँधी बाबा थे महान।।

सोए हुए भारतियों में उम्मीद का 'दीप' जलाया
लुटेरे अंग्रेजों की गुलामी से सबको मुक्त कराया
अपना सारा जीवन कर गए भारतमाता पे कुर्बान।
सत्य-अहिंसा के पुजारी गाँधी बाबा थे महान।।

सत्य-अहिंसा के पुजारी गाँधी बाबा थे महान
दुनियाँ में सबसे ऊँची कर गए भारत की शान।।

© संदीप कटारिया ' दीप '

हम जागेंगे

हम जागेंगे तभी जागेगा यह प्यारा देश हमारा
हम मिलकर चलेंगे तभी बढ़ेगा यह संसार सारा।
श्रम-साध्य व्यक्ति बोएँगे प्रेम-बंधुत्तव की खेती
सुख की फ़सल काटकर खाएगा ये जग सारा।

प्रतिदिन आती रहती विपत्तियाँ इस जीवन में
अक्सर छा जाता गहन अंधकार मानव मन में
जब धैर्यपूर्वक परिस्थितियों से लड़ेगा प्राणी
तभी मिटेगा भीतर से अज्ञानता का अंधियारा।

सत्य-अहिंसा, प्रेम-त्याग ही रहा अपना आधार
जिसके आकर्षण से खिंचा चला आया संसार
भारत-भूमि ने प्रेम-हर्ष से सबको सविकारा
वसुधैव-कुटुंबकम ही रहा अंतिम ध्येय हमारा।

जब शिक्षा-संस्कारों को व्यक्ति आत्मसात करेगा
कोई अन्याय-अज्ञानता का कदापि साथ न देगा
तभी भटकते राष्ट्र को मिलेगा एक किनारा
और अविरल बहती रहेगी ये उन्नति की धारा।

हम जागेंगे तभी जागेगा यह प्यारा देश हमारा
हम मिलकर चलेंगे तभी बढ़ेगा यह संसार सारा।

© संदीप कटारिया ' दीप '

प्रेम में डूबी स्त्री

प्रेम में डूबी किसी स्त्री को
कभी कोई फ़र्क़ नहीं पड़ता
कि तुम कितने पढ़े लिखे हो
या फिर अनपढ़,
तुम दिन के दो सौ रूपए कमाते हो
या दो हज़ार,
तुम सबसे सुंदर दिखते हो
या बदसूरत !...
बस, उसे तो फ़र्क़
सिर्फ़ इस बात से पड़ता है–
जो तुम हो, जो तुम्हारा है,
हर वह चीज़ :
जो तुमसे जुड़ी है;
तुमने वह सब कुछ
निस्वार्थ भाव से
उसे समर्पित किया है या नहीं ?...
यदि तुम्हारा उत्तर 'हाँ' है
तो वह 'प्रेम में डूबी स्त्री'
सही–ग़लत की परवाह किए बग़ैर
अपने माँ-बाप, परिजनों
और स्वयं का भी
सम्पूर्ण त्याग कर
तुम्हारी हो जाएगी
सदा-सदा के लिए।

© संदीप कटारिया ' दीप '

तितली ओ तितली

तितली ओ तितली आजा मेरे पास
फूल-रंगीले तेरे लिए लाया मैं ख़ास।

कलियों का चेहरा, नहीं तुझ सा हसीं
बेरंग हैं सब, नहीं तुझसा कोई रंगीं।

मिलने को तुझसे, करने को प्यार
कब से खड़ा हूँ, मैं यहाँ बेक़रार।

बिन तेरे इक-इक पल, लगता है साल
क्या कहूँ तुझको, मेरा कैसा है हाल।

ये आँखें देखे हर पल, तेरे ही ख़्वाब
मचले दिल पाने को तेरा हुस्ने-शबाब।

प्यार की है इल्तजा, तू आजा एक बार
अब और नहीं होता मुझसे ये इंतज़ार।

देख महोब्बत 'दीप की, ना होना नाराज़
क्या कहूँ तुझको, ऐसा ही है मेरा अंदाज़।

तितली ओ तितली आजा मेरे पास
फूल-रंगीले तेरे लिए लाया मैं ख़ास।

© संदीप कटारिया ' दीप '

ऐ गर्दिशे अय्याम

ऐ गर्दिशे-अय्याम ! मैं आज फिर कुछ सोच रहा हूँ,
इस गुमनाम जहाँ में गुम, अपना वजूद खोज रहा हूँ।

'चाँद मजबूर है अमीरों के घर पे रोशन होने के लिए,
मैं अपना सहन सजाने को चंद जुगनू खोज रहा हूँ।

कोई नहीं आता यहाँ किसी टूटे दिल को दिलासा देने,
बस यही सोचकर मैं अपने आँसू ख़ुद ही पोंछ रहा हूँ।

यहाँ मरसिएँ ही पढ़े जाते हैं हर किसी की कब्र पर,
मैं अपनी मौत के लिए कुछ हसीं नग़मे खोज रहा हूँ।

अंधी-बहरी हुकुमतों ने सील दिए जो होंठ ज़माने के,
मैं उन बंद जुबानों को खोलने की जुबाँ खोज रहा हूँ।

ये मायूसीयत की रात, निग़ल गई कई आफ़ताबी ख़्वाबों को;
जो अंधेरों से खुलकर लड़े, मैं हौंसलों के ऐसे 'दीप खोज रहा हूँ ।

ऐ गर्दिशे-अय्याम ! मैं आज फिर कुछ सोच रहा हूँ,
इस गुमनाम जहाँ में गुम, अपना वजूद खोज रहा हूँ।

© संदीप कटारिया ' दीप '

शब्दार्थः- गर्दिशे-अय्याम- कालचक्र, वजूद – अस्तित्व;
मरसिएँ– शोक गीत; **नग़में–** गीत, वबा– माहमारी
आफ़ताब– सूरज

मुल्क के हालात

आजकल मेरे मुल्क़ के हालात बहुत ख़राब हो गए हैं ;
आवाम पर सफ़ेदपोश लुटेरों के जुल्म बेहिसाब हो गए हैं।

कोई खोलकर पढ़ना ही नहीं चाहता एक दूजे के दुख-दर्द को;
आदमी मेरे शहर के अलमारी में बंद किताब हो गए हैं।

मंहगाई, भ्रष्टाचार, अपराध ने कमर तोड़ दी आम आदमी की;
इज़्ज़त से दो वक्त.की रोटी मिलना, मुफ़लिसों के ख्वाब हो गए हैं।

मजलूमों का बहता ख़ून देखकर भी नहीं पसीजता इनका दिल;
हुक्मराँ मेरे मुल्क़ के जहनो-दिल से बेआब हो गए हैं।

आतंकी, टुकड़े-टुकड़े गैंग बताते वो-सब हक़ माँगने वालों को;
लगता है सत्ता के नशे में इनके दिमाग़ ख़राब हो गए हैं।

फ़ेक न्यूज़, पुलिस, देशद्रोह से डराते वो खिलाफ़त करने वालों को;
सच को दबाने के इनके तरीके पहले से नायाब हो गए हैं।

ज़िंदगी, ज़मीन-जंगल, सरकारी इदारे सब बिकने को तैयार हैं;
आजकल के कुर्सी वाले सरमायदारों के दलाले-अहबाब हो गए हैं।

अगर आने वाली नस्लों को रोशन देखना चाहते हो 'दीप;
तो अंधेरों से खुलकर लड़ों, क्योंकि अब आग़ाजे इंक़लाब हो गए हैं।

आजकल मेरे मुल्क़ के हालात बहुत ख़राब हो गए हैं ;
आवाम पर सफ़ेदपोश लुटेरों के जुल्म बेहिसाब हो गए हैं।

© संदीप कटारिया ' दीप '

शब्दार्थः- सफ़ेदपोश- सफेद कपड़े पहनने वाले नेता लोग; **मुफ़लिस** - ग़रीब ; **मजलूम**- कमजोर/शोषित; **बेआब**- बेशर्म/ जिनकी आँख का पानी मर जाए; **खिलाफत**- विरोध करना; **नायाब** - पहले से अलग ; **सरकारी इदारे**- सरकारी विभाग; **सरमायदार**- अमीर व्यापारी वर्ग; **दलाले-अहबाब**- दलाली करने वाले दोस्त; **आग़ाजे-इंक़लाब**- क्रान्ति की शुरूआत।

बदलते लोग

जो कभी चांद पर घर बनाने के दावें करने आए थे यारों;

वो आज ज़मीं पे ज़िंदा रहने की करते हैं दुआएँ यारों।

असला औ' बारूद काँधे रख चले थे-दुनिया फ़तह करने;

हम अपने ही अज़ीज़ों के दिल नहीं जीत पाए यारों।

ख़ुदा की पनाह में अच्छे-खासे शंहशाह हुआ करते थे;

जब से उनसे दग़ा की, अपनी ही नज़रों से गिर गए यारों।

जिस मंदिर-मस्जिद से पाया हमने अमनो-इश्क़ का इल्म;

उनकी मज़बूत दीवारों को भी आज दंगों में ढा आए यारो।

बुज़ुर्गों ने कहा था कि-चादर देखकर ही पैर पसारना;

हमने तो सिकोड़कर रजाइयों के भी रूमाल कर दिए यारों

दोस्तों का क़त्ल होता देखकर भी जो कुछ बोलते नहीं;

आज वे इन दुश्मनों से बड़े गुनहगार हो गए यारों।

झूठे-मक्कार सियासतदानों को हर बार क्यों कोसते हो,

सारा कूसूर तुम्हारा ही है, जो आज वे यूँ मुल्क़ लूट रहे यारों।

'दीप इंसानियत और वतनपरस्ती होती नहीं नुमाइश की चीजें;

जिन्हें कुछ करना होता है, वो चुपचाप हैं लगे हुए यारों।

जो कभी चांद पर घर बनाने के दावें करने आए थे यारों;

वो आज ज़मीं पे ज़िंदा रहने की करते हैं दुआएँ यारों।

© संदीप कटारिया 'दीप'

शैली भागवत 'आस'

परिचय	:	मैं मूल रूप से मध्य प्रदेश की निवासी हूँ। हिंदी भाषा से प्रेम एवं साहित्य में रूचि होने के कारण, लेखन क्षेत्र से जुड़ी हुई हूँ। उत्कृष्ट लेखन का प्रयास जारी है। लेखन के विभिन्न मंचों पर सक्रिय हूँ, एवं साहित्यिक वेब पोर्टलों पर नियमित लिखती हूँ।
पिता	:	श्री रामेश्वर दयाल शर्मा
माता	:	श्रीमती किरण शर्मा
शिक्षा	:	एम. एस. सी., बी. एड.
सम्प्रति	:	विज्ञान शिक्षण
लेखन विधाएँ	:	छोटी कविताएँ, मुक्तक, गजल, कहानी, लेख, आलेख, डायरी लेखन, ब्लॉग लेखन
प्रकाशित रचनाएँ	:	विभिन्न साहित्यिक मंचों पर रचनाएँ प्रकाशित।
प्रकाशनाधीन कृति	:	'अनुभूति'– एक प्रयास
प्रकाशित पुस्तक	:	नारी तू अपराजिता (साझा काव्य संकलन)
सम्मान	:	'अपराजिता कवयित्री' सम्मान, साहित्यिक मंचों पर अनेक रचनाएँ पुरस्कृत
पता	:	इंदौर, मध्यप्रदेश
ईमेल	:	shailybhagwat@gmail.com

खुद से प्यार

ना सुकून, ना तहजीब का नज़ारा कहीं ठहरा
ना भाईचारा, ना जश्न -ए -आम नज़र आता है।

चीख पुकार में दब गयी आवाजें कई
महफूज़ सा न कोई ठौर नज़र आता है।

बेबात की उथल -पुथल मची है, बाज़ारों में
मुनासिब न कोई कारोबार नज़र आता है।

मीलों तक फैले धूल के बबंडर में
हर इक मंज़र धुँधला नज़र आता है।

भीड़ ही भीड़ इस कदर हो रही है, हावी
अक्स शख़्सियत का नापाक नज़र आता है।

गिरते -फिसलते मंजिलें हासिल करने के जूनून में
यहाँ मौजूद हर शख़्स बहुत बेरंग नज़र आता है।

गवाह बनी टूटे मकानों की दरारें, रिश्ते तार -तार हो गये
खुदगर्ज़ इंसान को बस खुद से प्यार हो गया, नज़र आता है।

मन की 'आस' कभी खत्म नहीं होती,
जुड़ा हुआ भी कहीं से टूटता नज़र आता है।

© शैली भागवत ' आस '

जिंदगी की शाम

जिन्दगी की इस शाम में
एक उद्देश्य अभी बाकी है।
बहुत जी लिये सबके लिये
खुद के लिये जीना बाकी है।
सुनते आये सभी को बहुत
अपने दिल को सुनना बाकी है।
कह नहीं पाये जो अब तक
वो अनकही बातें बाकी है।
उम्मीदों पर खरे उतरते
कुछ ख्वाहिशें अभी बाकी है।
सच -झूठ के मेले में
अंतर्द्वन्द अभी बाकी है।
कर्तव्यों के पालन में
छूटे अधिकार बाकी है।
जद्दोजहद में जो खो गये
उन पलों के निशान बाकी है।
जार जार टूटते रहे कई बार
जुड़ने की एक 'आस' बाकी है।

© शैली भागवत 'आस '

दरख़्तों से इंसान

कद में कुछ बड़े -छोटे, तो कुछ लम्बे-चौड़े मिलते हैं,

हरे पत्तों से मुस्कुराते, कही सूखे पत्तों में उदासी छुपाते,

मिठास फलों सी घोलते, कुछ जहरीली काटों से चुभते

खिलते फूलों से महकते, कुछ अनचाहे से उग आते,

छाँव सुकून की पसारते, कुछ गहरी चुभन दे जाते

बसेरा लम्बी बाहों सा फैलाते, कहीं बुनियादी जड़ें तक हिला जाते,

सुकोमलता किसी की मन को छू जाती,

दृढता कभी कठोरता का एहसास करा जाती,

हौसलों की ऊँचाईयां आसमां से टकराती,

गहराइयाँ समंदर सी अंतस छेद जाती,

मंद- मंद पवन के झोंकों सी शीतलता,

कहीं क्रोध भर आँधी सा जोर दिखलाता,

जीवन से थककर जब भी इनकी ठंडी छाँव में सुस्ताती,

इन दरख़्तों को भी इंसानों सा ही पाती,

हवा के झोंकों से ये कान में कह जाते है,

लेना नहीं, देना भी सीखो

उठो ऊपर पर जड़ों से जुड़े रहो,

हर वक्त दोष न देखो

कुछ न कुछ गुण सब में ही होते है,

भले करो न जग में नाम,

प्राण वायु का सहारा ही बस

किसी को देना तो सीखो!!!

© शैली भागवत 'आस'

दो पल सुकून के

फिर एक दिन गुजर जाता है,
फिक्र आने वाले कल की सताती है,
सुईयां घड़ी की हर वक्त बताती हैं,
और दो पल सुकून के कहाँ मिलते हैं।

व्यस्त है, हर इन्सान अपनी पहचान बनाने में,
सपने बुनने और सफलता को भुनाने में,
मंजिलों तक पहुँचकर भी कदम कहाँ रुकते हैं,
और दो पल सुकून के कहाँ मिलते हैं।

जिम्मेदारियों के बोझ तले दबे,
हालातों से समझौता कर निभाते,
बाहर शोर अंदर एक घुटन पालते हैं,
और दो पल सुकून के कहाँ मिलते हैं।

आपाधापी में कुछ मिलता कुछ खो जाता है,
रूठने, मनाने में ही बहुत कुछ छूट जाता है,
अनवरत दौड़ ये कभी नहीं थमती है,
और दो पल सुकून के कहाँ मिलते हैं
जमीं से आसमां तक की दूरी तय कर,
पल में यहाँ से वहां पहुँच जाते हैं,
और सारी दुनिया घूमकर इतराते हैं,
फिर भी दो पल सुकून के कहाँ पाते हैं।

© शैली भागवत 'आस'

नया सबेरा

नये दौर का नया सबेरा नयी उम्मीदें लायेगा
निराश मन का हर कोना फिर आशा से भर जायेगा ...

प्रखर रश्मि सुनहरी जग को फिर चमकायेगी,
उजली-उजली धूप में हर चेहरा फिर मुस्कायेगा।
इन्द्रधनुषी सपने उन्मुक्त गगन में बिखर जायेगें,
बौछारें रंगों की जीवन को उत्साह से रंग जायेगी।

नए दौर का नया सबेरा नयी उम्मीदें लायेगा,
निराश मन का हर कोना फिर आशा से भर जायेगा...

दुःख के पहाड़ों की बर्फ पिघली सी नज़र आयेगी,
सुख की नदियां बह चहुँओर मन हर्षित कर जायेगी।
खुशहाली और विकास के दिन फिर वापस आयेगें,
अश्रु तेरे नयनों के फिर मोती में ढल जायेगे।

नए दौर का नया सबेरा नयी उम्मीदें लायेगा,
निराश मन का हर कोना फिर आशा से भर जायेगा।

© शैली भागवत ' आस '

रंग बदलते हैं, प्यार के

रंग बदलते हैं, प्यार के
कभी सुर्ख लाल गुलाब से,
कभी नीले आसमान से
कभी मुरझाए पीले पत्तों से,
अहसास बदलते हैं प्यार के
ठिठुरती सर्दी के ठन्डे हाथों से,
वसंत के मुस्काए खिले फूलों से
कभी गर्मी की तपन से कुम्लाए,
कभी उड़ते बादल को छू जाये
कहीं मन की अथाह गहराई में जाये,
कहीं ऊँचें पहाड़ों की चोटी से टकराकर
सागर की लहरों में खो जाये,
कभी बचपन की निश्छल मुस्कान बने
कहीं जवानी के सपनों की आस बने,
ढल जाता बुढ़ापे की झुर्रियों में
घिर जाए शून्य में अंतिम समय के,
पकड़ों इसे तो पंख लगा दे
भीगों इसमें तो तुम्हें डूबा दे,
अनगिनत भावों से रचे इस संसार में
आर या पार तुम्हें कुछ न पता दे ।

© शैली भागवत 'आस'

ऊँचाईयां

नन्हा सा वो पक्षी अपने

नन्हें पंखों से उड़ान भरना चाहता

पर आकाश की ऊँचाइयों को देख कतराता....

सहमा सा वापस नीड़ में

जाकर जब छुप जाता

चमकीली आँखों से देख के नभ ललचाता....

सोचता कैसे दूसरों सा

विश्वास मन में जगाऊँ

काश इन पंखों को फैलाकर

उन्मुक्त विशाल गगन की सैर कर आऊँ....

माँ बोली ! ! तब साहस कभी तो

रगों में भर इस जग में रमना होगा

मजबूत पंखों से छूकर सपनों को

सच करना होगा...

फिर एक दिन ! ! उसने डर को पीछे छोड़

विश्वास से भर ऐसी भरी उड़ान

हासिल कर लिया उसने

अपने सपनों का आसमां....

© शैली भागवत 'आस'

हरी घास सी : नारी

हरी घास सी कहीं भी उग आती है,
जहाँ भी थोड़ी मिट्टी पा जाती है।
छोटी क्यारी ,या हो मैदान विशाल
ज्यादा की दरकार नहीं,थोड़े में ही हरिया जाती है।
फैलाती है,प्यार को हर तरफ भले बदले में कुछ न पाती है,
देने सुकून तुमको मुलायम बिछौना बन जाती है।
कभी पर उन्हीँ पैरों के तले रौंदी जाती है,
छोटी सी काया में अपनी कई जीवों को आसरा दे जाती है।
खुद का कभी कहीं निश्चित बसेरा न पाती है,
अवांछित जानकर कहीं भी उखाड़कर फेंकी जाती है।
कोमलता इनकी आकर्षित तो करती है,पर
स्पर्श प्यार का कभी तहस-नहस कर जाता है।
ऊँचा उठने का ये साहस गर करती है,
काटने कद इनका हाथ फिर उठते है।
फले-फूले कितना भी मगर,बढ़ती नज़र नहीं आती है,
उपेक्षा से जब कभी सूखी पड़ जाती है।
स्वयं जलकर तुम्हें प्रकाशित कर जाती है,
सहन कर सब फिर किसी कोने में उग आती है,
छवि जैसे इनमें इक 'नारी' की समाई होती है

© शैली भागवत 'आस'।

तेरे बिन

खैरियत से भी जो हमारी रहते थे, अंजान कभी
बेबाक हो कहते है,तेरे बिन अब जीना नहीं।

जबसे इबादत को हमारी उसने मान लिया बेवफाई
तबसे ये फ़ासला दरमियान अब खलता नहीं।

लफ़्ज़ों की नजाकत पर तो मर मिटती है ,दुनिया
पर जरुरत से ज्यादा लिहाज़ भी लाज़मी नहीं।

हसीं शाम ढल गयी ,कयामत की वो रात भी गुजर गयी
ठहरे रहे हम उस वक्त में,जो कभी जिया ही नहीं।

गलतफहमियों का आलम हावी हो रहा है,इस कदर
हमसफ़र हमकदम साथ हर वक्त चलता ही नहीं।

फुरकत हो रश्क और रंजिश के गुबार से परे
बेतकल्लुफ़ रह अच्छे को अच्छा कहना भी बुरा नहीं।

फ़ना होना मंजूर हो जिसको पाने की 'आस' में
हासिल गर हो जाये तो रह जाता है,फिर 'खास' नहीं।

© शैली भागवत 'आस'

श्रवण कुमार दूबे

पिता का नाम	:	स्व0 श्रीराम सागर दूबे
माता का नाम	:	श्रीमती गुजराती देवी
जन्म तिथि	:	10/09/1986
शैक्षिक योग्यता	:	परास्नातक (इतिहास), बी.एड., TET Qualified Upper Primary Lavel, (2011 - सामाजिक विषय, 2013 -अंग्रेजी)
पता	:	ग्राम –लखनपुरवा पोस्ट-सेहुड़ा कला थाना-रूधौली जिला- बस्ती, उ0प्र0, पिनकोड-272148
संप्रति	:	प्रभारी जिला समन्वयक सोशल आडिट जनपद-बस्ती।
संपर्क	:	9452610501
प्रकाशित कृतियाँ	:	अनामिका, 2021 (साझा काव्य संग्रह)
अन्य उपलब्धियाँ	:	दो दिवसीय अन्तराष्ट्रीय ई-संगोष्ठी में सहभागिता प्रमाण पत्र, 2020, राष्ट्रीय ग्रामीण विकास एवं पंचायती राज संस्थान, भारत सरकार द्वारा प्रशिक्षण प्रमाण पत्र, 2020 और राजकीय महाविद्यालय रूधौली, बस्ती द्वारा राष्ट्रीय वेबिनार में प्रतिभाग हेतु प्रमाण पत्र 2020, अनामिका सम्मान 2021
ई-मेलआईडी	:	sbsac91@gmail.com

ज़िन्दगी

जिंदगी तू सच बता, जो चल रहा सवाल है।
उलझा हूं इसमें किस कदर, खुद से मेरा बवाल है।
आहिस्ता-आहिस्ता तू, निकलती जा रही है।
हालातों को पल-पल, बदलती तू जा रही है।
पास है तू फिर भी कोई, ना जाने तेरा मोल।
अगर गुज़र गई तो, फिर हो जाती है अनमोल।
मुझे तो यह पता नहीं, तू क्या और कब देती है।
नाराज तो वह भी रहते हैं, जिन्हें तू सब देती है।
जिंदगी तू धूप है या, फिर काली छाया है।
जिसने तुझे समझा जैसे, उसी रूप में पाया है।
जिंदगी तो खोया प्यार नहीं, वह प्यार जिसे पाना है।
सफर का तेरे भरोसा नहीं, कब और कहां तक जाना है।
जिंदगी तुझे पढ़ ना सका तू ऐसी किताब है।
पल-पल गुजरती जा रही, तेरा शायद यही हिसाब है।
जिंदगी तू रेत है या, फिर है झरने का पानी।
कोई समझ सका ना तुझे, अनसुलझी तेरी कहानी।

© श्रवण कुमार दूबे

शब्द

शब्द तेरी है, क्या परिभाषा।
यही जानने की, अभिलाषा।
शब्द बनाते, मित्र हमारे।
बनते शत्रु इसी, से सारे।
शब्द रूप है, शब्द रंग है।
शब्द शोक है, शब्द उमंग है।
शब्द मृत्यु है, शब्द है जीवन।
दूरी शब्द, शब्द अपनापन।
ज्ञान और अज्ञान शब्द है।
मनुष्य की पहचान शब्द है।
अक्षर फूल, शब्द है माला।
शब्द अमृत- विष का है प्याला।
शब्द घटा है, शब्द धूप है।
कितने शब्द के, रंग रूप है।
शब्द तिमिर है, शब्द प्रकाश।
शब्द है धरती, शब्द आकाश।
शब्द मौन है, शब्द है चंचल।
कण-कण, क्षण-क्षण में है प्रतिपल।
शब्द बिना है, शब्द अधूरा।
मिले शब्द फिर, शब्द है पूरा।

© श्रवण कुमार दूबे

गुरु की महिमा

गुरु की है महिमा अनन्त, जीवन के गुरु प्रभाकर हैं।
बिन गुरु मिलता है ज्ञान नहीं, शिष्य रश्मि गुरु भाष्कर हैं।
छत्रपति बन गए शिवा, गुरु की महिमा क्या कर डाली।
राष्ट्र भक्ति की महान प्रेरणा, जन जन में जो भर डाली।
गुरु द्रोणाचार्य की कृपा से, अर्जुन सम धनुर्वीर हुए,
प्रेम का पाठ पढ़ाने वाले, रामानन्द शिष्य कबीर हुए।
छत्रसाल सम साधारण, क्या वीर कभी था बन पाता,
प्राणनाथ की थी कृपा, जीतता जहां घोड़ा जाता।
विवेकानन्द सम महापुरुष को, अखिल विश्व ने किया प्रणाम,
राम कृष्ण परम हंस का, रोम रोम में बसता था नाम।
राणा प्रताप ने स्वाभिमान की, शिक्षा थी गुरु से पाई,
मुगलों के आगे झुके नहीं, घास की रोटी थी खाई।
गुरु की महिमा कितनी पावन, शब्दों में कहा नहीं जाए,
एकलव्य सम धनुर्वीर, गुरु प्रतिमा से शिक्षा पाए।
शिखर तक यदि है जाना, गुरु बिन कौन सहारा दें,
अज्ञान की नदियों में गुरु, ज्ञान की पावन जलधारा दें।
स्थान प्रभू से है ऊंचा, गुरु का सर्वोपरि है नाम,
वंदनीय, अभिनंदनीय, श्रद्धेय गुरु को प्रणाम।

© श्रवण कुमार दूबे

श्रद्धा सुमन समर्पित है

आजादी के अमर दीवानों, करें आप का हम वन्दन।
राष्ट्रभक्ति सर्वोपरि माना, लुटा दिए निज तन मन धन।

स्वतंत्रता का शंखनाद, करने वाले पांडेय मंगल।
कौन भुलाए बिरसा जी को, लड़ी लड़ाई जो जंगल।

लक्ष्मी नाना कुंवर तात्या, अमर आपकी है गाथा।
याद करें जब कुर्बानी, आंखों से है आंसू आता।

गांधी, सुभाष और राय, तिलक, संघर्ष किए थे आजीवन।
भारत मां के अमर सपूतों, दिया तुम्हीं ने नवजीवन।

अशफ़ाक, रामप्रसाद आज, हाथ जोड़ यह विनती है।
बलि वेदी पर चढ़ने वाले, कम पड़ती शायद गिनती है।

राजगुरु, सुखदेव, भगत, हिला असेम्बली के तख्ते।
चूम लिए फांसी के फंदे, लटक गए उस पर हंसते।

अंग्रेजों मुझको मारो, तेरे पास न ऐसी गोली है।
अल्फ्रेड पार्क गवाह बना, चंद्रशेखर की बोली है।

गुमनाम शहीदों भारत के, हम कर न सके कुछ अर्पित हैं।
नैनों से नीर अब आते हैं, श्रद्धा सुमन समर्पित है।

© श्रवण कुमार दूबे

मां

मां मेरी, कितनी प्यारी है। तीन लोक, से न्यारी है।

मेरी खातिर, दुख दर्द सहे। पर एक शब्द, ना कभी कहे।

मां मेरे घर, की गौरव है। मां से ही, सारा वैभव है।

मां तूने दिया, लिया है क्या। खोया है सब, पाया है क्या।

रातों में लोरी, गा गा कर। प्यारी गोदी में, सहला कर।

थी रात-रात, भर मां जागी। बचपन में पीछे, पीछे भागी।

अपनी भूख, छिपाकर तूने। पर पेट भरा, मेरा तूने।

मां तूने सब, कुछ वार दिया। कह सकूं ना, इतना प्यार दिया।

मंदिर मस्जिद, अजान पूजा। मां से न बड़ा, कोई दूजा।

कतरा कतरा, मां पर अर्पण। जीवन का, सर्वस्व समर्पण।

कर दे तब भी, शायद कम है। मां की ममता, में वह दम है।

मां तूने रोकर मुझे हंसाया। थी भूखी पहले, मुझे खिलाया।

मां तुझ से, बढ़कर और नहीं। करूं गलती, मिलेगी ठौर नहीं।

मैं फूल और, तू माली है। मां तेरी प्रीति, निराली है।

© **श्रवण कुमार दूबे**

बचपन

लौटा दो न मुझे आज, मुझको अपना प्यारा बचपन।

गांवों की मिट्टी का जिसमें, प्यार भरा था अपनापन।

काका के कंधों पर चढ़कर, बगिया में इधर उधर जाना।

हंसना और कभी रोना, पल भर में ही गुस्सा जाना।

चूं चूं करके गौरैया, तिनका तिनका लेकर आती।

आंगन में फुदक फुदक कर, थी वो घरौंदा बनाती।

वो कंचे का खेला कैसा, कैसी थी माटी की गोली।

सुबह शाम चिड़ियों का कलरव, थी कितनी प्यारी बोली।

गिल्ली डंडे का खेल हम सभी, जब मिलकर खेला करते।

टायर को चलाकर दूर दूर तक, इधर उधर फेंका करते।

लहलहाती गांव की फसलें, वो गेहूं की सुनहली बाली।

सुबह के उगते सूरज के, दिखती पूरब में जो लाली।

वो मां के आंचल की ममता, का प्यारा सुख गया कहां है।

वो वर्षा की सोंधी मिट्टी, रिमझिम-रिमझिम बरसात कहां है।

बचपन के सारे संगी साथी, थे जाने कहां गए अपने।

कहां खो गए मित्र हमारे, हुए आज हैं जो सपने।

बुजुर्गों का बैठ खाट पर, कहना प्यारी कहानी।

आ जाती फिर जाने कब, वो प्यारी निंदिया रानी।

घर की बड़ेरी बैठ के कागा, कांव कांव जब चिल्लाए।

आएगा मेहमान दूर से, सुन्दर सा सन्देश बताए।

खेलते कूदते साथियों की, कहां चली गई वो टोली।

कभी चिढ़ाना कभी हंसाना, सहलाकर फिर प्यारी बोली।

बैलों की सुन्दर जोड़ी का, खेतों में चलते रहना।

उस हल की प्यारी मुठिया को, हिलते-डुलते पकड़े रहना।

जाकर दूर तलैया से सिर, पर मिट्टी लेकर आना।

त्योहारों पर उस मिट्टी से, पूरे घर को लीपा जाना।

मिट्टी के चूल्हे पर कैसा प्यारा भोजन बनता था।
मिल बैठ रसोई में खाते, द्वारे पर मोती रहता था।
आ लौट के आ जा दूर ना जा, वो मेरे प्यारे बचपन।
लौटा दे न मुझे आज तू, मुझको मेरा वो अल्हड़पन।

© श्रवण कुमार दूबे

सिद्धार्थ मोहन

जन्म स्थान	:	पटना (बिहार)
पिता	:	श्री विभूति कवि
माता	:	स्व. रीना कवि
शिक्षा	:	पी. जी. डी. एम्. (मार्केटिंग, ह्यूमन रिसोर्स)
लेखन विधा	:	उपन्यास, कविता, समीक्षा, लघुकथा, आलेख, निबंध।
प्रकाशित कृतियाँ	:	टीयर्स ऑफ़ गैरेथ, ओमनीबस - माय अन्थोलॉजी, दवात - लेख संग्रह, कोविड - मानवता को एक सन्देश (आगामी)।
पता	:	150 एम. आई. जी. लोहियानगर, कंकरबाग, पटना-20 (बिहार)
ईमेल	:	siddharthmohankavi@gmail.com
वेबसाइट	:	siddharthmohankavi.in

कर्ण की वेदना

(कर्ण – कुंती संवाद)

इस कविता को आरम्भ करने से पूर्व, मैं कम से कम शब्दों में कविता के दृश्य का वर्णन करना चाहता हूँ। कहा जाता है की महाभारत का सार है, जो महाभारत में नहीं शायद वह कहीं नहीं। महाभारत के मुख्य पात्र अंगराज कर्ण का जीवन काँटों से भरा एक मार्ग था, जिसमें हर एक क्षण संघर्षों से भरा था।

यह कविता उस घटना पर आधारित है, जब महाभारत युद्ध से पूर्व कुंती, कर्ण से मिलने आती है। वह उसे स्मरण दिलाती है कि वह उसकी माता है और साथ में एक प्रस्ताव भी लाती है। कुंती ने कर्ण से कहा कि यदि वह कौरव दल का त्याग करके पांडव सेना की ओर से युद्ध करता है। तो कुंती के जेष्ठ पुत्र होने के नाते युद्ध के बाद कर्ण को ही अखंड भारत का राजा बनाया जाएगा।

कर्ण ने इस प्रस्ताव को यह कहते हुए ठुकरा दिया कि यद्यपि कुंती कर्ण की जन्म दात्री है, किंतु उसकी माता, उसकी जीवन दात्री सूत वंश की राधा है। कर्ण ने यह भी कहा की जन्म से पांडव उसके भ्राता हो सकते हैं किंतु कर्म से कर्ण का भ्राता दुर्योधन है। कर्ण ने कर्तव्य, वचन एवं मित्रता को सुख एवं सत्ता से कहीं उपर रखकर समाज में एक मिसाल कायम की।

यह कविता कुंती को कर्ण द्वारा दिए गए उत्तर पर आधारित है। आशा करता हूं आप सबको यह पसंद आएगी।

सुन कर बातें कुंती की,
हुआ कर्ण का कंठ अवरुद्ध,
कैसे शस्त्र उठाएगा,
रण में अपनों के विरुद्ध।

दुविधा में फंसकर कर्ण ने,
आँखों को तब मींच लिया,
दुःख, ग्लानि, संताप से भरकर,
अधरों को भी भींच लिया।

महाभारत का युद्ध ना होगा,
केवल कौरव पांडव में,
रक्त बहेगा, हिंसा होगी,
व्यर्थ ही बंधू बांधव में।

एक महाभारत होगा,
बाहर के सैन्य समंदर में,
एक महाभारत होगा,
योद्धाओं के भीतर मन में।

कैसे अपने अनुजों पर,
राधसुत शस्त्र उठाएगा,
और कैसे दुर्योधन के,
उपकार का मूल्य चुकाएगा।

कुंती का ये रक्त या फिर,
राधा माँ का है दूध बड़ा,
ऐसे ही कितने अंतरद्वंदों,

के बीच है कर्ण खड़ा।

लगा कर्ण को पृथ्वी, अम्बर,
और पाताल भी डोल उठा,
खुदपर काबू पाकर फिर,
नरवीर प्रखर वह बोल उठा।

जो कुछ कहा है तूने देवी,
था सुना हरी के मुख से,
अश्रुधारा बह निकली थी,
कुछ सुख से कुछ दुःख से।

नहीं लौट सकते वापस,
धनुष से निकले बाण,
नहीं लौट सकते जैसे,
मुख से निकले अपमान।

हे देवी यूँ दृष्टि अपनी,
नहीं तू मुझपर फेर,
नहीं सकूंगा लौट पुनः,
हो गई बहुत है देर।

तुझसे जन्में पांडव जो,
कुल वर्ण में सबसे आगे,
मैं भी जन्मा तुझसे बन गया,
सूतपुत्र हूँ राधेय।

मुझको ना तुमने प्यार किया,

उल्टा निष्ठुर अपराध किया,
मुझको तू गले लगाई नहीं,
बोलो क्या दूर भगाई नहीं ?

नवजात शिशु पर वार किया,
तुमने तो लगभग मार दिया,
फिर कैसे तू मेरी माता है !
और पांडव कैसे भ्राता हैं ?

मेरे कुल का अपमान किया, (पांडव ने)
शत्रु बनकर आह्वान किया,
ललकार का उत्तर दूंगा मैं,
पांडव से युद्ध करूँगा मैं।

जब तुमने मुझे ठुकराया था,
एक सूत ने मुझे उठाया था,
उनसे ही मेरा नाता है,
वहीँ रहती मेरी माता है।

जो गले से मुझे लगाती थी,
हाथों से स्वयं खिलाती थी,
हर लेती सारी बाधा है,
देवों से बढ़कर राधा है।

राधा ने माँ का प्यार दिया,
मुझपर जीवन को वार दिया,
विकराल नदी से खींच लिया,
मेरे जीवन को सींच दिया।

राधा माँ के ही त्याग से,
उसके ही तप के आग से,
संसार वीर मुझे कहता है,
जय मेरे तीर में रहता है।

जग कहता मुझको दानी है,
और वेद का विश्रुत ज्ञानी है,
सब राधा माँ की शिक्षा है,
और परमेश्वर की इच्छा है।
सारा समाज व्यंग कसता था,
मुझे सूतपुत्र कह हँसता था,
सब सुनकर मेरा व्यथित था मन,
तब खड़ा था केवल दुर्योधन।

दुर्योधन ने सम्मान दिया,
बढ़कर भ्राता से मान दिया,
ना कहो वह अत्याचारी है,
मेरे हित का वह कामी है।

उस मित्र को त्याग नहीं सकता,
कर्तव्य से भाग नहीं सकता,
मर्यादा तोड़ नहीं सकता,
कुरु दल को छोड़ नहीं सकता।

दंभी कायर ना कहाऊंगा,
कौरव हित शस्त्र उठाऊंगा,
सत्ता का लोभ नहीं मन में,
बस एक आस है जीवन में,

जग में अपना मैं नाम करूं,
यश पाऊं ऐसा काम करूं,
कुरू राज को अर्पित तन मन है,
तन मन क्या पूरा जीवन है।

जब युद्ध के बादल छाते हैं,
हम व्यर्थ में रक्त बहाते हैं,
हिंसा से अंधे होते हैं,
पाताल के गर्त में खोते हैं।

यह धर्म युद्ध बहाना है,
सबको बस प्रभुत्व दिखाना है,
पानी अब सिर के पार गया,
संधि विग्रह से हार गया।

और दुर्योधन का दोष है,
तो धर्मराज निर्दोष नहीं,
यदि जान गँवाना मुझे पड़े,
तो इसका भी अफसोस नहीं।

संसार ने मुझसे छल किया,
नहीं देवों ने कुछ कम किया,
ब्रह्मास्त्र पाने की इच्छा थी,
गुरु परशुराम से शिक्षा ली।

ब्राह्मण ना होना पाप था?
इसलिए मिला क्या श्राप था?
देता मैं जग को दान था,

पर बात से इस अनजान था,

कोई याचक बनकर आएगा,
अस्तित्व छीन ले जाएगा,
भगवान भी युद्ध में कूदेंगे,
हर एक नियम अब टूटेंगे।

जब इंद्र स्वर्ग से आए थे,
वह मंद मंद मुस्काए थे,
और दान में लिया कवच कुंडल,
जिस पर था मुझे बड़ा संबल।

केशव अर्जुन के साथ हैं,
और गांडीव उसके पास है,
वह निर्भीक बाण को तानेगा,
पर कर्ण भी हार ना मानेगा।

रथ ध्वजा में बसे हनुमान हों,
या पार्थसारथी भगवान हों,
अंतिम तक युद्ध करूंगा मैं,
हर विघ्नों से लड़ूंगा मैं।

दुर्योधन का एक सपना है,
जो लगता मुझको अपना है,
उसको रण में जितवाना है,
जय का फिर तिलक लगाना है।

कुरुपति विजय की चेष्टा है,

निज बाहुबल पर निष्ठा है,
नियति भी मेरे विरुद्ध खड़ी,
पर मंशा मेरी विशुद्ध बड़ी।

संसार को मैंने दिया वचन,
जिसके लिए सदा किया है जतन,
जो भी याचक बन आता है,
वह मनचाहा वर पाता है।
तू माता बनकर आई है,
प्रस्ताव भी साथ में लाई है,
किंतु यह सब ना लूंगा मैं,
उल्टा तुझको कुछ दूंगा मैं।

तूने तो मुझको जन्म दिया,
बदले में मैंने कलंक दिया,
सब आज ठीक कर देता हूं,
दुख को तेरे हर लेता हूं।

मत लौटो हो कर निराश तुम,
कर लो मुझ पर विश्वास तुम,
जो मंशा मन में लाई हो,
जिन पुत्रों के हित आई हो।

देता हूं तुझको दान ये,
इसे कर्ण वचन तू मान ले,
ना लूँ पांडव के प्राण मैं,
पर एक बात यह जाने ले।

अर्जुन को मैं ना छोड़ूंगा,
प्रण से मुख को ना मोड़ूंगा,
तुझे एक पुत्र खोना होगा,
हत पर उसके रोना होगा।

ना कर सकता कुछ और अधिक,
तेरे जैसा मैं भी हूं व्यथित,
कोशिश ना तू अब और कर,
मुझको ना अब कमजोर कर।

अब अंधकार छा रही प्रबल,
शिविरों में मचा है कोलाहल,
यह भूमि मृत्यु की दासी है,
सेना के रक्त की प्यासी है।

इससे पहले छा जाए निशा,
ढक जाए तमस से सारी दिशा,
हे देवी अब वापस जाएं,
किंतु ना जग को बतलाएँ,

कि पुत्र मैं आपका ज्येष्ठ हूं,
कुल वर्ण में भी मैं श्रेष्ठ हूं,
कहकर मुड़ गया योद्धा महान,
और देख के ऊपर आसमान,

राधेय ने सूर्य को नमन किया,
कुंती से आशीर्वचन लिया,
सोच के दृग से बही थी धारा,

शायद मिले ना कभी दोबारा।

राधेय कुंती से विदा लिया,
नियति ने फिर से जुदा किया,
यह क्षण तो बड़ा विशेष था,
किंतु महाभारत अभी शेष था।

© सिद्धार्थ मोहन

सुजाता प्रिय 'समृद्धि'

जन्मतिथि	:	30 जुलाई
जन्मस्थान	:	नवादा (बिहार)
निवास	:	राँची, झारखण्ड
माता	:	श्रीमति शकुन्तला प्रसाद
पिता	:	प्रो०मुरली मनोहर प्रसाद
पति	:	श्री शंकर प्रिय अधिवक्ता
शिक्षा	:	स्नात्कोत्तर (इतिहास)
सम्प्रति	:	शिक्षण
रूचि	:	सिलाई-बुनाई, कढाई-पेंटिंग, संगीत कला, चित्र कला, मूर्ति कला।
प्रकाशित कृतियाँ	:	अनामिका, उड़ान, नारी तू अपराजिता, कोरोना काल
प्रमुख रचनाएँ	:	उपन्यास, कहानी संग्रह, कथा-संग्रह, लघु-कथा- संग्रह, कविता संग्रह, भजन संग्रह, संस्मरण-संग्रह, हास्य-व्यंग्य, निवंध -संग्रह इत्यादि। कविताएँ एवं कहानियाँ विभिन्न पत्र-पत्रिकाओं में प्रकाशित।

आओ भरें हम गगन में उड़ान

ये प्यारी-सी धरती, खुला आसमान।
ये सूरज की लाली, वो नीला वितान।
मन में हौसलों का पंख पसार,
आओ भरें हम गगन में उड़ान।

माना हैं मुश्किल बहुत रास्ते, कई तीखे ठोकर भी हैं राह में।
मगर हो इरादे मजबूत तो, रुकावट न आती कोई चाह में।
हर मुश्किलों से सदा हम लड़ें,
तूफां में भी हो अडिग हम खड़े,
पूरा करें हम ये अपना मुकाम,
आओ भरें हम, गगन में उड़ान।

पाना है हमको अगर लक्ष्य तो, निरंतर कदम हम बढ़ाते चलें।
मुसीबत जो आए कोई राहों में, हिम्मत से किनारे हटाते चलें।
धरा से गगन तक का लंबा सफर।
चलो तय करें हम ये लम्बी डगर।
कदमों से नापें हम सारा जहान, आओ भरें हम गगन में उड़ान।

दूर क्षितिज में जो तारे सजे, हौसले के हाथ बढ़ा तोड़ लें।
मेहनत का दीपक जलाएं अगर, अंधेरे सदा हम से मुंह मोड़ लें।
मन में सदा हम उजाला भरें। जीवन में तिमिर से नहीं हम डरें।
ले अपने होंठों पर हम मुस्कान, आओ भरें हम गगन में उड़ान।

© सुजाता प्रिय 'समृद्धि'

ओस की बूंद

ओ अनोखी बूंद चमकती ओस की,
पौधे को पीयूष पिलाती रात को।
फुहार बनकर हो बरसती फूल पर,
क्यों नहाती पेड़ के हर पात को।
तुम टपककर मोतियों का रूप ले,
दूब कणियों में लरिया बनाती हो।
निकलती सुबह की सुनहरी धूप जब,
कांच-टुकड़े सम झिलमिलाती हो।
चमचमाती तारकों- सी घास पर,
सप्त ऋषियों की तरह घेरा बनाती।
जगमगाती जुगनुओं-सी डाल पर,
धूप से घबरा सदा ही भाग जाती।
दीप-सी जलती सुबह मुंडेर पर,
बड़े सबेरे तुम दीवाली है मनाती।
तेल बनकर हो ढलकती दीप में,
अदृश्य बाती डाल इसमें हो जलाती।
क्या किसी के अस्क की तुम बूंद हो,
गिरती द्रवित होकर हृदय की वेदना।
या बुझाती तुम किसी की प्यास हो,
या जगाती सुषुप्त मन की चेतना।
जी चाहता, उंगलियों से तुझको बीन लूं,
पर किसी के हाथ तुम आती नहीं।
जल के धरती, क्यों तू नन्हा रूप यह,
क्यों तुम अपना राज बतलाती नहीं।

© सुजाता प्रिय 'समृद्धि'

गिरफ्तार सबकी जिंदगी

थम गई है अब तो रफ्तार हाय रे जिंदगी।
लॉक डाउन में है गिरफ्तार सबकी जिंदगी।

बाधित हैं सेवाएँ औ बंद अब बाजार हैं।
दरवाजे के अंदर हम रहने को लाचार हैं।
और नहीं है दूसरा हथियार हाय रे जिंदगी।
लॉक डाउन में है गिरफ्तार सबकी जिंदगी।

जाना नहीं विद्यालय, जाना नहीं है दफ्तर।
मिलना नहीं किसी से रहना है घर के अंदर।
ठप्प पड़े हैं सारे कारोबार हाय रे जिंदगी।
लॉक डाउन.......

आता नहीं है माली, आता नहीं है मेहतर।
आता नहीं है नाई, आता नहीं है नौकर।
साफ करते खुद ही घर-बार हाय रे जिंदगी।
लॉक डाउन .....

जो जहाँ गया था, आज तक है वहीं फँसा।
पैदल है कोई आया, मजबूर हो कोई बसा।
ढूंढने गए थे रोजगार हाय रे जिंदगी।
लॉक डाउन....

© सुजाता प्रिय 'समृद्धि'

पुरुषार्थी बनता है पुरुषोत्तम

जिसमें है पुरुषार्थ अनुपम।

वह बन जाता है पुरुषोत्तम।

जिसके बाहु में रक्षा का बल हो।

सुरक्षा करने की इच्छा प्रबल हो।

जिसके विचार सदा हो उत्तम।

वह बन जाता है पुरुषोत्तम।

दया निर्बल पर जिसके मन में।

मेहनत की ताकत हो तन में।

अच्छा-भला का हो संगम।

वह बन जाता है पुरुषोत्तम।

कभी न मन में कोई छल हो।

नयनों में माया का जल हो।

विवेक-बुद्धि कभी न हो कम।

वह बन जाता है पुरुषोत्तम।

ईर्ष्या-द्वेष और क्रोध नहीं हो।

शान-घमंड का बोध नहीं हो।

आगे बढ़ता हो जो हरदम।

वह बन जाता है पुरुषोत्तम।

जो संकट में हार न मानें।

कभी कर्म को भार न माने।

कर्मवीर बन करता है उद्धम।

वह बन जाता है पुरुषोत्तम।

© सुजाता प्रिय 'समृद्धि'

जीवन के पाठ

पाँच पाठ जीवन के पढ़ लो, जनम सफल हो जाएगा।
दुःख-वेदना-दारिद्र कभी भी, पास न तेरे आएगा।

प्रथम पाठ संयम का भाई, हँसकर इसको गले लगाओ।
मन में अधीरता जब भी आए, झट से उसको दूर भगाओ।
धैर्य धरो तो धाम तुम्हारा, चलकर तुझ तक आएगा।

दया का दूजा पाठ रे प्यारे, प्राणी जन पर दया करो।
निर्दयता को दूर भगाकर, प्रेम परस्पर सदा करो।
सबसे बढ़कर प्रेम दान है, तुझे भी मिलता जाएगा।

है तीसरा पाठ क्षमा का, क्षमाशील बन दिखलाओ।
क्षमा प्रार्थी के अपराधों को, कभी न मन में तुम लाओ।
अनजाना अपराध भी तेरा, क्षम्य सदा हो जाएगा।

चतुर्थ पाठ त्याग का है, जीवन में कुछ कर ले त्याग।
नंगे को कुछ वसन दे अपना, भूखे को भी दो रोटी -साग।
जितना दोगे भंडार तुम्हारा, उतना ही बढ़ता जायेगा।

पंचम पाठ मनोबल का है, मन को सुदृढ़ बनाते जाओ।
दृढ़ विश्वास जगाकर मन में, ऊँचे तक तुम चढ़ते जाओ।
सदा सफलता स्वयं तुम्हारे, कदम चूमने आएगा।

© सुजाता प्रिय 'समृद्धि'

चिंता और चिंतन

चिंतन कर ले कभी-कभी पर, चिंता कभी न करना।
चिंतन कर तुम सुन ऐ प्राणी, मन के अंधेरे हरना।

चिंता करने से चित हो जाता पानी-पानी भाई।
चिंतन करने से पा सकते हो जीवन की गहराई।
चिंता करने से मानव जन सफल कहां होते हैं।
चिंता करके अपना वे सर्वत्र सदा खोते हैं।
चिंतन, मंथन और मेहनत से, तुम कभी मत डरना।
चिंतन कर लें कभी-कभी पर चिंता कभी न करना

चिंता मानव के तन को है दीमक बनकर खाता।
चिंता करनेवाला जीवन में कंकाल बन रह जाता।
चिंता मारता नहीं है लेकिन, बेमौत सुला देता है।
चिंता चिता बन मानव का सत्व जला देता है।
चिंता करके तुम भी देखो, बेमौत कभी मत मरना।
चिंतन कर लें कभी-कभी पर, चिंता कभी न करना।

चिंता करने से नहीं हम हैं पा सकते मंजिल को।
चिंतन की पतवार पकड़ कर, छू सकते साहिल को।
चिंता से चतुराई घटती, पर चिंतन से बढ़ती है।
चिंतन करने वाले को अपनी मंजिल भी मिलती है।
चिंतन करके तुम भी देखो, राह नयी नित गढ़ना।
चिंतन कर लें कभी-कभी, पर चिंता कभी न करना।

© सुजाता प्रिय 'समृद्धि'

प्रदूषण दूर भगाएं हम

प्रदूषण दूर भगाएँ हम।
मौलिक कर्तव्य निभाएँ हम।

स्वच्छ बनाएँ अपनी धरती।
गोद बैठा जो पालन करती।
कूड़े-कचरे ना फैलाएँ हम।
मौलिक कर्तव्य निभाएँ हम।

जल है जीवन समझो भाई।
नदी- ताल की करो सफाई।
गंदगी ना इस में बहाएँ हम।
मौलिक कर्तव्य निभाएँ हम।

स्वच्छ रखेंगे जब हम वायु।
तब हम होंगे निरोग, दीर्घायु।
धुआँ न कहीं फैलाएँ हम।
मौलिक कर्तव्य निभाएँ हम।

ध्वनि- विस्तारक नहीं लगाएँ।
शांति से सदा उत्सव मनाएँ।
बहरापन दूर भगाएँ हम।
मौलिक कर्तव्य निभाएँ हम।

वैचारिक प्रदूषण दूर भगाएँ।
उँच - नीच का भेद मिटाएँ।
सबको गले लगाएँ हम।
मौलिक कर्तव्य निभाएँ हम।

© सुजाता प्रिय 'समृद्धि'

शिला तेरा रूप अनूप

ऐ शिला तेरा है तन कठोर।

और है तेरा जीवन कठोर।

तू शांत-चित सदा ही निश्चल।

अकुलाती ना होती विकल।

जाने किस काल से हो पड़ी।

आँधी तूफान में सदा अड़ी

जल धरा में है अडिग गढी।

सर्दी-गर्मी-वर्षा सहकर खडी।

तूने पाये हैं साहस अनेक।

तू मौन खड़ी सब रही देख।

उत्थान-पतन औ लय-विलय।

वह रौद्र रूप में होता प्रलय।

तू देवी - देवता यक्ष बनी।

तू साक्षी सदा प्रत्यक्ष बनी।

तू ही खड्ग, हथियार बनी।

तू गुफा-खोह, घर-बार बनी।

तू ऊँचे पर्वत- पठार बनी।

तूला पर तू ही भार बनी।

तू सिलपट लोढ़ा चक्की है।

तू घोटन, बेलन, चौकी है।

तू गिट्टी बालू, कंकड़ बनी।

तू वेशकीमती पत्थर बनी।

शिला तेरे हैं अनेक रूप।

हर रूप तुम्हारा है अनूप।

© सुजाता प्रिय 'समृद्धि

सांसों का मोल

साँसों का मोल समझ ले प्राणी,
क्यों समझ न इसको पाए रे ।
हर साँस अनमोल हमारी,
जो पल-पल घटती जाए रे ।

साँसों से ही वायु पीकर,
यह जीवन जीते जाते हम ।
साँस-संवारण वायु को फिर,
क्यों ना हैं शुद्ध बनाते हम ।

साँस हवा के झोंके में है,
अब कौन इसे समझाए रे ।
सबको साँस दिया विधाता,
साँस सभी को लेने दे ।

जन्मसिद्ध अधिकार सभी का,
हक न किसी को खोने दे ।
साँसों के सरगम पर प्राणी,
जीवन के गाने गाए रे ।

जब-तक साँस है शरीर में,
तब-तक आस लगाना है ।
प्रत्येक साँस में लक्ष्य हमारा,
पग-पग बढ़ते जाना है ।

साँस एक अनदेखा पंछी,
पंख लगा उड़ जाए रे ।

© सुजाता प्रिय 'समृद्धि'

सुरंजना पांडेय

पिता का नाम	:	श्री सुरेंद्र कुमार पांडेय (वरिष्ठ रेलवे वाणिज्य लिपिक लोकतंत्र स्वतंत्रता सेनानी)
माता का नाम	:	श्रीमती ज्ञानवती पांडेय
पति का नाम	:	डॉक्टर सुशांत कुमार पांडेय
शिक्षा	:	तीन विषयों में परास्नातक हिंदी साहित्य, अंग्रेजी साहित्य और राजनीति विज्ञान गोल्ड मेडलिस्ट दो विषयों में
संप्रति	:	कवियत्री, लेखिका
लेखन विधाएं	:	कविता, कहानी, निबंध, गजल, मुक्तक, लघु कथा और लेख आदि
गतिविधियां	:	कई मंच और साहित्यिक गतिविधियों में सम्मिलित होना पहली रचना दीप्ति पत्रिका में प्रकाशित प्रकाशित कृतियां- कहानी जो बीत गई, कटाक्ष, अनामिका साझा काव्य संकलन, वर्तिका साझा काव्य संकलन, साहित्यिक सरोवर साझा काव्य संकलन, शाश्वत प्रवाह एकल काव्य संकलन, कहानी जो बोलती है कहानी संग्रह, कई पत्रिकाओं और अखबारों में समय-समय पर रचनाएं प्रकाशित।
सम्मान	:	सर्वश्रेष्ठ कवियत्री सम्मान, बेस्ट लेखिका सम्मान, अपराजिता कवियत्री सम्मान, अनामिका कवियत्री सम्मान आदि।

परेशा यहाँ हर कोई

है परेशा यहाँ हर कोई

कोई सो के गुजार रहा है

तो कोई जाग के गुजार रहा

कोई हँस के गुजार रहा

तो कोई रो के गुजार रहा

कोई थक के सो रहा तो

तो कोई सो के थक रहा

कोई नित नये सपने सँजो रहा

तो कोई नित नये नियम बना रहा

कोई है बेफिकर यहाँ

तो कोई है उम्मीद की आस सँजोए

कोई नये आशा के बीज बो रहा है

तो कोई उम्मीदों की नयी दुनियाँ गढ़ रहा

सब के अपने अपने सपने हैं

सबकी अपनी अपनी जरूरतें हैं

सबकी अपनी अपनी दुनियाँ है

कुछ बेगाने हैं कुछ अनजाने हैं

ये दुनियाँ है अजब

इस जीवन के नये फँसाने हैं

सबके अपने अफसाने हैं

है ये हमारी दुनियाँ

सबके अपने अफसाने हैं

है परेशां हर पल हर कोई

सबके अपने चाहतों के रंग हैं ।

© सुरंजना पाण्डेय

गुलिस्तां सपनों का

गुलिस्तां सपनों का यूँ चूर चूर हो गया

किया वक्त ने ऐसा सितम हर कोई पस्त हो गया

दिया वक्त ने ऐसा जख्म जो नासूर हो गया

कैसे बचाएं अपने आशियाने को

हर कोई इसी बात में तल्लीन हो गया

बस चल रहा रहमतों दुआओं और बंदगी का दौर

हर आदमी अपनों से दूर हो गया

पुकारने पर भी आवाजें नहीं आती

बंद साकलों में है हर कोई

सन्नाटों की चादर बिखरी पडी है

है ये आफत भरी बडी बीमारी

जो पड़ रही सब पर भारी

बचाव, सुरक्षा, इन्तजाम, एहतियात

सब कर रहे पर वायरस है भयंकर

कब, कैसे कहाँ से आ जाए इस

बात से डर रहे है हर कोई

उम्मीदों पर टिकी है सभी की जिन्दगी

अब भगवान ही मालिक कैसे जान बचे

उसी को सौप दिया सबने वही

लगाए तरकीब कोई जो होगा

अच्छा होगा वही बेहतर होगा ।

© **सुरंजना पाण्डेय**

टूटती उम्मीदों की उम्मीद

छट जायेंगे जल्द ये संकट के बादल
माना कि चहुओर घोर तमस है
छाएगा जीवन में फिर से नया उजियारा
उम्मीदों का दामन थामे रखेंगे
घोर तमस फिर छट जाएगा

होगा जीवन में एक नया सबेरा
फिर से चिडिया चहकेगी
फिर से गुलशन महकेगा
फूलो की रौनक लौटेगी
छट जाएगी ये वक्त की आधियां

आयेगी फिर से बहारें सबके जीवन में
लौटेगी दुनियाँ में फिर से वही रौनक
फिर से शहरों में होगी चहल पहल
गावों में छाएगी खुशियो की नयी लहर
सड़कों का सन्नाटा टूटेगा

सबके चेहरो पे रौनक आएगी
फिर से इण्डिया मुस्कुराएगा
संयम और सहजता से काट ले
ये लाकडाउन का विषम पल
आश्वस्त हो बिताए जीवन के सुखद पल

अपने आशियाने में परिवार के संग
जीने की एक नयी उम्मीद सजाए

जीवन को थोडा सरल बनाए
नियमों का करे सही से पालन
तभी छटेगा ये संकट का बादल

रक्तबीज जैसे बढ़ रहे करोना का
होगा जल्द से ही सर्वनाश
ईश्वर के घर देर है पर अंधेर नहीं ये जान लें
मुस्कुराते हुए इन विषम पलों को काट ले
टूटती हुई उम्मीदों की उम्मीद जगाए
आशा की लौ सदा मन में जगाए

© सुरंजना पाण्डेय

चेहरा एक खुली किताब है

जी हां आज के जमाने में हर

चेहरा एक खुली किताब है

अनगिनत से सवाल तैर रहे इस चेहरे पर

जीवन की हर हकीकत से हमारा चेहरा

ही हमको रूबरू करवाता है जब भी हम

आईना देखते हैं तो आईना हमेशा सच दिखलाता है

चेहरे की खूबसूरती का रंग फीका हो या गहरा

चेहरे की पड़ रही उम्र की लकीरों की झुर्रियों को

हमारा चेहरा ही आईना दिखाता है

चेहरे के हर भाव अनुभव हमारा चेहरा ही बताता है

चेहरे की नजाकत और मासूमियत

चेहरे की बेताबी और जीवन की कसक

हमारा चेहरा ही बतलाता है राज क्या है छुपा

यह बात चेहरा ही बतलाता है

जीवन के सारे अनुभव को चेहरा ही दर्शाता है

इंसान खुश है या दुखी यह पहचान चेहरा ही करवाता है

बिन कहे हर घटना का सही जवाब चेहरा दे जाता है

सच में चेहरा हमारे जीवन का आईना होता है

जीवन की हर हकीकत हमारे चेहरे से बयां हो जाती है

जीवन के हर अक्स की नुमाइश हमारा चेहरा करवाता है

जीवन की सारी ख्वाहिशों से चेहरा ही हमें रूबरू करवाता है

© सुरंजना पांडेय

मिट्टी के आशियाने हम बनाते गए

हम मिटटी के आशियाने
सारी उमर बनाते रहे
सजाते रहे सँवारते रहे
अपने घरौन्दो को
खो चुके अपना वजूद

लगा दिए अपना पूरा अस्तित्व
ना जी सके जीवन के वो
सुखद पल अपनो के संग
बस सपनो के पीछे भागते
रह गये रात दिन

थी ख्वाईशे बडी
और पैमाने थे छोटे
उन सपनो को पूरा करने मे
सर्वस्व झोक दिए हम
ना दिन देखा ना रात की थी सुध

बस भागते रहे भागते रहे
ना कह सके अपने जज़्बात किसी से
वो दिल के किसी कोनो मे दब के रह गये
ना लगा सके अपने घावो पे मरहम
बस मुस्कुराते रहे ऊपर से

पर वक्त की पडी ऐसी मार
आयी कोरोना रूपी ऐसी आन्धी

अपने बारे मे हमे सोचने का मौका मिला
तब जा के जीवन जीने का सही अनुभव हुआ
अपनो के संग समय बिताना रास आया

अब जा के जीवन का सार्थक रूप है क्या ये मैने जाना
करिए सपनो को पूरा मगर परिवार को भी समय दे
हर पल है जीवन का अनमोल ये ना भूले
जो पल बीत जाएगा वो फिर ना आएगा
हर पल को जीए हर पल को जीए... ।

© सुरंजना पाण्डेय

पीड़ा और प्रवन्चना के बीच

राह मे खडी आज की नारी

एक नये पथ को निहार रही है

है उद्विग्न थोडी असमंजस मे

थोडी भ्रमित सी

थोडी है सकुचाई

नये छितिज को छुने की

उसकी लालसा ने ली अंगड़ाई

है वो अडिग खडी है

अपनी पथ पर

आरोपो और प्रत्यारोपो के

मँझधार मे ना तू फँस हर बार

ना अपनी गरिमा और वजूद

को धूमिल होने दे तू

किसी और के लिए

बेहिचक आगे बढती रह तू

ना रुके तेरे कदम

एक दिन कारवा खुद तेरे पीछे चलेगा

तू नही कमजोर किसी से

ये बार बार साबित करने की

जरूरत नही है तुझे

खुद तू है अपने भाग्य की रचयिता

नही किसी के पावों की धूल

अपने को अस्तित्व एक नई परिभाषा गढ़ो तुम
हो हर तरह से हो समर्थ और सक्षम तुम
ये जग को दिखलाओ तुम

तुम हो हर तरह से सशक्त
हर दृष्टिकोण, हर मापदण्डो मे खरी
नही किसी के परिभाषित करने की
धर्म धर्म.जरुरत तुम्हें, तुम हो सर्वगुणो से परिपूर्ण
त्याग औ र तपस्या की और सहनशीलता

की मूरत यू बार बार ना बनो तुम
अपने खिलाफ उठे हर सवाल का
जवाब तुम बनो, तुम हो इक्कसीवी सदी की
नारी तुम सदैव रहोगी सभी पे भारी ।

© **सुरंजना पांडेय**

सुषमा गुप्ता

जन्मतिथि	:	6 सितम्बर
पिता	:	श्री हरचंद गुप्ता
माता	:	श्रीमती स्नेहलता
पति	:	डॉ कमल विजयवर्गीय
शिक्षा	:	M. Sc. (भूगोल) M. A. (हिंदी) (इतिहास)
सम्प्रति	:	वरिष्ठ अध्यापक (विज्ञान)
लेखन विधा	:	कविता, कहानी
प्रकाशित कृतियां	:	मेरे दस्खत (सांझा काव्य संकलन), नारी तू अपराजिता (महिला रचनाकार प्रधान साझा काव्य संकलन)
पता	:	मकान न. 15, गली न. 2, बाबादीप सिंह कॉलोनी, श्रीगंगानगर (राजस्थान)
ईमेल	:	kamalvijay40@gmail.com
दूरभाष नंबर	:	9414246235

कॉफी शॉप (लघुकथा)

कॉलेज का पहला दिन और तुम्हारा वह ऑल द बेस्ट कहना। मेरे चेहरे पर वह मुस्कान हमेशा के लिए दे गया था। मेरा भी मन जैसे आकाश छू रहा था। अपनी स्कूटी पर कॉलेज जाना और तुम्हारा मेरे पीछे आना। तुमसे मिलना तो नहीं पर देखना भर अक्सर हो जाया करता था। तुम मेरे लिए कितने अनमोल थे ब्रजेश, यह शायद ना मैं तुम्हें कभी बता सकी और ना ही तुम समझ सके। मैंने भी कभी तुम्हें आभास ही नहीं होने दिया कि तुम भी मेरी जरूरत हो। कह देना भर मेरे लिए कभी संभव नहीं हो पाया और समझना तुम्हें नहीं आया। पर एक दिन तुम ने हिम्मत करके कहा भी 'चलो टीना सामने कॉफी शॉप पर बैठ कर बात करते हैं, अगर तुम्हें सही लगे तो।' आज से पहले हमने इतनी बातें कब करी थी। बस दूर से ही मैं मुस्कुरा कर चली गई। मेरे लिए तो घर से कॉलेज और कॉलेज से घर ये रास्ता सिखाया गया था। घर का माहौल और खुद की झिझक ने कभी पूछने की हिम्मत नहीं दी।

फिर वही जिंदगी अपने ढर्रे पर ग्रैजुएशन के बाद शादी, बेहद प्यार करने वाला पति, परिवार और फिर बच्चों में दुनियाँ ही सिमट कर रह गई।

आज अचानक बीस साल बाद तुम सामने आ गए। तुम्हारी बेटी और मेरा बेटा एक ही कॉलेज में पढ़ते थे। तुम्हें सामने देख कर फिर वही धड़कन तेज हुई है। पर क्यों? नहीं मालूम क्या बीस साल तक का दर्द आज भी हरा था।

जो बीज अंकुरित होने से पहले ही जमीन से निकाल दिया गया हो। वो बीज कहां दबा रह गया था। ब्रजेश तुम भी तो नहीं बदले थे। बस तुम्हारे चेहरे पर थोड़ी परिपक्वता आ गई थी। देखते ही शायद तुम्हारा भी कोई दर्द हरा हो गया था। औपचारिक बातों के बाद तुम्हें इतना ही बोला 'चलो किसी कॉफी शॉप में बैठते हैं।' मैं कहां हाँ कर पाई बस घर परिवार की मजबूरी जल्दी जाने के बहाने बनाकर मैं चुपचाप वहाँ से चल दी। आज बीस साल के बाद भी मेरे अंदर वह आत्मविश्वास नहीं आया कि मैं तुम्हारे साथ कहीं बैठकर बातें कर सकूँ। कुछ अपनी कह दूँ और कुछ तुम्हारी सुन लूँ।

© सुषमा गुप्ता

सुहाग (लघुकथा)

मीरा आज फिर काम पर देर से आई थी। सुधा उसे अक्सर परेशान ही देखा करती थी। आज सुधा ने मीरा से पूछ लिया 'इतनी देर कैसे कर देती है?' दीदी जी, कई घर हो गए हैं अब काम करने के लिए ' मीरा बोली। 'जितना टाइम हो उतना ही काम किया कर 'सुधा ने थोड़े गुस्से में कहा। क्या करूं दीदी जी कमाने वाली अकेली और खाने वाले हम सात जन हैं घर में' मीरा ने अपनी मजबूरी बताई। 'क्यों तेरा आदमी कुछ नहीं करता क्या? सुधा ने हैरानी से पूछा। 'नहीं दीदी जी उसे तो मैं ही रोज दारु पीने के लिए पैसे देती हूं, और वही पीकर मुझे पीटता है ' मीरा रुआंसी होकर बोली। 'पर तू उसे दारु पीने के पैसे क्यों देती है? कमाने दे उसे या एक बार निकाल दो उसे अपने घर से' सुधा को इस बार हैरानी हो रही थी। मीरा ने असहजता से सुधा को देखा और बोली 'दीदी जी आप कैसे बात कर रही हो? उसे कैसे घर से निकाल दूं, वह तो मेरा सुहाग है उसी से तो मेरे माथे की बिंदिया और मांग का सिंदूर चमकता है।' अब सुधा हैरत से उसके माथे की बिंदी और मांग के सिंदूर के साथ मार के निशानी देख रही थी। जो उसके सुहागन होने की निशानी थी।

© सुषमा गुप्ता

बारिश

अचानक बारिश आने से
मन के हर कोने में
एक सोंधी सी खुशबू
भर जाती हैं

मन मयूर नाच उठता है
उसकी शीतलता से
और सारी उष्णता
पल भर के लिये ही सही
पर बाहर आ जाती है

बारिश की हर बूंद
से भीग जाता है मन
और सूखा आँगन
फिर हरियाली पौधे की
हर पत्ती में आ जाती है

बदलता है मौसम
इस मन का और
बेवजह खुश हो कर
उदासी को कुछ देर के लिए
दूर ले जाती है।

<hr>

© सुषमा गुप्ता

तुम से

तुम्हारे होने का सुख मेरे
मन को खुश कर जाता है
कि तुम मेरे जीवन में हो
मेरे हर सुख दुख के साथी
मेरी अपूर्णता को पूर्ण
करने के लिए
मेरे व्यक्तित्व में सुनहरे रंग
भरने के लिए
हर वो पल मेरे
मन को खुश कर जाता है
जब तुम मेरे साथ हो और
मैं तुम संग हूँ
अपनी बात तुमसे
कहने के लिए
अधूरी रही बात को
पूरा करने के लिए
हर वो अहसास मेरे
मन को छूता है
कि तुम्हारे होने से मैं हूँ
और तुम हो
मेरे बेरंग जीवन में रंग
भरने के लिए
मेरे अधूरे सपने को पूरा
करने के लिए।

© सुषमा गुप्ता

आशा

ऐसी कोई रात नहीं
जिसके ढलने से
सुबह ना निकले
ऐसी घोर निराशा नहीं
जिस से आशा का
उजास ना निकले
जीवन की हर मुश्किल का
देर सवेर सही
पर हल जरूर निकले
छा रहा हो चाहे
कितना अंधेरा
छोटी-सी किरण से
रोशनी ही निकले
दबा हुआ हो
कितना गहरा हर दर्द
आँखों से आँसू हो निकले
कोई परेशानी
कितनी बड़ी हो
छोटा-सा उसका हल निकले
खो जाए चाहे कितने रास्ते
मंजिल तक फिर
नया-सा रास्ता निकले।

© सुषमा गुप्ता

मुलाकात

बड़े अरसे से इंतजार
किसी मुलाकात का
जाने कितनी बातें करनी हो जैसे

मिलने पर बस
और सुनाइये और बताइये
सारी बातें शायद
संकोच के किसी
भारी पत्थर के नीचे दब कर रह गई

अजीब सी कशमकश में
बातें चलती रहीं
पर खामोशी भी पसरी रही
इस खमोशी ने जाने कितनी बातें कर लीं

नज़र मिलना इत्तफाक से
नज़र चुराना चुपचाप से
ना जाने का मन और
रोक लेने का मन दोनों एक साथ ही
कुछ अनमने से
बनते रहे बिगड़ते रहे..

अगली मुलाक़ात के वादे
के बिना ही...

© सुषमा गुप्ता

वक्त

मैं वक्त के साथ
चलता रहा
वो बस मुझे
छलता रहा

मैं उसके रंग में
ढलता रहा
वो अपना रंग
बदलता रहा

मैं हर गम में
मुस्काता रहा
वो ये देखकर
जलता रहा

मैं अपनी बात
कहता रहा
वो बस खुद की
सुनता रहा

मैं इंतजार में
अगर रुकता रहा
वो छोड़ कर मुझे
बढ़ता रहा।

© सुषमा गुप्ता

सरला सोनी 'मीरा कृष्णा'

सम्प्रति	: वरिष्ठ शिक्षिका
पता	: जोधपुर (राजस्थान)
प्रकाशित कृतियाँ	: महकते पन्ने, शब्द-शब्द महक, क्षितिज की ओर, पथरीले तट पर, राज-दर-राज, चाँद अधूरा, विवान, काव्य-सृष्टि, सृजन अभिलाष, चिरंतन, सृजन सुगंध, शब्द स्पंदन, काव्य-धारा तारूष (साँझा काव्य संकलन) तथा अनेक पत्र-पत्रिकाओं में रचनाएँ प्रकाशित।
सम्मान	: नर्मदा प्रकाशन और युवराज प्रकाशन से रचनात्मक योगदान हेतु सम्मान, सम्राट अशोक मानव कल्याण एवं शिक्षा समिति (साहवेस) कानपुर उ.प्र. द्वारा प्रशस्ति पत्र। प्रकाशन समूहों द्वारा प्रशस्ति पत्र - सम्राट अशोक मानव कल्याण समिति द्वारा प्रशस्ति पत्र, अपराजिता नारी सम्मान, पुनीत माता-पिता सेवी सम्मान, पर्यावरण सेवी सम्मान, राजस्थान गौरव नारी सम्मान, काव्य मेघ सम्मान, अमृता प्रीतम मेमोरियल एवॉर्ड।

प्रेम या बलात्कार? (लघुकथा)

तुमने तो हर महीने की बात लगा रखी है...हर महीने कहाँ से लाऊँ बीस हज़ार? सीमा ने बेबसी से चीखते हुए,...निमेष से पूछा।

ठीक है...अब मेरे पास भी वक्त नहीं...तुम्हारे लिए...मुझे बहुत काम है...पैसे कमाने हैं... निमेष ने सोफ़े से उठते हुए रूखेपन से कहा...मानो उसका और सीमा का कोई रिश्ता ही न हो।

वक्त नहीं है? क्या मतलब है तुम्हारा? मैं पैसे दूँ तो वक्त है और ना दूँ तो वक्त नहीं रहेगा मेरे लिए? यानि कि तुम अपना वक्त मुझे बेचते हो। यानि कि तुम मुहब्बत नहीं वैश्यागिरी करते हो। यानि कि तुम्हारा वक्त कोई और भी ख़रीद सकता है? जो पैसा फैंकेगा...तुम उसके बिस्तर पर उससे मीठी बातें करोगे? हाहाहाहा...... मुझे नहीं मालूम था कि आजकल मर्द भी बिकते हैं...और मुझे नहीं मालूम था कि मैंने मुहब्बत के लिए नौकर रक्खा हुआ है...जो महीने के बीस हज़ार तनख्वाह लेता है.....हाहाहाहा...

सीमा के ठहाके में दर्द साफ़ झलक रहा था... वो लुट चुकी थी...मुहब्बत के नाम पर... उसके जज़्बातों का बलात्कार हो चुका था...वो जिसे मुहब्बत का ख़ुदा समझती रही... वो पैसों का दलाल मात्र था...क्या ही ज़रूरी है....जिस्मों के ही बलात्कार हो...आत्मा का बलात्कार तो....सौ टका...कोई अपना ही करता है....और उसके लिए कोई सज़ा की पैरवी तक नहीं....

© मीरा कृष्णा

प्रेम-अहसास

हाथ थामकर
वो मुझे
चाँद के पार ले गया
मन के दरिया में
सुहानी शामें गुज़ारी
वक्त के पंख पर
बादलों के पार तक उड़ चले
आकंठ डूबी
प्रेम कश्ती में
झरते नैनों तक का
सफ़र भी किया
स्नेह फुहारों से
काजल बिखेरा
और पलकों की नमी से
मेरे होंठों का
रुखापन पोंछ लिया
भीतर भर दिया
समन्दर भर प्रेम
और उँड़ेलता गया
मुट्ठियाँ भर-भर..मधु-मणियाँ
मैं आज भी
इस अहसास को जी लेती हूँ
जब वह
किसी को चाँद के पार ले जाता है

© मीरा कृष्णा

प्रेम के अबोले गीत

प्रेम की अनन्त परिभाषाओं के बीच
प्रेम अब भी
परिभाषित नहीं हो सका
प्रेम अब भी शब्दों की खोज में ध्यानस्थ है

प्रेम जब मौन का प्रतिमान बन जाए
तब महाकाव्य तो नहीं गढ़े जा सकते
परन्तु
अनेकानेक महाकाव्यों की नींव अवश्य बन जाते हैं
पीले पड़े हुए काग़ज़
और उनसे भुरती हुई सभ्यताओं के बीच
ज़र्रा-ज़र्रा बिखरे हुए भग्नावशेषों समान
मौन प्रेम का भग्नावशेष है

ख़त्म हो चुकी स्याही
या टूट चुके पंख-कलम से
काग़ज़ पर आई खरोंचें..
प्रेम की अनबूझ प्रहेलिकाएँ हैं
जिसने मौन के घावों से
अनकहे-अबोले गीत रचे
उन्हें प्रेम का प्रतीक चिन्ह हो जाना चाहिए

© मीरा कृष्णा

प्रश्न

जाने का फ़ैसला था

तो रोकना बेमानी

फ़ैसलों को पलटने से

घुटन हो जाती

मौन घुटन

दरार पड़ चुकी दीवार से रिसती

धुँधली धूप सी घुटन

इस पार भी

दीवार के

उस पार भी एक कश्मकश

सो जाने के फ़ैसले को बदलना

मेरी नीयत नहीं

उस शाम से मेरे जीवन को भी

किसी अलग दिशा में जाना नियत था

सो मैं भी चल पड़ी

कर्तव्य के लिए जीने

और पलों के साथ..स्वयं को बिताने

क्रोध की आग

सारे जहाँ को भस्म कर सकती थी

परन्तु

इस आग को पी जाने की ज़िद में

मौन को हथियार बनाया

और ख़ुद का तिल-तिल हनन किया

वो मौन जो मुझे विरासत में मिला

वो मौन जो मुझे मुँह दिखाई में मिला

वो मौन जो परम्परागत मुझे सौंपा गया

उसी मौन के साथ

अपने को बिताया

और समय को बड़ा किया

समय को बड़ा करके बलवान बनाना था

हर पाप-पुण्य का पारितोषिक

केवल समय दे सकता है

और समय ने मेरा क़र्ज़ चुकाया

मेरे मौन दाह को सद्गति तक पहुँचाया

और उस दिन

मेरी चिता के सामने वो खड़ा था

हाथ बांधे

नज़रें झुकाए

अपराध स्वीकार करने

जली हुई आत्माएँ

न किसी के प्रायश्चित के आँसू देख सकती है

न किसी को क्षमा कर सकती है

और क्षमा जब

केवल औपचारिक व्यवहार मात्र हो

तो आँखें खुली हो तब भी

नज़रें फेर लेना ही स्वाभिमान

उसी स्वाभिमान को गोद में उठाकर

मैं फिर कर्तव्य निर्वहन की ओर चल दी

और वो फिर कर्तव्य विमुख हो मुड़ गया

उसके पास ईश्वर है

और मेरे पास

ईश्वर के लिए प्रश्न

© मीरा कृष्णा

धरती का विनाश

धरती की गर्भ का व्यास
हमारे जीवन की लम्बाई निर्धारित करेगा
गर्भपात करवाती स्त्रियों का एनस्थिसिया
धरती की संवेदना को लकवाग्रस्त बना देगा
धरती को अपंग बनाते समय
हमारे हाथों की कुल्हाड़ियाँ
चीखकर हमारे ही गर्दनों पर वार करेगी
और
मूक प्राणियों के मूक-रुदन की नमी
हमारे तन-मन को अकाल की आग में धकेल देगी
धरती के मवाद पर भिनभिनाता अट्टहास
हमारे चेहरों पर दर्द की झुर्रियाँ आरोपित करेगा
ज़मीन के जिस्म से निचोड़ा गया अमृत
हमारी नसों में विष का प्रवाह तेज कर देगा
प्रतिध्वनित होता ब्रह्मांड..पारिस्थितिक तंत्र से
मानव समूह को काटकर विलग कर देगा
और
नवीनीकरण की प्रक्रिया में अंतर्बोध के सभी उपकरण
अंतरिक्ष के शून्य में प्रवाहित कर देगा
हमने...
सिर्फ़ हमने धरती का विनाश किया है

© मीरा कृष्णा

अंत

अंत..एक चिर शांति के साथ ही होगा
चाहे जलजले का अंत हो
युद्ध का
रिश्ते का
या कि आप्लावित जीवन हो..
पत्तों की खड़खड़ाहट भी
निः शब्द हो जाएगी
समन्दर भी एक दिन
निश्चल हो जाएँगे
लाशों के हाहाकार के पश्चात
जीवन की नीरवता का बोध होना ही होना है
सारे शोर
मूक हो जाएँगे
हालातों के दावानल
पलाश की तरह दग्ध होकर
राख़ में परिवर्तित हो जाएँगे
और अन्ततः शीतलता में बह जाएँगे
स्तब्ध हो जाएगा जीवन
और सारे कोलाहल
शांत सरोवर की तलहटी में जम जाएँगे

© मीरा कृष्णा

बड़ी उम्र की औरतें

बड़ी उम्र की औरतें

मुहब्बत इसलिए नहीं करतीं कि

तुम राम बनकर अहिल्या का उद्धार करोगे

बड़ी उम्र की औरतें

देखती है एक साया

जिसकी छाँव में

वो उतार सके उम्र की थकन

वो ढूँढती है

एक अल्हड़ दोस्त

जिसके साथ...सड़क पर भीग सकें

तुममें कुछ ख़ास है या तुम्हारी कमसिनी...लालायित नहीं करती

वो चाहती हैं...एक हमसफ़र

जिसकी वो दोस्त और प्रेमिका भी बन सके

कभी गुरूर आ जाए ख़ुद पर...तो आईने में देख लेना

परिपक्व ख़ूबसूरती और नादान सुंदरता में कितना फ़र्क़ होता है

कभी लगे...कि कुछ जीत लिया है तुमने

तो झांकना उसके दिल में

ख़ुद की हार पर कितना ख़ुश हो रही है वो

ये बड़ी उम्र की औरतें

महज़ एक श्रद्धा की मूरत ढूँढ़ती हैं

जिसके गीत गुनगुनाते...उम्र गुज़र जाए

बड़ी उम्र की औरतें...जड़ से गहरी होती हैं

तुम तोड़ने जाओगे...तो ख़ुद की साँसें गँवा दोगे...

बड़ी उम्र की औरतें...भावुक प्रेम करती है

मगर...इसका मतलब ये क़तई नहीं कि

वो समझती नहीं तुम्हारी नादानियाँ

इन्हें नहीं जीना
अब छलावे की ज़िंदगी...इसलिए
पारदर्शी प्रेम चाहती है
इससे पहले कि
वक्त उड़ा ले जाए...इनकी...बची हुई नादानियाँ
ये बड़ी उम्र की औरतें...चंद लम्हों में
सारी ज़िंदगी जीने की चाहत रखती है...

© मीरा कृष्णा

रवि शंकर विश्वकर्मा

जन्म तिथि	:	07/07/1976
पिता	:	श्री गौरी शंकर विश्वकर्मा
माता	:	श्रीमती प्रेम लता
पता	:	प्रथवीपुर, जिला – निवाड़ी, म. प्र.
शिक्षा	:	एम. लिब.
लेखन विधा	:	यात्रा वृतांत, लघु कहानी
गतिविधियां	:	पढ़ना एवं लिखना
पेशा	:	लाइब्रेरियन, जवाहर नवोदय विद्यालय शिवपुरी, म. प्र.
मोबाइल	:	9753325466
ई-मेल	:	ravikarmalib@gmail.com

स्पीति का रोमांचक सफर

(यात्रा वृतांत)

दिल्ली में अब नया ठिकाना पुसा लाइब्रेरी था। बॉस से वेतन बढ़ाने की बात करते तो वो उल्टा काम बढ़ा देते। इस दौरान बहुत सारे एग्जाम दिए जिनमें से नवोदय विद्यालय में लाइब्रेरियन के लिये चयनित हुआ। मैंने अपने बॉस को बताया तो वो ज्यादा खुश नजर नहीं आए। तीन हजार में अब गुजारा नहीं हो पा रहा था फिर दूसरी तरफ सरकारी नौकरी थी। छुट्टी लेकर घर आ गया कॉल लेटर का इंतजार करने लगा।

आखिर इंतज़ार की घड़ी ख़तम हुई। नई पोस्टिंग मिली थी जेएनवी काजा जिला लाहौल स्पीति, हिमाचल प्रदेश। उस समय कोई गूगल गुरु तो होता नहीं था लेकिन इतना पता करने में सफल हो पाया कि ये जगह कुल्लू मनाली के आस पास कहीं है। बॉलीवुड फिल्मों में मनाली की शूटिंग कई बार देख चुका था और उस जगह को लेकर में बहुत रोमांचित हो रहा था। अक्टूबर का महीना शुरू हो गया था कुछ गरम कपड़े लेकर चल निकला नए ठिकाने स्पीति के लिए। झांसी से ट्रेन पकड़ी और चंडीगढ़ पहुंचा। स्टेशन के बाहर निकलकर एक टैक्सी वाले से पता किया तो उसने बताया कि बाबूजी ये जगह तो यहां से बहुत दूर है आप पहले मनाली जाओ फिर वह से सही जानकारी मिल पाएगी। मैंने एक साइकिल रिक्शा लिया और सेक्टर 24 बस स्टैंड की तरफ चल पड़ा। चंडीगढ़ के बारे में जितना पढ़ा था उससे भी ज्यादा खूबसूरत था। मैंने ली कार्बूजियर को प्रणाम किया।

चारों तरफ हरे भरे पेड़ पौधे, साफ सुथरी सड़कें, बड़े बड़े चौराहे देखकर मैं प्रफुल्लित हो गया। रिक्शावाले ने बताया कि ये युवराज सिंह का पेट्रोल पंप है। मैंने गौरव भरी नजरों से निहारा आगे गबरू जवान लोग खुली गाड़ियों में सफर करते नजर आए। मैंने पूछताछ के बाद मनाली के लिए बस पकड़ी और चल दिया मंजिल की ओर। मेरे साथ बगल में एक सरदारजी भी आकर बैठ गए। बस हिमाचल परिवहन की थी उसके ऊपर देवभूमि हिमाचल लिखा था। बस अपनी रफ़्तार पकड़ चुकी थी और अंदर माहौल काफी रोमांचक था। यहां एक अच्छी बात ये लगी कि कंडक्टर अपनी सीट पर ही बैठा था और सब लोग उसके पास जाकर टिकट ले रहे थे। इसके उलट हमारे एमपी में वो बेचारा सवारियों के पास मारा मारा फिरता है।

हमारी बस पोंटा साहिब पहुंच चुकी थी और यहां से पहाड़ों की झलक मिलनी शुरू हो

गई थी। मैं खिड़की के पास बैठा था और बार बार बाहर झांक कर रोमांचित हो रहा था। रास्ते में स्कूल जाते हुए सुंदर से बच्चों को देखकर अपने नए स्कूल की कल्पना में खो जाता। अधिकतर सवारियां पंजाबी में बात कर रहीं थी और मुझे उनको सुनना अच्छा लग रहा था। सबसे अच्छी बात मुझे ये लगी की बस में महिलाओं की सब बहुत इज्जत कर रहे थे और अगर किसी महिला को सीट नहीं मिलती तो आदमी खुद खड़ा हो जाता और उनको अपनी जगह बिठा देता। सच में देवभूमि ही लगा हिमाचल प्रदेश।

बिलासपुर होते हुए हम मंडी पहुंच गए थे। उस्ताद ने बस एक ढाबे पर खड़ी कर दी। सवारियां लंच के लिए नीचे उतरने लगी। मैंने लंच में राजमा चावल लिया। बहुत ही जायकेदार था खाना। बस में आकर बैठ गया। खिड़की से ठंडी बयार आ रही थी। मुझे नींद कब लग गई पता ही नहीं चला। जब मैं जागा तो हम कुल्लू पहुंचने वाले थे। एक तरफ पहाड़ और दूसरी तरफ व्यास नदी बीच में रास्ता सफर का रोमांच बढ़ा रहा था। कितने ख्वाब मेरे मस्तिक में उमड़ने लगे। उस समय मोबाइल तो था नहीं बस आंखों में ही कैद कर रहा था प्रकृति की सुंदरता को। सूर्य अस्त हो चला था दूर पहाड़ों पर रोशनी जलती दिखती दे रही थी। कुल्लू शहर को रोशनी से नहाते हुए देखना अद्भुत था, कुल्लू बस स्टैंड पर आकर बस खड़ी हो गई। मैं बस से उतरकर बाहर निकल आया।

सवारियों की भेष भूषा देखकर ऐसा लग रहा था कि अब हम देवभूमि के दूसरे इलाके में आ गए हैं। कुल्लू में काफी सर्दी थी और भूख भी लग गई थी, मैंने ड्राइवर से पूछा कि कितने समय तक रुकोगे। उसका जवाब था आधा घंटा। मैंने पास में चाउमिन खाया, चाय पी और बस में आकर बैठ गया। अचानक से मौसम बदला और बूंदा बांदी होने लगी। बगल में बैठे सरदार जी से मैंने पूछा अंकल जी काजा बस कब पहुंचाएगी? सरदार जी आश्चर्य के साथ मुझे देखने लगे। इसके पहले कंडक्टर से भी मैं एक दो बार पूछ चुका था। मुझे लग रहा था कि बस से मनाली उतरेंगे और ऑटो पकड़कर दस पन्द्रह मिनट में काजा पहुंच जाएंगे। सरदार जी मुझसे कहने लगे बेटा तू क्यों मरने के लिए उत्थे जा रिया सी? मुझे ऐसे जवाब की आशा नहीं थी, सुनकर मैं और डर गया। मैंने कहा क्या हुआ? अंकल जी आप ऐसा क्यों बोल रहे हैं?

सरदार जी बोले- मैं एक बात दसौं तेनु काजा नाल हिमाचल का बन्दा भी नौकरी करने नी जांदा। मैंने डरते हुए पूछा क्यों? वो बोले काजा तो काले पानी की सजा होती है जब कोई कर्मचारी कोई गलत काम किता तो हुन सरकार भेजती है काजा। अब काटो ती खून नहीं

वाली स्थिति हो गई मेरी। मैंने हनुमान चालीसा के कुछ छंद जो बचपन में याद हो गए थे मन ही में पढ़ना शुरू कर दिए। मुझे अब सरदार जी का साथ बात करना अच्छा नहीं लग रहा था। बस अपनी रफ़्तार से चली जा रही थी ठंड बहुत बढ़ गई मैंने खिड़की पूरी तरह से बन्द कर दी थी। बाहर शीशा से पहाड़ों पर जलती रोशनी नजर आ रही थी बस की अधिकांश सवारियां ऊंघती नजर आ रही थी। करीब आधा घंटा बस चली होगी तभी ड्राइवर ने अचानक जोर से ब्रेक लगाया एक जोरदार झटका लगा सभी लोगों में खलबली मच गई, बस के आगे की साइड जोर जोर की आवाजें आने लगीं।

थोड़ी देर बाद पता चला कि हिल स्लाइडिंग हुई है रास्ता पूरा जाम हो गया। मैंने सरदार जी से ना चाहते हुए पूछा ये स्लाइडिंग क्या है? वो बोले कोई ना तुस्सी चिंता ना करो ये तो होती रहती है जब पहाड़ों में बर्फबारी होती है तो पहाड़ों से मलबा गिरने लगता है ये यहां की रोज मर्रा की घटनाएं है। मैं उनके साथ ही बस से बाहर आ गया। बाहर आकर देखा तो पता चला कि बहुत सारा मलबा सड़क पर फैला था कुछ पत्थर और पेड़ भी गिर गए थे। चूंकि ये व्यस्त हाईवे था इसलिए धीरे धीरे लंबा जाम लगता चला जा रहा था। अब सिवाय इंतजार के कुछ नहीं कर सकते थे। करीब दो घंटे लगे बी. आर.ओ. के जवानों ने पूरी ताकत से मलबे की सफाई की ओर रोड चालू किया। करीब रात को दस बज चुके थे और दिल भी घबड़ा रहा था कि आगे क्या होगा कैसे काजा जाऊंगा? मैंने अपना डर दूर करने के लिए सरदार जी से बातचीत जारी रखी, उन्होंने बताया कि उनका कालीन का धंधा है उसके सिलसिले में मनाली आते रहते हैं। उन्होंने मुझे दिलासा दिलाया कि वो अपने साथ होटल ले जाएंगे और अगले दिन काजा बस पकड़वा देंगे।

मनाली का बस स्टैंड आते ही दलाल लोग सवारियों पर टूट पड़े कोई उनके हाथ से समान छीन रहा था तो कोई हाथ पकड़ रहा था। मैंने तुरन्त अपना समान लिया ऑर सरदार जी के पीछे हो लिया। सरदार जी एक बड़े से होटल में गए और होटल वाले से कुछ बात की। उसने मुझे गैलरी के साथ लगा हुए एक छोटा सा कमरा दे दिया। सफर की थकान बहुत ही गई थी। मैं समान रखकर धड़ाम से बिस्तर पर गिर गया और गहरी नींद में सो गया। सुबह वेटर ने जब बेल बजाई तो मेरी नींद टूटी, उसने चाय लाकर रख दी। मैंने जैसे ही खिड़की का पर्दा हटाया तो विस्मृत हो गया। बाहर जोरों से बर्फबारी हो रही थी, पूरी पहाड़ी सफेद चादर से ढकी नजर आ रही थी। ये मेरी जिंदगी का पहला अवसर था जब मैं लाइव बर्फबारी देख रहा था। अभी तक तो मैंने टीवी में ऐसा देखा था। मैं होटल के लॉन में आकर अखबार

पढ़ने लगा। तभी सरदार जी मिल गए, उनके साथ में सामने बस स्टैंड तक पैदल पैदल चला गया। पूछताछ करने पर पता चला कि पहली बस सुबह 6 बजे जाती है लेकिन ऐसे मौसम में सब कुछ बन्द है। फिलहाल सात आठ दिन कोई आसार नजर नहीं आ रहे। सरदार जी बड़े नेक आदमी थे। उन्होंने कहा- आप होटल में रुककर इंतजार करो और एक ढाबे का पता भी बताया जहां सस्ता खाना मिलता था। दिन भर बर्फबारी होती रही शाम को मैं पैदल बाजार का चक्कर लगा कर वापिस आ गया।

पांच दिन लगातार बर्फबारी हुई जिसको देखने के लिए पर्यटकों का आना शुरू हो गया होटल फिर भरने लगे। मैं रोज घूमता रहता कभी व्यास नदी के पास कल कल करते पानी के पास बैठता और कभी पहाड़ों के पास तक जाकर लौट आता। धीरे धीरे हिम्मत जवाब देने लगी जेब में पैसे भी नहीं बचे थे होटल लौटकर मैंने काल लेटर निकला और सीधा रीजनल ऑफिस चंडीगढ़ फोन लगाया। मैंने सारी बातें बताई तो एसी साहब ने कहा कि तुम वापिस आ जाओ। मंडी के पहले रोड पर जेएनवी पण्डोह है। वहां पहुंचकर ज्वाइन कर लो मैं प्रिंसिपल मैडम को फोन कर देता हूं। मैने सामान उठाया और बस पकड़कर वापिस विद्यालय आ गया। प्रिंसिपल मैडम बढ़ी आत्मीयता से मिलीं और मुझे ज्वाइन कराया, मैंने मैडम को बताया कि मेरे पास बिल्कुल पैसे नहीं बचे तो उन्होंने एडवांस एप्लाई करने के लिए बोल दिया। वहां रहकर मुझे पता चला कि काजा जाने के दो रास्ते हैं एक खतरनाक वाला मनाली- रोहतांग- लोसर होते हुए काजा जाता है। ये रास्ता अक्टूबर में बन्द हो जाता है। फिर सीधा मई में खुलता है।

दूसरा रास्ता शिमला- रामपुर- रेकोंगपिओ - ताबो होते हुए काजा जाता है और ये रास्ता पूरे बारह महीने खुला रहता है और सुरक्षित भी है। मुझे पता चला कि जेएनवी काजा केवल दसवीं क्लास तक है और इसके बाद स्टूडेंट्स मिनी माइग्रेशन में इसी स्कूल में आ जाते हैं। जब मैंने उन बच्चों से मुलाकात की तो में हैरान रह गया। वो बड़े सीधे सरल और तीबतियान शक्ल के थे। मुझसे मिलकर सबने एक साथ जुले जी किया मैंने भी जुले जी कहा। दस दिन बाद रास्ता खुल गया और किस्मत से एक आदमी जो अपने बच्चे से मिलने आया था वापिस काजा जा रहा था अपने निजी वाहन से। मैडम के निवेदन पर वो मुझे काजा तक ले जाने के लिए तैयार हो गया। मनाली से असली रोमांच शुरू होने वाला था। मैं ड्राइवर के साथ बाली सीट पर बैठा था। बीच बाली सीट पर पैरेंट्स थे। हमारा ड्राइवर एकदम गोरखा स्टाइल का शेरपा लग रहा था, वो उल्टी टोपी पहने जीन्स टीशर्ट में किसी हीरो से कम नहीं था। उसने

एक स्पीति गाना बजा रखा था। जिसके बोल जुले निमो जैसा कुछ था जो समझ नहीं आ रहे थे पर संगीत मनमोहक था। रोहतांग चढ़ते समय रास्ता बहुत टेढ़ा मेढा था। मैं बार बार ड्राइवर को पकड़ लेता और उससे धीमे चलाने के लिए कहता। वो बार बार मुझे समझाता आप चिंता मत करो यारा मेरा तो रोज का काम है। मैं तो भगवान को सुमिरता की आज सकुशल पहुंचा देना। कुछ दूर जाने पर फिर मैंने वही किया जो उसको पसंद नहीं था, उसने गाड़ी रोकी और मुझे उतरने के लिए बोला।

उसने मुझे सबसे पीछे बैठा दिया था और अपना काला चश्मा भी लगा दिया था और बोला आप आराम से सो जाओ। रोहतांग दर्रा पूरा बर्फ में नहाया हुआ था। मेरी गाड़ी बर्फ की कटी सुरंग से निकल रही थी। में बहुत रोमांचित हो रहा था। थोड़ी देर बाद मुझे कड़ाके की सर्दी लगने लगी। चांदनी चौक से खरीदी लेदर की जैकेट मुझे धोखा दे रही थी, मेरे पांव मुझे महसूस नहीं हो रहे थे। रोहतांग से दो रास्ते जाते हैं एक सीधा लद्दाख चला जाता है और दूसरा दाहिनी तरफ दाडा बताल होते हुए काजा। काजा का सफर करीब 120 किलो मीटर का बचा था और मुझे लग रहा था कि मैं बर्फ़ की मूर्ति बन जाऊंगा। हैरानी तो तब हुई जब पूरे रास्ते में कोई गांव नहीं मिला। पूरा रास्ता कोल्ड डिजर्ट था। केवल और केवल सफेद बर्फ ही चारों तरफ नजर आ रही थी। बीच रास्ते में एक जगह टेंट का ढाबा बना रखा था।

वहां हम लोग लंच के लिए रुके। मैं जब गाड़ी से उतरने को हुआ तो दस मिनट तक अपने पांव को घिसता रहा कि पांव जाग जाएं। अन्दर ढाबे में काफी विदेशी पर्यटक मिले जो चंद्रताल झील से लौटे थे। मेरी गाड़ी फिर चढ़ाई पर थी और इस बार रोहतांग से भी खतरनाक कुंजुम दर्रा आने वाला था जो समुद्रतल से 14000 फीट ऊपर था और यही से स्पीति नदी निकलती है जो साथ साथ काजा जाती है और आगे चलकर सतलुज बन जाती है। कुंजूम पास पर पहुंचकर ड्राइवर ने गाड़ी रोक दी और मुझसे कूंजुम माता के दर्शन करने के लिए कहा। मैं जब गाड़ी से बाहर निकला तो तेज हवा के थपेड़े लग रहे थे, जब मैंने गाड़ी में टेंपरेचर पता किया तो माइनस बीस था, पूरा बदन सुन्न हो गया, मुझे सांस लेने में परेशानी होने लगी। बाद में पता चला कि यहां पर ऑक्सीजन कम हो जाती है, कुछ लोगों के नाक से खून भी आने लगता है। मैंने बड़े श्रद्धाभाव से माता के दर्शन किए और दूसरों को देखकर सिक्का भी मूर्ति से चिपकाया जो पहली बार में ही चिपक गया। ड्राइवर ने कहा आपकी मांगी मुराद जरूर पूरी होगी। बाद में मेरे साथ बैठे कलदन जी ने बताया कि ये देवी हमारी रक्षा करती हैं तथा बर्फबारी इनकी कृपा से होती है। बर्फबारी होने पर सभी गांव में उत्सव मनाया

जाता है क्योंकि इनकी कृपा से हमारे यहां मई के महीने में मटर की फसल की जाती है। स्पीति में कभी बारिश नहीं होती केवल बर्फ गिरती है जो शुभ मानी जाती है। कल्दन जी ने अपना गरम शॉल भी मुझे दे दिया जिसको ओढ़ कर कुछ राहत मिली। अचरज की बात तो तब लगी जब हम कुनजुम पास उतर रहे थे तभी विदेशी पर्यटक अपनी अपनी साइकिल से उपर चढ़ रहे थे। कुछ पर्यटक अपना टेंट लगाकर भी पर रुके हुए थे। मुझे उनको देखकर अपने आप पर शर्म आने लगी। ड्राइवर ने बताया कि ऐसे मौसम में भारी तादात में पर्यटक चंद्रताल झील आते हैं और माउंटेनियरिंग भी करते हैं। नीचे उतरकर स्पीति घाटी शुरू हो गई थी जो पूरी तरह बर्फ से ढकी हुई थी कोई पेड़ पौधा रास्ते भर नजर नहीं आया। अब यहां से स्पीति नदी के साथ साथ चलना था।

सबसे पहला गांव लोसर मिला यहां रुककर हमने चाय पी और भक्कु (एक प्रकार की गरम भट्टी जिसका पाइप छत से बाहर निकला रहता है) के पास जाकर मैंने अपने हाथ और पांव भी गरम किए। यहां की महिलाओं की भेष भूषा बिल्कुल अलग थी। पूरे चेहरे पर ये दुपट्टा लपेटकर रखती थीं। केवल आंखे ही दिखाई देती थी। पुरुष गोल हैट पहने नजर आ रहे थे और काला चश्मा पहने हुए थ। मुझे पल्दन जी ने बताया की हैट लगाने से चेहरा जलता नहीं है और काला चश्मा बर्फ के उपर सूरज की चकाचौंध को दूर करता है। ऐसे लग रहा था कि मैं एक अलग ही दुनिया में आ गया हूं जिसका पहले मेरी जिंदगी में कोई जिक्र नहीं आया था। रास्ते में कुछ बौद्ध भिक्षु मिले जो लाल रंग के कपड़े पहने हुए थे और सड़क के पास कतार में चल रहे थे। मैंने पलदन जी से पूछ तो उन्होंने बताया कि यहां पर दो बड़े बुद्ध गोंफा या मठ हैं एक लड़कियों के लिए जिनको लोकल भाषा में चोमों कहते हैं, दूसरा लड़कों के लिए जिनको लामहा कहते हैं।

उन्होंने ये भी बताया कि ये इलाका पूरा बोद्धिस्ट इलाका है और इसमें सभी परिवारों को अपने बड़ी संतान को भिक्षु बनाना अनिवार्य है, तभी मुझे गांव में लगे बोर्ड पर जनसंख्या में 75 देखकर आश्चर्य हुआ था। शाम को पांच बजे के लगभग काजा टाउन में गाड़ी प्रवेश हुई में बड़ा ताज्जुब में था क्योंकि यहां पर हरे भरे पेड़ पौधे नजर आ रहे थे जो जापान से आयात करके लगाए गए थे। रोड पर ही मेरा विद्यालय था ड्राइवर ने मुझे वही उतार दिया में जब किराया देने को हुए तो कल्दन जी ने यह कहकर मना कर दिया कि आप हमारे बच्चों को पढ़ाने आए हो आपसे कुछ नहीं लेंगे, मैंने उन्हें धन्यवाद कहा और अपना बैग उठाकर विद्यालय की और चल दिया। दूर उपर पहाड़ी पर ओम माने पदमे होम मंत्र लिखा हुआ नजर

आ रहा था जो हम सबकी जिंदगी में शामिल होने बाला था। शाम का समय था छोटे छोटे बच्चे मुझे देखकर मेरे पास आ गए एक ने मेरा बैग पकड़ लिया मैंने उनसे जुले कहा तो वो सारे खुश हो गए। कुछ बच्चे एक नाले के उपर बर्फ पर स्केटिंग कर रहे थे में उनके हुनर को देखकर रोमांचित हो गया। काजा में जब तक सूरज रहता है तब तक तेज तपन होती है हैट लगाना पड़ता है लेकिन जैसे शाम 4 बजे सूरज ढलता है अचानक तापमान गिर जाता है नदी नाले सब जम जाते हैं। प्रिंसिपल अली सर छुट्टी पर थे उनके निर्देश से मुझे स्कूल बिल्डिंग में ही एक क्लास में रुकने के लिए कहा गया जिसमे एक दिन पहले आए नये म्यूजिक टीचर विश्वजीत रुके हुए थे। रात को मेस में खाना खाकर रूम में आ गया थकान बहुत थी सो जल्दी सो गया। करीब दो बजे मुझे बहुत जोर से ठंड लगी। मैं बिस्तर पर उठकर बैठ गया। विद्यालय से मिले दो कम्बल काम नहीं कर रहे थे। मैंने अपना ट्रैक शूट निकला। उसको पहना। जूते मोजे भी पहन लिए लेकिन कोई तरकीब काम नहीं आ रही थी। जैसे जैसे समय बीत रहा था मेरे दांत किटकिटाने लगे। रात का तापमान माइनस में रहा होगा। मैंने बगल में सर को जगाया। और पूछा कि माचिस है तो उन्होंने बगल के रूम में भक्कू की बात कही। मैंने उसको जलाया और पूरी रात उसके सहारे काटी।

सुबह तय समय पर हम सबका परिचय हुआ। मैंने सब लोगों से जुले कहा तो सारे बच्चे खुश हो गए। हमारा विद्यालय एक टेंपरेरी बिल्डिंग तहसील में लगता था। अली सर हमारे प्रभारी प्राचार्य थे और सभी स्टाफ युवा थे। हम अपने स्वभाव के हिसाब से जल्द सबसे घुल मिल गए। जहां हमारा स्कूल था उसके सामने डी सी बैठा करते थे जो काजा उपमंडल के प्रशासक थे। हमारे बगल की इमारत में तहसीलदार और एस डी एम साहब बैठते थे। पचास मीटर की दूरी पर उपर की तरफ हमारा मेस था उसी के साथ गर्ल्स हॉस्टल था। उसके एकदम पीछे अस्पताल था जो मुश्किल समय में हमारे काम आता था। हमारे समय डीसी नेगीजी और एसडीएम विजय सर हुआ करते थे जो आए दिन हमारे स्टाफ को चाय पर बुला लिया करते थे। हम भी उनको फंक्शन वगैरह में उनको बुलाते रहते थे। हमारे विद्यालय के पास ही ब्वॉयज हॉस्टल था और उसके पीछे एक बड़ी इमारत में किराए से हमारे टीचर रहते थे। में बड़ा भाग्यशाली रहा कि रहने के लिए ज्यादा परेशान नहीं हुआ। उसी दिन हमारे साइंस टीचर प्रदीप जी मुझे अंपने साथ अपने कमरे पर ले गए वो अकेले ही रह रहे थे। हम लोग नाले के इस तरफ थे वहां से करीब पांच सौ मीटर की दूरी पर बाजार था जहां सभी सामान मिल जाते थे। बस स्टैंड के सामने तिब्बतियन रेस्टोरेंट था और उसके पास ही

एसबीआई का बैंक हुआ करता था। ये सब इसलिए बताना जरूरी है कि रोज हमारा एक चक्कर यहां पर लगता था। हमारे विद्यालय के नीचे स्पीति नदी बहती थी जिसकी कल कल ध्वनि कानों में संगीत घोला करती थी और मेस के पीछे एक विशाल पहाड़ था जो मानो प्रहरी होकर हमारी रक्षा कर रहा हो। चार पांच दिन लगातार बर्फबारी होती रही में जब विद्यालय गया तो पूरे प्रांगण में बर्फ ही बर्फ थी। मैंने अपने साथियों के साथ चाहे मुझे कोई जंगली कहे गाने पर खूब लोट लगाई और फोटोग्राफी के बाद में दो दिन तक बीमार रहा।

सुबह होते ही अलार्म बजने लगता और रजाई से निकलना समझो युद्ध पर जाने जैसा था। रात में तापमान माइनस में चला जाता। गरम पानी थरमस में भरकर रखना पड़ता था नहीं तो बर्फ का गोला ही हाथ आता था। नहाने की तो हमारे यहां प्रतियोगिता होती जिसमे हमारे अली सर ही जीतते क्योंकि वह रोज नहाते थे। मैं तो आठ दिन वाला था। हमारे कुछ साथी महीना वाले भी थे। हमारे बच्चे इसमें वर्ल्ड कप जीते हुए थे। वो महीनों नहीं नहाते थे और कुछ तो बिना पानी के शौच भी कर आते थे। कोई शरारती बच्चा ज्यादा शैतानी करता तो हम लोग उसको नहला देते। अगले दिन क्लास में शांति छा जाती थी। कपड़े धोना बड़ा दुरूह काम था। हमारे कुछ साथी दस बीस जीन्स चंडीगढ़ से खरीद लाए थे। कहते थे कि ये फट जाएं पर धोना नहीं। एक बार में दोपहर में स्पीति नदी चला गया। वहां पर कुछ महिलाएं स्टोव में गरम पानी करके कपड़े धो रही थी। हाथों में ग्लब्स पहने हुई थी। मुझसे रहा नहीं गया मैंने अपनी बहादुरी दिखाई और नदी में घुटनों तक खड़ा हो गया। बर्फ से भी ज्यादा ठन्डे पानी में मेरे पांव सुन्न हो गए। मुझे लगा कि किसी ने मेरे पांव काट दिए हों। तब मुझे समझ आया की यहां के लोग पानी से इतना क्यों डरते हैं।

यहां के बच्चे बहुत ही सीधे सादे थे। कुछ पूछने पर शरमा जाते। खासतौर पर लड़कियां। यहां का समाज महिला प्रधान समाज था और घर के काम से लेकर बाहर के काम में सब जगह महिलाएं अपनी उपस्थति दर्ज करा रहीं थीं। जब बर्फबारी होती ती गर्ल्स हॉस्टल से लड़कियों के गाने की आवाजें आती रहती। यहां खाने पिलाने का बहुत शौक था। जिसमें गरम पेय, कई तरह की चाय, सूप, आरा (एक तरह की शराब बहुत चलती थी), थुकपा, मोमो। मेस में राजमा चावल और दाल चावल ज्यादा बनता था। जब पेट नहीं भरता तो मैं तिब्बियान रेस्टेरेंट्स में अपना मनपसंद पराठा और लहसुन की चटनी खाने चला जाता। साथ में लेमन टी सोने पे सुहागा होती थी। यहां पर सब कुछ पंजाब से आता था इसलिए सामान बहुत मंहगा मिलता था। एक दूध का डब्बा लाते जिससे दो तीन दिन तक काम चल

जाता। मुझे सातवीं क्लास का क्लास टीचर बना दिया। मेरे लिए सबसे मुश्किल था इनके नाम याद करना। केशांग, टशी, नवांग डोलमा, छेरिंग, पल्डान, गैंचो, तांगे, पद्मा छुईंग, अंगदुई आदि। किसी बच्चे को बुलाना हो तो उनका नाम याद नहीं आता था। सुबह सुबह मेस में नाश्ता करते नीचे उतरते हुए ओम माने पद्मे होम कहते हुए वहां लगे यंत्र को घुमाते और स्कूल आ जाते। क्लास के अंदर ठंड से बचने के लिए भक्कू लगी थी जिसमे कोयला जलता रहता और हम लोग बच्चों को पढ़ाते रहते। शाम को बच्चों के साथ कभी क्रिकेट खेलता तो कभी चेस। बर्फबारी ज्यादा होती तो मजबूरन टीटी खेलना पड़ता जिसमे में बहुत कच्चा था। यहां सबसे ज्यादा फोन की दिक्कत होती।

विद्यालय में लैंड लाइन फोन होता जो अक्सर खराब हो जाता। अधिकतर समय खत लिखकर ही काम चलाना पड़ता और जरूरी होने पर बाजार जाकर फोन करना पड़ता। पहला वेतन मिला। दस हजार रुपए। इतने पैसे देखकर हम इमोशनल हो गए और उस रात सूची बनाते रहे कि घर में किसको क्या ले जाना है। सुबह बाजार जाकर सबसे पहले ब्रांडेड जूते ऑर गरम जकेट खरीदी क्योंकि नवंबर शुरू हो गया था और ठंड बढ़ने लगी थी। अब जिंदगी अपनी पटरी पर आ गई थी जल्द ही छुट्टियां होने वाली थी में इंतजार करने लगा घर जाने का। यहां पर दिसंबर से फरवरी तक विंटर वैकेशन हो जाता था। इस बार बर्फबारी ज्यादा हुई थी इसलिए उपर का मार्ग बन्द हो गया था और इस बार हमें नीचे के रास्ते काजा से किन्नौर होते हुए जाना था। सभी बच्चों को तय समय पर घर भेजकर हम लोग जाने को तैयार हो गए। काजा से रिकोंगपिओ के लिए सुबह सात बजे बस जाती थी जो शाम को रेकोंगपुओ पहुंचती थी।

एक दिसंबर 2004 को हम लोग काजा बस स्टैंड पर पहुंचे चारो तरफ बर्फ की सफेद चादर बिछी हुई नजर आ रही थी। तय समय 7 बजे सुबह हिमाचल परिवहन की बस अपने गनतव्य स्थान की और निकली। हमारे स्टाफ के आठ से दस लोग अपनी अपनी सीटों पर बैठ चुके थे जिनका रिजर्वेशन एक दो दिन पहले ही करा लिया गया था। मैंने खिड़की वाली सीट ली थी जिससे उल्टी बाली समस्या से बचा जा सके। ये मार्ग मेरे लिए नया था इसलिए इसको देखने की उत्सुकता भी थी। इस मार्ग पर छोटी बस चलती थी जिसमे करीब बीस सवारियां ही आ सकती थी। हमारी स्टाफ नर्स मैडम ने अपना डियो निकिला और थोड़ा थोड़ा सबके उपर डाल दिया जिससे बस के अंदर का वातावरण खुशबूदार हो जाए क्योंकि कुछ लोग बिना नहाने वाले भी थे। काजा से आठ दस किलो मीटर आगे जाने पर दो रास्ते

जाते हैं। एक पिन वैले के लिए जो बहुत खूबसूरत बताते थे पर मेरा जाना नहीं हो पाया था। खैर अभी तो मुझे लौट कर भी आना है। दूसरा सीधा रास्ता ताबों के लिए हम उसी रास्ते पर आगे बढ़ रहे थे। बस के अंदर हम तीन लोग नए रंगरूट थे, में विश्वजीत और बिंदु मैडम। हमारे साथी विश्वजीत सर को सभी छेड़ा करते थे और समय निकालने के लिए सभी उनके मज़े ले रहे थे। बीच बीच में कुछ हिमाचली गाने भी गाए जा रहे थे। उन दिनों एक गाना बहुत चलता था रेडू जाना रे ...मुझे बहुत पसन्द था। जैसे जैसे बस अपनी रफ़्तार पकड़ रही थी ठंड भी गले से लिपट रही थी वो तो शुक्र है कि मैंने इस बार यही की। ब्रांडेड जैकेट डाली हुई थी। बातों ही बातों में कब ताबों आ गया पता ही नहीं चला।

ताबों एक प्राचीन एवम् ऐतिहासिक कस्बा था जहां पर बहुत पुराना कच्ची मिट्टी का बना हुआ मठ था। यहां की ऊंचाई काजा से 200 फीट कम हो जाती है इसलिए यहां पर बर्फ भी कम गिरती हे और यहां से सेब के बाग शुरू हो जाते हैं। थोड़ा आगे चलने पर लरी गांव मिला वो हमारे लिए खास था क्योंकि नवोदय विद्यालय की स्थाई इमारत यही पर बनने वाली थी। इसी गांव की एक लता मैडम हमारे स्कूल में कॉन्टेक्ट टीचर थी। उनके भी सेब के बाग थे और वो गोल्डन एप्पल लेकर आती थीं। ये आपके बहुत ही स्वादिष्ट होता है और अगर आप दांत गड़ाओ तो रस के छींटें आपके चेहरे पर बिखर जाएंगे, लेकिन ये आम रिलाइंस कंपनी सीधा किसानों के बागानों से उठा लेती है और इनको विदेश भेज दिया जाता है। आगे जाने पर आईटीबीपी का कैंप नजर आने लगा। बोर्ड पर लिखा था समदो चौकी। ये इस रास्ते की महत्वपूर्ण चौकी थी। जो भी यात्री स्पीति में प्रवेश करेगा या निकलेगा उसका सम्पूर्ण विवरण यहां पर दर्ज होता था खासकर विदेशियों के लिए ज्यादा।

यहां से रास्ता खतरनाक हो गया था क्योंकि चीन से आने वाली एक नदी अब स्पीति में मिलकर सतलुज बन चुकी थी और अब एक तरफ गहरी नदी और दूसरी तरफ पहाड़ शुरू हो गया था। मेरी खिड़की नदी की तरफ थी जैसे ही कोई क्रॉसिंग होती मुझे लगता मेरे नीचे का पहिया नदी में गया। मुझे ठंड में भी पसीने आने लगे। कई बार तो रास्ता इतना संकरा होता कि कोई वाहन अचानक से आगे आ जाता तो छोटे वाहन को सौ मीटर तक पीछे लौटना पड़ता अगर कुशल ड्राइवर ना हो तो समझो राम नाम सत्य है। अब टेडा मेढ़ा रास्ता होने पर मुझे उबकाई आने लगी। बहुत कोशिश की पर उल्टियां होना शुरू हो गईं। सारा नाश्ता बाहर हो गया, मेरी हालत पतली होती जा रही थी। आधा घंटा चलने के बाद वो खतरनाक जगह आ ही गई जिसका जिक्र कई साथियों से सुन चुके थे। वो था मलिंग नाला। मलिंग नाला

पहाड़ी पर बना एक झरना था जिसमें चीन कि तरफ से एक नाला गिरता था जो सीधा रास्ते के उपर गिरता था जिससे सारी रोड कट जाती थी। बार बार रोड बनता था। अभी रोड कटा हुआ था और उपर से पत्थर गिर रहे थे। इसलिए वहां का रास्ता रोक दिया था। उसके अस्थाई समाधान के लिए प्रशासन ने एक झूला डाला हुआ था जिस पर सौ किलोग्राम तक का सामान लगभग पांच सौ मीटर की दूरी तक पहुंचा दिया जाता था और सवारियों को नीचे खाई में एक किलो मीटर उतरकर फिर सीधी चढ़ाई चढ़कर उस तरफ खड़ी बस में बैठना पड़ता था। मैंने अपने साथियों के चेहरे के हाव भाव देखे पुराने लोग तनाव मुक्त थे क्यूंकि वो इस वेदना से गुजर चुके थे। सबसे ज्यादा चिंता मुझे विश्वजीत की हो रही थी क्यूंकि वो शरीर से अपंग था और आंखों से ठीक से दिखता नहीं था। मैंने बिंदु मैडम से कहा कि आप सुनीता मैडम को पकड़ लो क्योंकि आपको अभी रास्ते का अंदाज़ा नहीं है। भगवान का नाम लेकर हम विश्वजीत का हाथ पकड़ कर नीचे नाले में उतरना शुरू हुए। हमारी मदद के लिए हमारे आर्ट सर कुलदीप भी थे जो पहले ये कर चुके थे। अली सर ने सबको समझा दिया था कि घबड़ाने की जरूरत नहीं है। उपर से जो पत्थर गिर रहे हैं बस उनका ध्यान रखना है। खाई कच्ची मिट्टी और कंकड़ों की बनी थी जिस पर फिसलन बहुत थी अगर थोड़ा भी संतुलन बिगड़ा तो सीधे खाई में फिसलते चले जाएंगे। पहले बहुत लोग यहां पर अपनी जान गवां चुके थे जिनके किस्से मशहूर थे।

नीचे उतरते हुए हम उपर से आ रहे पत्थरों से भी बच रहे थे। हमारे साथ बस में जो लोकल की सवारियां थी वो तेजी से हमारे आगे निकल गए थीं। जब हम सबसे नीचे खाई में पहुंचे तो केवल में और विश्वजीत ही पीछे रह गए थे। उस दिन कुछ विशेष शक्ति मेरे अंदर आ गई थी। बड़ी मुश्किल से हम दोनों नाले के उस तरफ पहुंचे। जब मैंने अपना बैग खोजा तो वहां नहीं मिला। मैं और विश्वजीत लगभग दौड़ते हुए बस की और भागे। बस सरकने लगी थी। अंदर जाकर पता चला कि बस ड्राइवर से हमारी टीम का झगड़ा हो रहा था। हमारे साथी संजू और प्रदीप ड्राइवर को जबरदस्ती रोके हुए थे कि जब तक हमारी सवारियां पूरी नहीं आतीं आप बस नहीं ले जा सकते। पीछे की तरफ लोकल सवारियां जल्दी जाने का दबाव बना रही थी। मुझे सबसे पीछे सीट मिली। मैं जाकर निढाल गिर पड़ा। मुझे बहुत जोर से प्यास लग रही थी। प्रदीप ने मेरा बैग रख लिया था। उसमें से पानी की बोतल निकाली। लेकिन बोतल का पानी इतना ठंडा था कि पीया भी नहीं जा रहा था। मैं बुरी तरह से थक चुका था लेकिन भूख के मारे मुझे नींद भी नहीं आ रही थी। मुझे ये समझ में आया कि जब

भी आप पहाड़ों की यात्रा करते हैं तो आपके पास पर्याप्त मात्रा में सूखे मेवे होना चाहिए साथ ही थरमस में गुनगुना पानी। मैं नौसिखिया था। मेरे पास कुछ भी नहीं था। यहां से आगे किन्नौर क्षेत्र शुरू हो जाता है जो जनजातीय इलाका था जिसका मुख्यालय रिकोंगपिओ था जो नेगी लोगों के लिए पूरे भारत में मशहूर हे। ये लोग किन्नौरी टोपी जिसका रंग हरा होता है पहनते हैं। ये टोपी इनकी पहचान होती है। लगभग तीन बजे हमारी बस एक ढाबे पर रुकी सब लोग नीचे खाना खाने उतर गए थे। मैं जब नीचे उतरा तो बोर्ड पर स्पिलो लिखा हुआ था। जब बहुत जोर से भूख लगी हो और सामने राजमा चावल हो तो अपने आपको रोकना मुश्किल होता है। ये पूरा इलाका सेब और ड्राई फ्रूट के लिए बहुत मशहूर है। हमारे स्टाफ के लोग सामने लगी दुकानों से खरीददारी कर रहे थे। मैंने और सत्य नारायण ने एक एक पेटी गोल्डन एप्पल की एवम् एक पेटी ड्राई फ्रूट खरीद लिए। पहाड़ों में जब यात्रा करते हैं तो लालच में ज्यादा समान नहीं खरीदना चाहिए नहीं तो आपकी बाट भी लग सकती है जैसी मेरी आगे लगने वाली थी। अब यहां से रेकोंग पियो का सफर लगभग दो से तीन घंटे का था।

शाम को हम रिकोंगपियो बस स्टैंड पहुंच गए। यही पास में हमारा किन्नौर का नवोदय स्कूल था हम लोग अपना सामान एक साथी के पास छोड़कर नवोदय विद्यालय पहुंच गए वहा के स्टाफ से हमारे प्राचार्य की जान पहचान थी। हम लोगों ने वहां पर चाय ली। रात को नौ बजे हमारी बस थी जो शिमला सुबह सात बजे पहुंचाती थी। मैं ज्यादा थका हुआ था। बस में सीट लेकर सो गया रास्ते की ज्यादा जानकारी नहीं मिली। शिमला में बस स्टैंड उतरकर फ्रेश हुए और चाय पीकर शिमला माल रोड घूमने की इच्छा हुई लेकिन सामान ज्यादा होने से जा नहीं पाया और सभी साथियों के साथ हम चंडीगढ़ बस में सवार हो गए। लगभग चार से पांच घंटों में हम उतार चड़ाव वाली रास्ता से होते हुए चंडीगढ़ पहुंचे जहां सभी लोग उतर गए। यहां से मैंने और सत्य नारायण ने अंबाला के लिए बस पकड़ी क्योंकि वहां से हमारा ट्रेन का रिजर्वेशन था झांसी के लिए। बढ़ी मुश्किल से हम सारा सामान लेकर प्लेटफॉर्म पर बैठे बैठे अपनी ट्रेन का इंतजार कर रहे थे तभी घोषणा हुई कि ट्रेन एक नंबर ना आकर तीन नंबर पर आ रही है। मैं और सत्यनारायण परेशान हो गए। हमने तय किया कि पहले आधा सामान रख आते हैं फिर बचा हुआ ले जाएंगे। भागते भागते हम उस तरफ गए ट्रेन लगभग आ चुकी थी। हम हड़बड़ाहट में अपना सामान लेकर भाग रहे थे तभी मैं अचानक किसी से टकराया और मेरे सिर पर रखी सेब की पेटी नीचे गिर गई। सारे गोल्डन एप्पल प्लेटफॉर्म पर बिखर गए। मैं जल्दी जल्दी उनको उठा रहा था। एक दो लोग इस काम में मेरी मदद करने

लगे इतने में ट्रेन का सिग्नल हो गया था। मैंने दस बीस सेब ही इकट्ठा किए और लगभग दौड़ते हुए ट्रेन पकड़ी। खिड़की से झांक कर देखा तो लोग मज़े कर रहे थे। सीट पर बैठकर सामान देखा तो पता चला कि ड्राई फ्रूट का पैकेट उसी तरफ छूट गया था। किन्नौरी टोपी जो सपिलो से खरीदी थी उसको लगाकर में ट्रेन में ऊंघ रहा था और मेरे आंखों के सामने अब भी स्पीति ही थी।

छोड़ अहम जिंदगी का सफर आसां कर।
लालच, इर्ष्या से ना ज़िन्दगी परेशान कर।
दूसरों के काम आए वहीं तो है ज़िन्दगी
खुदा ने बख्शी हैं सांसे तू कर बंदगी।

© रवि शंकर विश्वकर्मा

मदन मोहन तिवारी 'पथिक'

जन्मतिथि	:	19 अप्रैल 1986
जन्म स्थान	:	अल्मोड़ा उत्तराखंण्ड
पिता	:	श्री गिरीश चन्द्र तिवारी
माता	:	श्रीमती भगवती तिवारी
शिक्षा	:	एम ए (अर्थशास्त्र, हिन्दी, राजनीति शास्त्र, शिक्षा शास्त्र, समाजषास्त्र) बी एड।
कार्यक्षेत्र	:	शिक्षक राजकीय इण्टर कॉलेज शीतलाखेत अल्मोड़ा।
प्रकाशित कृतियां	:	माँ तेरे आँचल की छांव साझा विविधा संग्रह, राशट्रीय अग्रसर ई पत्रिका साझा संकलन।
लेखन विधा	:	कविता, शायरी, आलेख।
प्राप्त सम्मान	:	साहित्य महारथी सम्मान, रचना प्रतिभा सम्मान, श्रेष्ठ साहित्यकार सम्मान, साहित्य शिल्पी सम्मान, दैनिक रचनाकार सम्मान, अग्रसर भाषा सम्मान, साहित्य श्री सम्मान।
दूरभाष	:	9411776507
संपर्क	:	खोल्टा नौघर अल्मोड़ा उत्तराखंण्ड पिन 263601

कोरोना का असर

मेरे शहर में ये आज कहर क्यों है? क्या हुआ है ये हवा में जहर क्यों है?

ये सड़कें गलियां नाराज क्यों हैं? सब ओर बन्द पड़ी ये आवाज क्यों है?

खुशियों के दमन में हर घर क्यों है? गुमशुदा सी धूप में ये दोपहर क्यों है?

सकते में पड़ी आज हर जान क्यों है? कोयल की कूक आज सुनसान क्यों है?

गुमसुम सी चुपचाप ये भोर क्यों है? सम्भव नहीं जहां धारा उस ओर क्यों है?

वसुंधरा बनी आज शमशान क्यों है? कल साथ था जो आज अन्जान क्यों है?

वो राहें वो चौबारे सब गुमनाम क्यों हैं? मानवता भी आज हुई बदनाम क्यों है?

चांदनी में आज वो बात नहीं दिखती। अंधेरे में उजाले वाली रात नहीं दिखती।

कुछ तो है मानो कोई तूफान आया है। संग अपने दुखों का उफान लाया है।

ये भारत है विश्व को वीरता सीखाने वाला। ये वायरस हमको नहीं डिगाने वाला।

हम फिर से उभर कर दिखाएंगे। इस विरान से गुलिस्तां में फूल खिलाएंगे।

सूना पड़ा बंजर फिर से लहराएगा। हम फिर खुशियां वापस ले आएंगे।

© मदन मोहन तिवारी 'पथिक'

मजदूर की जुबां

सीना तान कमाता हूं, रिश्वत कभी ना पाता हूं।

मजदूरी से खाता हूं, पूरी दुनिया को बसाता हूं।

औजार रोज चलाता हूं, मैं विश्व का निर्माता हूं।

व्यवस्था का विस्तार हूं, फितरत से ईमानदार हूं।

हिम्मत का चढ़ा खुमार हूं, मैं ताकत बेशुमार हूं।

मैं खुशहाली अपार हूं, मैं शूरवीरों की तलवार हूं।

धन से नहीं धनवान हूं, मगर मन से मैं बलवान हूं।

मानव जाति सम्मान हूं, मैं गौरव गाथा गुणगान हूं।

मैं फरेबों से अन्जान हूं, मैं विजय पुरूष धैर्यवान हूं।

रोज घर से निकलता हूं, गर्म लोहे सा पिघलता हूं।

रोजी रोटी से खिलता हूं, रूखा सूखा निगलता हूं।

प्रेम से फिसलता हूं, मैं अग्निज्वाला से जलता हूं।

धरा का में श्रंगार हूं, मैं इस धरती मां का विचार हूं।

समय की मैं पुकार हूं, और संग्राम में नरसंहार हूं।

देश का मैं आधार हूं, मगर अब भी मैं निराधार हूं।

खेत खलिहानों का नूर हूं, मैं बेबसों में मशहूर हूं।

मैं जरूरत नहीं जरूर हूं, चमक नहीं कोहिनूर हूं।

मैं मेहनत को मंजूर हूं। मैं संस्कृति और दस्तूर हूं।

खुशियों से रहा दूर हूं। मैं ना जाने कौन सा कसूर हूं।

सीमित जीवन को मजबूर हूं, दुख से चकनाचूर हूं।

किस्मत मेरी गरीबी है, और जात से मैं मजदूर हूं।

© मदन मोहन तिवारी 'पथिक'

वो बचपन

वो कांच की अंठियां अब नुक्कड़ों में नहीं टकराती हैं।

वो मासूमियत भरी हंसी अब बहुत कम मुस्कुराती है।

वो रबर के टायरों संग भागम भाग और उन्हें घुरकाना।

लापता है वो बेखौफ बदमाशी का गलियों में मंडराना

गांव के पेड़ों पर बेटियों का रस्सियों पर झूला झूलना।

कहां गया वो बात बात पर उन परियों का मुंह फूलना।

पत्थर की गिटिटयां और पैर से खिसकाने का खेल ऐसे,

वो माँ की नजरों की बंदिश मानो हो तिहाड़ जेल जैसे।

वो घर में बिस्तर के गददे उनसे कूंदना और फिसलना,

वो घंटो चारपाई के नीचे से छुपना और फिर निकलना।

वो कागज की बनी नाव अब इन तालाबों में नहीं उतरती,

वो हवाई जहाजों की पंखुड़ियां अब उड़ान नहीं भरती।

वो बारिश में पानी के पोखर और छपाक से कूद लेना,

वो बचपन की यारी विश्वास इतना कि आंखें मूंद लेना।

वो गिल्ली डंडे का खेल और वो बिना इंजन वाली रेल,

आज बस बस्तों का बोझ और कितने पास कितने फेल।

वो एक रूपये के सिक्के से लाखों की खुशी खरीद लेना,

वो रोज छत पर एंटिना हिलाकर सिग्नल को करीब लेना।

वो नाई की दुकान आंख से आंसू और जुबान बंद होना,

वो छुटिटयों में नानी का घर और सांथ सबका संग सोना।

वो जुराबों और कपड़ों से बनी गेंद अब मजा नहीं देती है,

वो स्कूल की मैडम अब कान पकड़ के सजा नहीं देती है।

अब आंख में पटटी आपस में पकड़म पकड़ाई नहीं होती है,

अब वो नाख बंद करके बचपन वाली लड़ाई नहीं होती है।

© मदन मोहन तिवारी 'पथिक'

आज के जमाने के लोग

झुकी झुकी नजरों से बस उंगलियां चला रहे हैं लोग,
उंगलियां भी पेशोपेश में बस अंगूठा हिला रहे हैं लोग।
जाने क्या करना चाहते है पल पल तिलमिला रहे हैं लोग,
किचड़ भरे दिमाग में कौन सा कमल खिला रहे हैं लोग।
होंठ कभी हिलते नहीं बस मन ही मन बड़बड़ा रहे हैं लोग,
आंख से आंख मिलती नहीं जुबां से लड़खड़ा रहे हैं लोग।
कहते हैं कि बातें करने का नया तरीका है ये दो लोगों में,
फसल का पता भी नहीं बस बंजर में हल चला रहे हैं लोग।
कहां पर मिलेगी कुछ पता नहीं यहां पर नहीं वहां पर नहीं,
शराफ़त को ढूंढा दर दर जाके पर मिली पूरे जहां पर नहीं।
सामने ही शहद टपकाते हैं लोग मुंह के मतलबी छत्तों से,
देखो हर दिमाग लहु से भरा बताओं रंजिशें कहां पर नहीं।
दौड़ने का शौक भरपूर है पर मिटटी से बैर रखते हैं लोग,
जाने कौन हैं जो जीने की चाह दुवा के बगैर रखते हैं लोग।
यहां हर एक शख़्स दूसरे को देख कर ही चलना सीखा है,
और आज बिना सहारे के ही जमीं पर पैर रखते हैं लोग।

© मदन मोहन तिवारी 'पथिक'

कोरोना वायरस और मनुष्य

ये वक्त है पाषाण सा हुनर से अपने तराश कर,
घर बना स्वाभिमान का खुशी से तू निवास कर।
फंसा अवष्य भंवरों में है भय से ना विलाप कर,
नौका छोरों पर आएगी लहरों को सभी छांट कर।
तू वीर पुरुष भरत सा बन विवेक को विश्वास कर,
धरा इंतजार कर रही तेरा तू मेघ सा बरसात कर।
काली घटा घनघोर है तू अंधकार को प्रकाश कर,
हालात से विवश ना हो तू जिस्म को विराट कर।
तू भूमि सा सशक्त बन माटी सा आत्मसात कर,
लावा की तरह रक्त बन नदियों सा तू बहाव कर।
आसमान सी गरज दिखा तू वज्र सा प्रहार कर,
आंधियों सा वेग बन तू तूफान सी ललकार कर।
काली सा तू पचंण्ड बन त्रिशूल सा आघात कर,
गिरिराज सा अखंण्ड बन हिमखंण्ड सा रिसाव कर।
तू वृक्ष सा विशाल बन जन जन के लिए छांव कर,
पतझड़ से ना उदास हो चाहे जान को ही दांव कर।
ये घड़ि विराट विकराल है तू व्यर्थ ना उपहास कर,
कि मर्म से बाहर निकल तू युद्ध का अभ्यास कर।
बैरी अदृष्य छुपा हुवा पर तू बाज बन तलाश कर,
ये जो दानव तेरे समक्ष है तू धैर्य से विनाश कर।

© मदन मोहन तिवारी 'पथिक'

वसुधा तू अनमोल धरोहर

झरनों की झरझर बढ़ते तरूवर, उड़ते पंछी खिलते मंजर।

बहती सरिता विशाल सरोवर, मदमस्त मयूर गहराए वन पर।

लहराते खेत हवाएं सरसर, उगता सूरज गिरि के सर पर।

आती बरखा मेघ गरज कर, मदमाता गज बेखौफ विचर कर।

बलखाती कलियां डगर डगर पर, गीत निकलते रोज भंवर पर।

फूलों का हंसना संवर संवर कर, कोयल कूंके रोज निकल कर।

भरती उदर भंण्डार भर कर, घावों को मरहम हर वक्त उबर कर।

खुद तुझ में कम्पन अगर मगर कर, मानव सिरहन तुझसे डर कर।

शांत पोखर अभिमान मगर पर, हवाओं का बहना ठहर ठहर कर।

इतराती नदियां वेग बदल कर, मछली फुदके जो ठिहर ठिहर कर।

वसुधा तू अनमोल धरोहर, वसुधा तू अनमोल धरोहर।

© मदन मोहन तिवारी 'पथिक'

नशे की गिरफ्त में आज का युवा

क्या हो गया है ऐसा कि हर युवा नशे में चूर है,

किस गम में डूबा हुवा ड्रग्स लेने को मजबूर है।

गली गली में दिख रहा नशा कर रहा हर बन्दा है,

कौन है इस शहर में जो कर रहा ये सब धन्धा है।

कौन ये नशा बना रहा कैसा गिरोह ये पनप रहा है,

कैसी लत ने घेरा हुवा कि हर युवा तड़प रहा है।

क्या हो गया इस युवा को ये कैसा नशा मंजूर है,

कैसी मदहोसी है छाई हुई कि अपनों से ही दूर है।

दिन रात बस खामोशियां कल की नहीं चिंता है,

छूट रही इन सांसों को घड़ी घड़ी क्यों गिनता है।

कैसा आवेश है ये तुझे क्यों नशे से ऐसा प्यार है,

दूर हो रहा अपनों से अब बिछड़ने को तैयार है।

नशे की गिरफ्त में है यूं बिगड़ रहा क्यों खून है,

फैल रहा नशे का कारोबार परेशान हुआ कानून है।

नशे से मुक्त ना हुवा तो ये वतन मेरा बर्बाद है,

खिलाफ नशे के जो लोग हैं सभी को साधुवाद है।

नशे को खत्म करने को मिलके हमें लड़ना होगा,

खिलाफ इसके मुहिम में सबको आगे बड़ना होगा।

© मदन मोहन तिवारी 'पथिक'

माँ मेरा आधार तू

मेरे अस्तित्व का आधार है माँ तू मेरे व्यक्तित्व का विचार है।

बिना कुछ किए मिल गई मुझे तू मुझे उस ईश्वर का उपहार है।

मेरे सुख में मेरे लिए विवेक तू और दुख में मेरी देख रेख तू।

सोने चांदी से जगमग धरती मेरा चमकता हीरा बस एक तू।

सबसे मोहब्बत को तू तैयार है मेरे जीवन का तू पहला प्यार है।

दुनिया जहान घूम लिया मैंने तू घर में ही मेरा पूरा संसार है।

तुझसा समर्पण कभी दिखा नहीं तुझसा कोई भी मित्र सखा नहीं।

मेरी खुशी में ही जी गई तू सदा अपना दुख आखों में रखा नहीं।

प्रकृति की तू अति सुंदर रचना है इस भारत भूमि की संरचना है।

कई झूठ छिपा लेता हूं मैं मन में पर तेरी नजरों से कहां बचना है।

अपने पेट में हाथ रख लेती है अपना निवाला भी मुझे रख देती है।

मेरे हर दर्द में बिलखना तेरा मेरा सद अपनी गोद में रख देती है।

हर मरहम भी बेअसर लगता था तेरी हर मार से असर लगता था।

तेरा एक बार सहलाना मुझे और जीवन भर गुजर बसर लगता था।

मैं क्या हूं बस तूने जाना मेरी खामोशी को बस एक तूने पहचाना।

कई सारे स्वाद चख लिए मैंने हौंठों पर है बस तेरे हाथों का खाना।

मेरा साया है मेरा अभिमान तू सबकुछ पाकर भी मेरा सम्मान तू।

मन्दिर में तो मूरत देखी है मगर मेरे पास मेरा प्रत्यक्ष भगवान तू।

तेरे लिए कोई विशेष दिन नहीं तेरे बिन मेरा कोई पल छिन नहीं।

हर जीवन तेरा ही आंचल चाह मेरी तेरे बिना जीवन मुमकिन नहीं।

© मदन मोहन तिवारी 'पथिक'

कितना खोया कितना पाया

जब से तू इस धरती पर आया कभी भागा तो कभी भगाया।

रोज बटोरने में ही लगा रहा तू बता अब तक कितना कमाया।

अपने बिछड़े गैरों को अपनाया खून का कर्ज ये कैसा चुकाया।

पाई पाई में खुद को भूल गया बता अब तक कितना जुटाया।

ईंट पत्थर से बड़ा घर बनाके वसूलता रहा तू जमकर किराया।

दिल तेरा आज भी खाली है बता इसमें तूने कितनों को बसाया।

रूपया पैसा बेहिसाब कमाके मजे लूटे बेतहाशा और खूब उड़ाया।

अपने लिए ही बचाता रहा बता कभी किसी मरते हुए को बचाया।

बता तुझे यहां कौन लेकर आया किसने तुझे यहां चलना सिखाया।

आज दौड़ रहा तेज रफ़्तार से मुड़के देख सब पीछे छोड़ आया।

यहां कोई अपनी मर्जी से नहीं आया तू वो पेड़ जो उसने लगाया।

बस आकार से ही बड़ पाया तू बता कभी तूने कितनों को दी छाया।

हर पल गुंणा भाग में लगा रहा तू दिन में जोड़ा रात में घटाया।

कभी खुद हिसाब कर खुद का कि कितना खोया और कितना पाया।

© मदन मोहन तिवारी 'पथिक'

विनोद कुमार

पिता का नाम	:	स्व छत्रु प्रसाद
माता का नाम	:	स्व अयोध्या देवी
सम्प्रति	:	प्रधानाध्यापक, कन्या मध्य विद्यालय मनिहारी, जिला – कटिहार, राज्य -बिहार
जन्मतिथि	:	18/11/1970 ईस्वी
जन्मस्थान	:	सा – मानिकपुर, पोस्ट -केशोपुर, अंचल -सिमरी, जिला -बक्सर, बिहार
योग्यता	:	एम ए, बी एड, बेट
उपलब्धियाँ	:	जीवन पथ, वो फिर आ गई, काव्य संकलन का प्रकाशन (मधुराक्षर प्रकाशन)
प्रकाशित कृतियाँ	:	अर्ध्य सत्य तुम, सृजन सरिता, अमर्त्य, अजस्र श्रोत तुम, फैसले गढ़ें जाते हैं, स्त्री स्वर, अतिकांत !
मासिक पत्रिका	:	साहित्यनामा, सुभाषित पत्रिका, अभ्भुद्य में प्रति माह रचनाएँ प्रकाशित !
सम्मान	:	बिहार सरकार द्वारा -२०२० ईस्वी में शिक्षा के क्षेत्र में बेहतर कार्य हेतु; राजकीय शिक्षक शिक्षक सम्मान; प्राप्त !
मोबाइल	:	9470810327, 6201233125
ई-मेल	:	vinodgmsmn@gmail.com

हंस एवं शिकारी

जंगल में एक तालाब के नजदीक नर एवं मादा हंस प्यार कर रहें थे। बहुत देर से एक शिकारी दोनों पर नजर लगाएं जंगल में बैठा था। दोनों का प्यार उसे देखा नहीं गया। उसने मादा हंस पर तीर चला दी। तीर जाकर सीधे मादा हंस के सीने में जाकर लग जाता है। मादा हंस छटपटाकर अपने पति की गोद में दम तोड़ देती। नर हंस जोर जोर से चीत्कार करने लगता है। अरे दुष्ट शिकारी तूने मेरी मासुका पर तीर चलाकर बड़ा ही अनर्थ किया है। तू भी शांति से नहीं रहेगा। जिस तरह मैं अपनी मासुका के प्रेम में तड़प रहा हूं। तू भी तड़पेगा। बेचारा नर हंस अपनी मासुका की याद में तड़पकर अपनी जिंदगी त्याग देता हैं। इस तरह बरसों से साथ रहने वाले हंस युगल, आज अपनी जीवन लीला समाप्त कर देते है।

शिकारी दौड़ते हुए हंस युगल के पास जाता हैं, लेकिन दोनों का मार्मिक दृश्य देखकर हैरान रह जाता हैं। कितना दोनों में अटूट प्यार था, मैंने तो एक को ही मारा था, दूसरा तो उसके अटूट गहरे प्रेम में जीवन त्याग दिया। तभी एक साधु उस रास्ते से आ रहे हैं। वे वहां आकर रुक जाते हैं। अरे मूर्ख अज्ञानी, तूने दो सच्चें प्रेमियों का जीवन ले लिया। प्रेम क्रीड़ा करते दो हंस जोड़ों को शिकार बना दिया। साधू ने शिकारी से बोला। मैंने तो केवल एक को मारा था, दूसरा तो उसके प्यार में तड़पकर जीवन त्याग दिया, शिकारी बोला। तू हंसों का नहीं, बल्कि दो सच्चें प्रेमी युगमों को अपना शिकार बनाया हैं। ये दोनों इस जंगल, इस सरोवर के शोभा थे, साधू बोलते हैं।

शिकारी वहां से कांपता हुआ, घर आता है। उधर साधू दोनों हंस जोड़ें को ले जाकर सरोवर के किनारे जमीन में दफना देता हैं।

एवं दो फूल उसपर रख देते हैं। रात में शिकारी को नींद नहीं आ रही हैं। उसके आंखों के सामने दोनों हंस जोड़ें का चेहरा नाचते रहता है। वह अति व्याकुल हैं। वह मन ही मन सोच रहा है, आखिर वह क्या करे। वह अपनी गलती का प्रायश्चित करना चाहता है। सुबह जैसे ही होती हैं, वह अपना तीर धनुष उठाकर जंगल की ओर चल देता है। वह उस जगह पर जाता हैं, जहां दोनों हंस जोड़ें अपनी जिंदगी त्याग दिये थे। वहां जमीन पर पड़ें खून के धब्बों को उठाकर शिकारी रोता हैं। वहां से वह सरोवर के किनारे जाता हैं, जहां साधु द्वारा दफनाये गये हैं। वह दो फूल दोनों के समाधि पर चढ़ाता है। वह दोनों के समाधि के सामने शिकार न करने का दृढ़संकल्प लेता है।

शिकारी साधु की कुटिया में जाता हैं। वह विनम्र निवेदन करते हुए कहता है, बाबा मैं आपके शरण में आया हूं। मैंने अपने हाथों से हजारों पशु पक्षियों का शिकार किया है। लेकिन हंस जोड़ें की मौत ने मेरे कठोर हृदय को मोम बना दिया है। मैं आज से अपना ये तीर धनुष आपके समक्ष त्याग करता हूं। आप मुझे अपना शिष्य स्वीकार कीजिए। और मुझे मार्ग दर्शन करें। शिकारी बोलता है। अगर तुम सचमुच अपने पापों का प्रायश्चित करना करना चाहते हैं, ये तीर धनुष त्यागों मत, इस जंगल की रक्षा करों। अगर तुम इस जंगल के पेड़ पौधें, पशु पक्षियों की रक्षा करने का संकल्प लेता हैं, तो मैं तुझे अपना शिष्य कबूल करता हूं। मुझे दिल से मंजूर है। इस तरह शिकारी साधु का उपदेश स्वीकार करते हुए, जंगल के पेड़ पौधों एवं जंगली जानवरों की रक्षा में अपना पूरा जीवन लगा देता हैं।

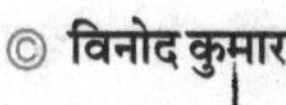

© विनोद कुमार

अछूत (कहानी)

मोहन के पिताजी बीमार है। वे मौत से जंग अस्पताल में लड़ रहे हैं। उनके साथ उसकी मां एवं बड़ी बहन हैं। मोहन भी चाहता है, वह अस्पताल में पिताजी के साथ रहें। लेकिन उसकी मां मना कर देती हैं। अस्पताल में पिताजी से किसी को मिलने नहीं दिया जा रहा है। कहा जा रहा हैं, उन्हें कोरोना हो गया है। जो उनके पास जाएगा, उसे वह बीमारी हो जाएगी। बेचारा मोहन करें तो क्या करें। वह गांव के मंदिर में जाकर प्रार्थना करता है, हे हनुमान जी, आप तो संकट मोचक हैं। आप मेरे पिताजी को बचा लीजिए। मेरे पिताजी को कोरोना हो गया हैं। हे बजरंग बली आप कोरोना से मेरे पिताजी को मुक्त करा दीजिए। तभी मंदिर का पुजारी आ जाता है। वह मोहन को देखते ही पहचान जाता है। पुजारी बोलता है, तुम शूद्र होकर मंदिर में कैसे प्रवेश कर गये। तुमने मंदिर को अछूत कर दिया। तुम नहीं जानते, शूद्रों का प्रवेश इस मंदिर में निषेध है।

पंडित जी ये आप क्या कह रहे हैं। भगवान पर तो सबका अधिकार हैं। मैं तो अपने पिताजी की जीवन की भीख मांगने यहां आया था। मेरे पिताजी को कोरोना हो गया है, मोहन बोलता है। सत्यानाश कर दिया तू। एक तो तू शूद्र, दूसरा कोरोना मरीज का पुत्र। पंडित जोर जोर से चिल्लाने लगता हैं। पंडित जी की आवाज सुनकर बहुत सारे लोग इकट्ठे हो जाते हैं। क्या हुआ पंडित जी, आप जोर जोर से क्यों चिल्ला रहें हैं, ग्रामीण पूछते हैं। ये हरिया का बेटा मंदिर में प्रवेश कर मंदिर को तो अछूत किया ही, मंदिर में कोरोना घुसा दिया। इसका बाप कोरोना से अस्पताल में तड़प रहा है, पंडित बोलता है। मंदिर में कोरोना, भागों यहां से, ग्रामीण वहां से भाग जाते हैं। लेकिन पुजारी डंडा से मोहन को मारने लगता हैं। मोहन वहां से किसी तरह भागकर घर आता है। गुस्से से तमतमाता हुआ, पुजारी, मंदिर की सफाई करता है। सफाई के बाद वह घर जाता हैं। घर जैसे ही वह पहुंचता है, उसका लड़का बोलता हैं, पिताजी, मां बुखार से कराह रही हैं। जल्दी अस्पताल लेकर चलिए।

पुजारी अपनी पत्नी को लेकर अस्पताल जाता हैं, जहां उसकी पत्नी की कोरोना जांच की जाती हैं, उसे कोरोना पोजेटिव पाया जाता हैं। उसे अबिलंब इमरजेंसी वार्ड में भर्ती कर दिया जाता है। पुजारी स्वयं से बोलता है, से भगवान, ये क्या हो गया। मेरी पत्नी को कोरोना हो गया। उसी अस्पताल में मोहन के पिताजी भर्ती हैं। पंडित जी बेचैन अस्पताल के बाहर खड़े हैं। मोहन की माँ की नजर पंडित जी पर पड़ती हैं, वह पंडित जी के पास जाकर बोलती हैं,

पंडित जी, आप यहां। किसको लेकर यहां आये हैं।

पंडित जी कुछ नहीं बोलते हैं। मोहन की माँ बोलती हैं, पंडित जी, ये कोविड अस्पताल हैं। यहां केवल कोरोना मरीज ही भर्ती होते हैं। आप किसको लेकर आये हैं। मेरी पत्नी को कोरोना हो गया है। समझ में नहीं आता मैं क्या करूं, पंडित जी बोलते हैं। तभी नर्स आती हैं, और पंडित जी को दवा की पर्ची देती हैं, जल्दी ये दवाईयां लेकर आइए। पंडित जी दवा की पर्ची लेकर दवा की दुकान पर जातें हैं। कुल दस हजार रूपये का बिल बनता है। पंडित जी अवाक् रह जाते हैं। उनके पास मात्र दो हजार रुपये ही हैं। देखिए, अभी मेरे पास दो हजार ही रुपए हैं। दवा दे दीजिए, मैं शाम में सारा पैसा चुकता कर दूंगा।

दुकानदार पंडित जी को पहचानता था, इसीलिए दवा ये कहते हुए कि शाम में जरुर आकर पैसा दे दीजिएगा, पंडित जी को दे देता हैं। पंडित जी दवा ले जाकर नर्स को दे देते हैं। वहां से वे पैसे की व्यवस्था में गांव आते हैं। उनका बड़ा बेटा पूछता है, पिताजी मां को क्या हुआ हैं। साथ लेकर क्यों नहीं आये। तुम्हारी मां को कोरोना हो गया है। जाता हूं, पैसें की व्यवस्था करने। वे अपने एक रिश्तेदार के घर जाते हैं एवं आपबीती सुनाते हुए पैसे की मांग करते हैं। पंडित जी के रिश्तेदार को गुस्सा आ जाता हैं। वह बोलता है, आप कोरोना का वायरस लेकर मेरे घर कैसे आ गये। आप कोरोना फैलाने मेरे घर आ गये। जल्दी भागिये यहां से। पंडित जी दर्जनों लोगों के पास जाते हैं, लेकिन कहीं कुछ नहीं मिलता है। वह थककर मंदिर में आकर हनुमान जी के मूर्ति के सामने बिलखने लगते हैं। भगवान मेरी पत्नी को बचा लीजिए।। हमसे अनजाने में जो गलती हो गई हों, क्षमा करें। हमने हरि के बेटा पर जाति के अहंकार में डूबकर जो अपराध किया है, क्षमा करें प्रभु। आज मुझे आभास हो गया हैं, दुनियाँ में सारे लोग अछूत हैं।

तभी पंडित जी का बेटा, उन्हें खोजते हुए आता है। पिताजी, मां अस्पताल में तड़प रही हैं, और आप मंदिर में क्या कर रहे हैं। इस वक्त मां को दवा की जरूरत है। मां का जेवर बेंचकर मां को बचाइए पिताजी। मंदिर इस समय काम नहीं देगा। पंडित जी जल्दी जल्दी घर जाते हैं। पत्नी का सारा जेवर लेकर एक सोनार की दुकान में बेचकर पैसे की व्यवस्था कर, अस्पताल पहुंचते हैं। वे जैसे ही अन्दर जाते हैं, पता चलता है, उनकी पत्नी मर चुकी हैं। पंडित जी फूट फूट कर रोने लगते हैं। इधर मोहन के पिताजी स्वस्थ हो चुके हैं। उनका रिपोर्ट निगेटिव आ गया है। डॉक्टर उन्हें होम आइसोलेशन में घर रेफ़र कर देता है। हरि अपनी पत्नी के साथ अस्पताल वार्ड से बाहर निकलता है। मोहन भी तभी वहां आ जाता हैं।

उसके माथे पर चोट का निशान है। बेटा तुम्हारे माथे पर चोट का निसान, हरि पुछते हैं। पिताजी मैं मंदिर गया था, हनुमानजी से आपके जीवन की भीख मांगने, लेकिन पंडित जी को बर्दास्त नहीं हुआ, उसने मुझे अछूत कहकर ये जख्म दे दिया, मोहन बोलता है।

मैं बहुत शर्मिन्दा हूं मोहन, मुझे अपनी करनी का दंड मिल गया है। आज मेरी आंखें खुल गईं हैं। मुझे माफ़ कीजिए हरि बाबू, आप लोग अछूत नहीं हो। अछूत तो मैं हूं जो घृणा की दृष्टि से तुक्ष्य जातियों को देखता था। भगवान ने मेरी पत्नी को हमसे छीनकर मुझे दंड ही नहीं दिया है, बल्कि आंखें भी आज खोल दी हैं।

(भाग -2)

पंडित जी की पत्नी कोरोना से अस्पताल में दम तोड़ चुकी हैं। अस्पताल प्रशासन द्वारा शव को सील किया जा रहा हैं। पंडित जी को समझ में नहीं आ रहा हैं, वे आखिर करें तो क्या करे। वे हिम्मत जुटाकर घर पर फोन कर रहे हैं। उनका बड़ा बेटा फोन रिसीव करता हैं, जैसे ही माँ की मृत्यु की खबर सुनता हैं, मोटर साईकिल से अस्पताल पहुंचता हैं। जहाँ उसके पिताजी बेचैन अस्पताल के मुख्य गेट पर खड़े हैं। रवि अपने पिताजी को समझाता हैं। तभी उसकी माँ का शव बाहर निकाला जाता हैं। रवि फोन करके एक एम्बुलेंस को बुलाता हैं। एम्बुलेंस पर अस्पताल कर्मियों के द्वारा शव को रखा जाता हैं, लेकिन शव के साथ पंडित जी बैठने के लिए कतई तैयार नहीं हैं। रवि अपने पिताजी को लाख समझाता हैं लेकिन कोई असर पंडित जी पर नहीं हो रहा हैं। उन्हें कोरोना का डर व्याप्त हो गया हैं। एम्बुलेंस शव को उसके गाँव लेकर चल देती हैं। रवि अपने पिताजी को मोटर साईकिल पर बैठाकर लेकर तेजी से एम्बुलेंस के आगे बढ़ता हैं।

इधर पूरे गाँव में पंडित जी की पत्नी की कोरोना से मरने की खबर फैल गई हैं। एम्बुलेंस की आवाज जैसे गाँव में सुनाई देती हैं, पूरा गाँव अपने अपने घरों में कैद हो जाता हैं। कोई डर से बाहर नहीं निकल रहा हैं। एम्बुलेंस पंडित जी के दरवाजे पर रुकता हैं। रवि अपनी माँ का शव उतारता हैं, एवं दरवाजे पर रखी एक खटिया पर सुला देता हैं। पंडित जी चुपचाप दरवाजे पर साबुन से हाथ धोकर कुर्सी पर बैठ जाते हैं। उन्हें कुछ समझ में नहीं आ रहा हैं, आखिर इस वक्त क्या करें। पंडित जी की तीनो बेटियां चिल्ला चिल्लाकर माँ के सामने बैठकर रोने लगती हैं। पंडित जी के छोटे भाई का परिवार घर में ताला लगाकार अन्यत्र चला जाता हैं। उस गाँव में पंडित जी के स्वजातियों की संख्या एक सौ के आसपास थी। लेकिन

कोई देखने तक नहीं आया। रवि अपने रिश्तेदारो के पास जाता हैं। वह दरवाजे पर जाकर आवाज लगाता है , लेकिन कोई बाहर नहीं निकलता हैं। रिश्ते में एक अस्सी साल की बुढ़ियां दादी उससे कहती हैं, कोई तुम्हारे दरवाजे पर नहीं जाएगा, मेरी बात मानो, साईकिल पर बांधकर, नदी में ले जाकर शव को फेंक दो। किसी के दरवाजे पर कोरोना लेकर मत घूमों। तुम्हारे घर में सबको कोरोना हो गया होगा।

बेचारा रवि चुपचाप आकर दरवाजे पर माँ के शव के सामने फफक फफक कर रोने लगता हैं। पंडित जी चुप कराते हैं। मैं कैसा अभागा हूँ, जो अपनी माँ को कंधें देने के लिए चार आदमियों को जुटा नहीं सकता हूँ। जीवन भर आपने मंदिर में पूजा किया। भोग लगाया। जाति धर्म का उपदेश लोगों को दिया। कर्मकांड करवाया। आज मुसीबत की इस घड़ी में एक भी आदमी इस गाँव में हम लोगों के साथ नहीं हैं। आखिर क्यों पिताजी। क्या माँ की लाश घर पर ही पड़ी रहेगी। रवि चिल्ला चिल्लाकर रोते हुए बोलता हैं। देखते देखते संध्या हो जाती हैं। अंत में पंडित जी हरिजन बस्ती में हरि बाबू के दरवाजे पर हिम्मत जुटाकर जाते हैं। उसी दिन हरि बाबू भी कोरोना से जंग जीतकर अस्पताल से घर आये हैं। पंडित जी आप, इस वक्त मेरे घर पर, हरि बाबू बोलते हैं। हरि बाबु, आप हमारी मदद कीजिये। मैं आपका हाथ जोड़ता हूँ। मेरी पत्नी को कन्धा देने वाला इस गाँव में कोई तैयार नहीं हैं। मेरे सारे रिश्तेदार दरवाजा बंद कर लिया हैं। उन्हें डर हैं, कोरोना हो जाएगा। पंडित जी, कोरोना का डर तो हैं ही, इससे इंकार नहीं किया जा सकता। कोई भी कार्य सावधानी के साथ करना हैं। कोई उपाय कीजिए हरि बाबू, मैं हाथ जोड़कर विनती आप से कर रहा हूँ। आप एक शिक्षक हैं, शिक्षक ही कोई रास्ता विकट परिस्थितियों में निकाल सकता हैं। पंडित जी भावुक होकर हरिबाबू से बोलते हैं।

हरिबाबू कुछ लोगों को अपने बेटें मोहन को भेजकर बुलाते हैं। चार पांच आदमी आते हैं। सुनो ध्यान से, तुमलोग एक बांस काटकर पंडित जी के घर जाओ, जल्दी तैयारी करके सावधानी पूर्वक शमशान घाट ले जाकर दाह संस्कार सम्पन्न कराओ। यही आग्रह हमारी तुमसे हैं। पंडित जी की पत्नी का देहांत कोरोना संक्रमण के कारण हुआ हैं, ये सत्य हैं। इस भयंकर विपदा में साथ देने वाले बहुत कम लोग मिलते हैं। जो मिलते हैं वे योद्धा कहलाते हैं। तुम लोग कोरोना का योद्धा बनकर पंडित जी के घर जाओ, एवं इंसानियत का एक अमिट उदाहरण इस गाँव में पेश करो। जाओ, दिखाओ गाँव वालों को, जाति, धर्म सब ढकोसला हैं। जो इस विपदा में काम नहीं आये, समझों, दुनियाँ में सबसे बड़ा वह अछूत हैं।

हरिबाबू सबको समझाकर पंडित जी के दरवाजे पर लोगों को भेजते हैं। पंडित जी लोगों को लेकर दरवाजे पर जाते हैं। सभी मिलकर जल्दी जल्दी बांस काटकर, उसे सजाकर पंडित जी के पत्नी का शव लेकर रामनाम सत्य हैं, का उद्घोष करते हुए शमशान घाट लेकर चल देते हैं।

आज कोरोना रूपी महामारी ने एक मंदिर के पुजारी की आँखें खोल दिया हैं। आज उन्हें आत्मज्ञान हो गया हैं। जाति, धर्म सब एक दिखावा हैं। जो जाति, धर्म के आड़ में आदमी आदमी से नफरत करता हैं, द्वेष रखता हैं, वह आदमी नहीं हैं। धरती पर उसे आदमी कहलाने का हक उसे नहीं हैं। सत्य यही हैं, मुसीबत की घंडी में, जो साथ देता हैं, वही सचमुच अपना होता हैं। जो आदमी आदमी से नफरत करता हैं, वही इस धरती का सबसे बड़ा अछूत हैं।

(भाग –3)

पंडित जी अपनी पत्नी का दाह संस्कार कर उसकी यादों में खोये हुए हैं। पंडित जी का इकलौता बेटा रवि, उनकी तीनों बेटियां, रानी, कोमल, रूचि उदास दरवाजे पर बैठी हैं। तभी पंडित जी सोचते सोचते गिरकर बेहोश हो जाते हैं। रवि एवं तीनों उनकी बेटियां घबड़ाए हुए अपने पिताजी को सँभालती हैं। पंडित जी का शरीर तेज बुखार से जल रहा हैं। रानी दौड़ते हुए हरि बाबू के दरवाजे पर जाती हैं, एवं हरिबाबू को बुलाकर लाती हैं। हरिबाबू रवि को पारासिटामोल दवाई लाने को कहते हैं। रवि तुरंत दवा की दुकान से पारासिटामोल दवा लाता हैं, एवं अपने पिताजी को देता हैं। कुछ देर बाद पंडित जी का बुखार कम होता हैं, वे हरिबाबू को धन्यवाद देते हैं।

रवि को भी अन्दर ही अन्दर बुखार का आभास हो रहा हैं। वह भी एक दवा खाता हैं। हरिबाबू, लगता हैं, हमारे पुरे परिवार को कोरोना पकड़ लिया हैं। हमलोग कहाँ जाय, क्या करें, समझ में कुछ भी नहीं आ रहा हैं, पंडित जी रुवांसे स्वर में बोलते हैं। इस समय अधिक सावधानी बरतने का हैं, घर के सभी सदस्य एक दूसरे से अलग रहे, गरम पानी का सेवन करे, शुष्म पानी से स्नान करें। किसी से मिलना जुलना बंद करें। काढ़ा बनाकर सुबह शाम सेवन करें। भाप का सेवन करें तो हम कोरोना से जंग जीत सकते हैं, हरिबाबू सलाह देकर अपने घर आ जाते हैं।

हरिबाबू के सलाह पर पूरा परिवार घर में एक दूसरे से अलग रहने लगता हैं। सभी सदस्य

नित्य सफाई के साथ साथ, भाप का सेवन लेने लगते हैं। सभी काढ़ा बनाकर नित्य सेवन करते हैं। गर्म दूध सभी लेते हैं। रवि एवं उसके पिताजी पारासिटामोल दवा की खुराक सुबह शाम लेते हैं। रवि दरवाजे के बाहर बांस लगाकर घेर देता हैं एवं प्रवेश निषेध का बोर्ड एक सादा कागज पर लिखकर लगा देता हैं। इधर मानिकपुर गाँव में हडकंप मच गया हैं। पंडित जी के दरवाजे पर प्रवेश निषेध का बोर्ड देखकर लोग उस रास्ते से आना जाना छोड़ दिया हैं। सबके घर में एक ही चर्चा पंडित जी के घर में सबको कोरोना हो गया। अब गाँव के सभी लोगों को कोरोना का डर सताने लगता हैं। इस विषम परिस्थिति में हरिबाबू गाँववालो के लिए एक योद्धा बनकर खड़े हैं। जहाँ भी किसी को बीमार होने की खबर सुनते हैं, वहां जाकर लोगों को सलाह देते हैं, एवं यथा संभव उनकी सहायता कर रहे हैं। पंडित जी के परिवार के लिए तो वे मसीहा बन गए हैं।

इधर गाँव के मुखिया जी गाँव में लॉकडाउन लगा देते हैं। सारे गाँव के लोग डर से किसी के दरवाजे पर आना जाना बंद कर देते हैं। हरिबाबू के पहल पर गाँव में स्वास्थ्य विभाग द्वारा कोरोना जाँच शिविर लगाया जाता हैं। गाँव के सभी लोग कोरोना का जाँच करवाते हैं। गाँव में पचास आदमी का कोरोना पोजेटिव रिपोर्ट आती हैं। रिपोर्ट आते ही आसपास के गाँव में भी हड़कंप मच जाता हैं। हरिबाबू दरवाजे दरवाजे जाकर सबको सलाह मसविरा दे रहे हैं। साथ ही कोरोना से नहीं घबड़ाने की अपील भी कर रहे हैं।

कल तक हरिबाबू स्कूल में छोटे छोटे बच्चों को शिक्षा देते थे। लेकिन आज इस विकट आपदा में सबका मसीहा बनकर, गाँव में उम्मीद कि किरण आज जला रहे हैं। कोरोना से लड़ने का उपचार लोगों को बता रहे हैं। हरिबाबू के अथक प्रयास से पंडित जी का परिवार कोरोना से जंग जीत लेता हैं। पंडित जी का परिवार हरिबाबू को अपने घर का सदस्य मानने लगता हैं। कोरोना से मुक्ति के बाद हरिबाबू के सलाह पर शांति भोज का आयोजन होता हैं। हरिबाबू खुद शांति भोज का कार्ड घर घर जाकर देते हैं। पंडित जी की मृत पत्नी कि शांति भोज में हरिबाबू के पहल पर गाँव के सभी सदस्य डर भय निकालकर भाग लेते हैं। इसतरह लोगों के अन्दर व्याप्त भय खत्म होता हैं। गाँव कोरोना से जंग जीत लेता हैं। सबकी रिपोर्ट निगेटिव आ जाती हैं। गाँव कोरोना मुक्त हो जाता हैं। सभी खुशियाँ मनाने लगता हैं।

इतना ही नहीं, हरिबाबू के पहल पर गाँव में टीकाकरण हेतु शिविर लगाया जाता हैं। सभी वयस्क टीका लेते हैं। आज जरुरी हैं, कोरोना रूपी विकट आपदा में हम घबड़ाये नहीं, बल्कि हरिबाबू जैसा कोरोना का योद्धा बनकर लोगों को जागृत करे। उन्हें मुकाबला करने

का सलाह दे। सावधानी बरते। निश्चित हैं, हम कोरोना को परास्त कर सकते हैं। कोरोना के मरीजों से हम प्यार करे, हम अछूत नहीं बनें।

© विनोद कुमार